弁護士・ニューヨーク州弁護士・
上級VR技術者

関 真也 著

XR・メタバースの
知財法務

Intellectual Property & Law for

XR &
Metaverse

中央経済社

はしがき

　本書は，日本で初めて，XR（VR/AR/MR）に関する法律を体系的に解説する書籍である。

　著者がXRにまつわる法律の研究を始めたのは，2016年頃のことだ。手頃な価格でヘッドマウントディスプレイ（HMD）が入手できるようになるなどバーチャルリアリティ（VR）が一般に普及し始め，「VR元年」と呼ばれた年である。また，拡張現実を利用した位置情報ゲーム「ポケモン GO」が大人気となり，拡張現実（Augmented Reality）を意味する「AR」という語が一気に世の中に浸透した年でもある。

　とはいえ，当時からXRの領域で弁護士の業務がたくさんあったわけではない。それでもXRと法律の勉強を続けてきたのは，単純に楽しいからだ。スマートフォンやHMDのXRゲーム，施設における体験型VRアトラクションから始まり，VTuber/アバター，XRコンテンツ開発用のクラウドサービス，実用向けのデジタルツイン，ロボットを使ったテレイグジスタンス，さらには「サイバネティック・アバター」と呼ばれる数十年先を見据えた技術まで，著者の実務と研究の幅はどんどん広がっていった。最近では「メタバース」，「NFT」など注目の概念が世間を賑わせている。今やこれらは著者の中核的な業務分野になった。「好きなことを仕事にしないほうがいい」という人もいるけれど，著者にはこれは当てはまらない。著者の周りには，好奇心を掻き立ててくれる人，アイデア，テクノロジーが満ちている。

　なかでもよいのは「人」だ。自分の技術を磨き，著者には考えも及ばないアイデアで人を喜ばせ，社会に新しい価値をもたらそうという気概を持った人がXRの世界には多い。そういう人たちを支えるには，弁護士として強いやりがいを感じると同時に，覚悟がいる。法律だけわかっていればよいのではない。技術があり，プロダクトがあり，サービスがある。それらを創る人がいる。そして根源には，それらによって人々や社会に提供しようとする価値がある。これらを可能な限り深く正確に理解した上で，弁護士としてXRに関わりたい。そのために，人に教えてもらった日本バーチャルリアリティ学会の試験を受け，

上級VR技術者にもなった。XRに関する講演等をする際には，「"弁護士にしては"，XRの技術やビジネスを理解しており，余分な説明を省けるよう準備しています」などとセールスポイントとして話すことがあるが，きっかけはこういう思いからである。

　XRに関する法律を体系化するにあたり，本書の視点は次の2つである。第一に，既存の法律をベースにどこまで整理できるかをきちんと検討すること。第二に，既存の法律が想定しない新しい問題に対しては，海外の議論も踏まえて理論的な検討を試みること。

　法律という文脈でXRやメタバースを語るとき，「法制度が追いついていない」，「新しい立法が必要だ」等という声がよくあがる。たしかにXRは目新しい技術ではあるが，ざっくりと言ってしまえば，コンテンツ，データ等のデジタル情報の一活用方法である。法律面でもそれらの議論を大いに応用できる。それらの法律，裁判例，実務等の下で何ができ，何ができないかを明らかにし，既存の枠組みでは不当な結論に至るケースを具体化した上で，それについて必要な対応を議論すべきである。そうすることで，実態と乖離した"過剰な"規制にいきつくことを回避できる。そこで本書は，XRの法律関係につき，既存の法律，裁判例等をベースとした検討を十分に行うよう留意した。加えて，裁判例や学説において決着のついていない論点については，関連する見解を整理し，XRに応用した議論に役立つよう心掛けた。

　他方，XRをめぐっては，既存の法律，裁判例および実務が必ずしも想定していなかった法律問題も出てくる。たとえば，技能や経験，触感，味，香り等をデジタルコンテンツ化し，インターネットを介して送信して，いつでもどこでも何度でも，同じ体験を共有できる場合がこれに当たる。そうした問題については，海外の裁判例等を踏まえ，産業政策や立法政策も視野に幅広い検討をするよう心掛けた。

　本書は，XRに関する法律をすべて網羅的に述べるものではない。著者の取扱分野を反映して，エンタテインメントやファッションとの関わりに比較的多く言及している。また，頁数の関係で触れることができなかった重要トピックも数多くある。引き続き実務と研究を重ね，（読者の皆様のニーズがあれば）改訂の際に充実を期したい。

　本書は筆者にとって初めての単著となる書籍であり，しかも近時世間で非常に大きな注目を集めるXR/メタバースに関するものである。このためプレッシャーは大きく，手離れの悪い原稿になってしまった。それでも本書が陽の目を見ることができたのは，温かい励ましの言葉とともに我慢強く見守ってくださった中央経済社の石井直人氏の存在あってこそである。この場を借りて深く御礼申し上げる。

　2022年6月

関　真也

目　　次

第3章　現実環境の再現と知的財産権（デジタルツイン／ARクラウド）————57

第 **1** 章

XR とは

1　はじめに

　バーチャル空間では，自分自身を含めた世界のすべてを再設計して，思うがままに振る舞うことができる。そこでは物理環境にいる自分と同じである必要すらなく，姿形や声を変え，好きに装い，何をするにも誰の目も気にしなくていい。国や空間の制約も，物理法則も関係ない。だからこそ，本当にこうありたいと思う自分でいることができる。表現の可能性はまさに無限で，作品を通じて自分や他人の本質と触れ合うのにこれ以上の場所はない。究極の自由こそバーチャル空間の本質である。そこへ法や倫理を持ち込むなど，バーチャル空間を破壊する行為に他ならない――。

　しかし，何のルールもない「自由」は自分を守ってくれない。たとえば，バーチャル空間内で自分のアバターが誰かに傷つけられたとき，誰が助けてくれるのか[1]。ルールがなく他人のアバターを傷つけることすら「自由」なのであれば，そのバーチャル空間内で他人とインタラクトする活動は躊躇せざるを得ないだろう。同様に，バーチャルアイテムの「窃盗」に対して何らの制裁もない場合，ユーザはバーチャルアイテムの購入や利用をあきらめてしまうかもしれない。これはバーチャル空間を運営する事業者にとっても不利益となる。無法地帯に自由はないという点においては，現実空間もバーチャル空間も変わりはないのである。

　また，法的なルールがない場合，事業者は，自分がその事業を行ってよいのか，またどのように行えばよいのかがわからず，手探りで進まなければならないことになる。しかも，何か問題が起こったときには，「道義的・倫理的な責任」のような抽象的な非難と直接対峙することになりかねず，なかなか足を前に踏み出すことができない。この点，一定の基準があれば安心して事業を構築

1　2008年，人気オンラインRPG「メイプルストーリー」内で結婚した「妻」が，「夫」から突然離婚されたことに腹を立て，「夫」のゲーム ID 等を使って不正アクセスし，「夫」のキャラクターを無断で消去したことで逮捕された「バーチャル殺人」事件が世界的な話題となった（Woman arrested for 'killing' her virtual husband, NY Times（Oct. 24, 2008），https://www.nytimes.com/2008/10/24/world/asia/24iht-virtual.1.17223730.html）。

し，推進することができる。また，ルールがない中にあってひとたび世間一般から問題視される事象が生じると，途端に強い規制に世論が向かいがちだと言われることがある。妥当かつ明確な法規制の存在には，健全な事業を促進し，社会に利益をもたらす側面があるのである。

　XRという新しい技術に基づくビジネスは，まさに今「手探り」状態にある。XR産業の健全な発展のために，現行法下の規制の内容とXRビジネスの現状を踏まえた課題，そして今後の展望を明らかにすることが急務である[2]。

2 ｜ XR（VR／AR／MR）の概念整理

⑴　VRとは

　「バーチャルリアリティ」（Virtual Reality：VR）とは，すべてが人工的な世界の中にユーザが完全に没入する環境のことをいう[3]。より詳しくは，バーチャルリアリティの最も特徴的な要素として，次の3つが挙げられている[4]。

三次元の空間性	コンピュータの生成する人工環境が人間にとって自然な三次元空間を構成していること
実時間の相互作用性	人間がその中で，環境との実時間の相互作用をしながら自由に行動できること
自己投射性	その環境と使用している人間とがシームレスになっていて環境に入り込んだ状態が作られていること

図表1　バーチャルリアリティの三要素

2　XRの市場動向，産業分野，プレイヤー，技術的側面その他全般に関し，久保田瞬「VRの法的課題と今後の対応」ビジネス法務21巻6号45頁（2021年），同「XRの現状と今後の可能性」パテント74巻8号7頁（2021年），日本政策投資銀行「AR／VRを巡るプラットフォーム競争における日本企業の挑戦」DBJ Research No.354-1（2021年11月17日）等参照。

3　Milgram, P., Takemura, H., Utsumi, A., and Kishino, F. (1994) Augmented Reality: A Class of Displays on the Reality-Virtuality Continuum. Telemanipulator and Telepresence Technologies, SPIE, 2351, 282-292.

4　日本バーチャルリアリティ学会編『バーチャルリアリティ学』（コロナ社，2011年）5〜7頁参照。

　つまり，100％コンピュータが生成した三次元環境の中で，ユーザが建物，アイテムその他のオブジェクトとリアルタイムにインタラクションすることができ，しかも，見たり聞いたり頭や手を動かしたりすることによって生じる人間のさまざまな感覚の間に矛盾がない状態にあるため，あたかも現実環境にいるのと本質的に同じ感覚でバーチャル環境を体験することができるのが，VRである。

　VRが他のメディア技術と最も異なる点は，「人間の様々な感覚器官に対して合成的情報を提示することにある」とされる[5]。複数の感覚に対する情報が矛盾のない状態で提示されることにより，現実環境と変わらない感覚でバーチャル環境を利用することができる。

　人間の感覚は，次のように分類されている[6]。

特殊感覚	視覚・聴覚・味覚・嗅覚・前庭覚（平衡感覚）
皮膚感覚	触圧覚・温覚・冷覚・痛覚
深部感覚	運動覚・位置覚・深部圧覚・深部痛覚
内臓感覚	有機感覚（空腹感，はきけ等）・内臓痛

図表2　感覚の分類

　このように，完全なVRは，視覚および聴覚に限らないすべての感覚に対して完璧な合成情報を与えなければならない[7]。もっとも，現在一般的にVRと呼ばれるものには，この意味での「完全なVR」とまではいえないものが多い。現在消費者まで広く普及しているのは主に視覚および聴覚に訴求するVRであるし，ヘッドマウントディスプレイ（HMD）のように現実環境の情報のほとんどをシャットアウトし，視覚および聴覚に限らず身体の動きをもトレースすることなどによって完全に近いVRを目指すものもあれば，パーソナルコンピュータ（PC）やスマートフォンで動作するVRもある。

　バーチャルリアリティは「仮想現実」と訳されることも多いが，「仮想」と

5　岩田洋夫『VR実践講座』13頁（科学情報出版，2017年）。
6　岩田・前掲注5）15頁をもとに筆者作成。
7　岩田・前掲注5）15頁参照。

いう言葉は「嘘」等を想起させる点で正確ではないとの指摘がある[8]。バーチャルリアリティの正しい定義は，「物理的には存在しないものを，感覚的には本物と同等の本質を感じさせる技術」である[9]。そこで，本書では，「仮想現実」という表記を用いず，「バーチャルリアリティ」または「VR」と表記する。

⑵　ARとは

VRと関連する技術に，「拡張現実」（Augmented Reality：AR）がある。これは，「実際に目の前にある現実の環境に，コンピュータで作られた映像・画像を重ねることで，現実世界を拡張する技術」などと説明される[10]。現実世界の情報を完全に遮断してはいない点で，VRと異なる。

ARが兼ね備えるべき特徴として，①現実世界とバーチャル世界の双方の情報が利用される点，②それらがリアルタイムかつインタラクティブに利用できる点，③バーチャル情報が現実世界に三次元的に対応している点を挙げる考え方がある[11]。もっとも，最近では，ARや後述する「MR」等の関連技術が開発・製品化されるにつれ，「AR」という言葉の意味も多様化しているようである。

⑶　MR・XRとは

VRおよびARのほかに，「複合現実」（Mixed Reality：MR）と呼ばれるものもある。また，VR／AR／MRを包括した概念として，「エクステンデッド・リアリティ」（Extended Reality：XR）という表現も用いられている（「XR」は「xR」と表記されたり，「クロス・リアリティ」と呼ばれたりすることもあ

8　日本バーチャルリアリティ学会・前掲注4）2〜9頁。谷卓生「VR＝バーチャルリアリティーは，"仮想"現実か〜"virtual"の訳語からVRの本質を考える〜」放送研究と調査2020年1月号46頁（2020年）も参照。

9　岩田・前掲注5）6頁。

10　EYアドバイザリー・アンド・コンサルティング『VR・AR・MRビジネス最前線』（日経BP社，2017年）3頁。付加される情報は画像・映像に限らず，たとえば「音のAR」と呼ばれるサービスも存在する。

11　蔵田武志＝清川清監修『設計技術シリーズAR（拡張現実）技術の基礎・発展・実践』（科学情報出版，2015年）5頁，ディータ・シュマルスティーグ＝トビアス・ホラーラ（池田聖訳）『ARの教科書』（マイナビ出版，2018年）27頁参照。

る）。もっとも，これらについては，現在のところ必ずしも統一された定義は
ないようである。

　特にMRは，現実世界にバーチャル情報を重畳させるという点ではARと同
じであり，相互の区別が問題となりうる。代表的な概念整理に，現実世界とバ
ーチャル世界が何らかの割合で混合される，AR等を含む広い概念をMRと呼
ぶとする整理がある（Reality-Virtuality（RV）Continuum。**図表3**参照）。ま
た，ARを「現実世界（一部）に仮想の情報を重ね合わせる」もの，MRを
「現実世界（視界全面）に仮想の情報を重ね合わせる」ものとし，「没入感の浅
い順にAR，MR，VR」になると位置づけるものがある[12]。さらに，MRでは
現実環境とバーチャル情報が連動しており，触ったり回転させたりといったイ
ンタラクションが可能であるのに対し，ARはそうではないという整理もある。

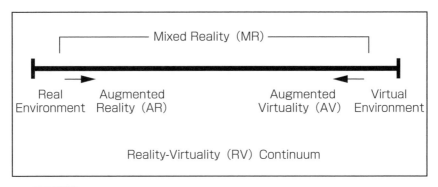

図表3　Reality-Virtuality（RV）Continuumによる概念の整理[13]

(4)　「メタバース」とは

　「メタバース」には確立された定義はないが，たとえば「サイバースペース
（電脳世界）やサイバー世界において，下記の条件を満たすものを，特にメタ
バースと定義している」とされる[14]。

12　総務省 ICTスキル総合習得プログラム講座1－3（位置情報の活用とxR）教材
　　（https://www.soumu.go.jp/ict_skill/pdf/ict_skill_1_3.pdf）。
13　画像出典：Milgram et al・前掲注3）。

> （i）　三次元のシミュレーション空間（環境）を持つ。
> （ii）　自己投射性のためのオブジェクト（アバター）が存在する。
> （iii）　複数のアバターが，同一の三次元空間を共有することができる。
> （iv）　空間内に，オブジェクト（アイテム）を創造することができる。

このほか，最近では，(a)リセット，一時停止および終了がなく，永久に存続すること，(b)創作，所有，投資，売買等が可能な経済圏があること，(c)複数のプラットフォームが相互に接続していること等，さまざまな要素が「メタバース」の特徴として提唱されているが，「『誰もが現実世界と同等のコミュニケーションや経済活動を行うことができるオンライン上のバーチャル空間』と考えて大きな誤りはないだろう」と解説されている[15]。さらに，現実世界にバーチャルなオブジェクトを出現させることで構築されるメタバースとして，「リアルワールド・メタバース」という概念も提唱されている。

(5)　本書における整理

本書では，現実環境の情報を完全に遮断することを指向するか，それとも現実環境にバーチャル情報を付加することを指向するかによって，VR（前者）とAR（後者）の2つに分けて検討する。XRは，これらを包括する概念である。また，本書では，現在の市場への普及状況に合わせて，基本的には視覚および聴覚に焦点を当てることとし，その他の感覚について言及するときはその旨明示する。

現状極めて多義的な用語である「メタバース」については，本書の各所での論旨が曖昧になることを避けるため積極的には使用しないが，バーチャル空間における取引等の経済活動に意識を置くときには，あえて「メタバース」に言及することがある。

14　日本バーチャルリアリティ学会・前掲注4）250頁以下。
15　日本政策投資銀行・前掲注2）（Matthew Ball "The Metaverse: What It Is, Where to Find it, and Who Will Build It"; GamesBeat "Roblox CEO Dave Baszucki believes users will create the metaverse"; "Tim Sweeney: The open metaverse requires companies to have enlightened self-interest" を参照）。

3 | XRを実現する機器と仕組み

(1) VR

VRを実現する機器と仕組みの一例を図示する。

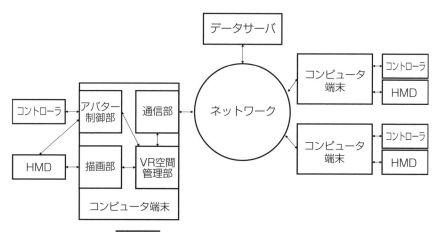

図表4　VRを実現する機器と仕組み

　この例によると，主な機器には，コンピュータ端末，ヘッドマウントディスプレイ（HMD）およびコントローラがある。HMDは，視覚的なディスプレイと聴覚的なヘッドフォンが一体となった機器である。

　各コンピュータ端末は，ネットワークを介してデータサーバからVR空間のデータ（3DCGおよび位置のデータ等）を取得する。

　各ユーザは，HMDを頭にかぶり，コントローラを手に持って操作する。端末は，HMDとコントローラの位置（ユーザの位置・姿勢）を検知し[16]，その

16　モーショントラッキング用の外付けカメラで検知する場合もあれば，HMDにセンサが内蔵されている場合もある。また，Meta Questシリーズのようにコンピュータを内蔵した一体型のHMDもある。さらに，トラッカーという機器を肘，膝，腰等に装着，ユーザの身体の動きをより正確に検知することもある。

モーションデータをそのユーザのアバターに適用するとともに，ネットワーク
を介して他のユーザの端末にそのモーションデータを送信する。他のユーザの
端末がこれを受信すると，そのモーションデータを送信元のユーザのアバター
に適用する。こうして，自他のアバターその他のオブジェクトに動きがあれば，
それに応じてオブジェクトの位置・姿勢を更新してHMDに表示する。これら
のデータは，端末間で同期されている。これを短時間で繰り返すことにより，
複数のユーザ（のアバター）が，同じバーチャル空間内で，音声やジェスチャ
ー等によってリアルタイムにコミュニケーションをとることができる。

(2)　AR

　ARを構成する主要な技術には，「認識技術」と「表現技術」の2つがある。
「認識技術」とは，「センサーで取得した空間情報を分析して，その場に何が，
どのような状態で存在しているのかを識別する技術」である[17]。端末のカメラ
から取得する画像情報を解析するもの，GPSで取得する位置情報，加速度セン
サや地磁気センサによる姿勢検知を利用するものなどがある[18]。
　「表現技術」とは，「抽出した特徴に対して情報を提示する技術」である[19]。
従来最も認知されていたものとして，ARマーカと呼ばれる図形を用いたもの
がある。カメラからARマーカの位置，角度，大きさの情報を抽出して，取得
した情報に応じて，カメラ映像にリアルタイムにコンテンツを表現する方法で
ある[20]。また，ARマーカを利用せず，カメラ等で取得した画像そのものから
特徴点を抽出し，それに合わせてコンテンツを表示することもできる（マーカ
レス型)[21]。
　ARを利用するには，たとえばマーカ型の場合には，アプリやプラットフォ

17　田上慎＝飛澤健太「AR（拡張現実）は，人間が手にした新たな未来：ARの変遷と展
　望」情報管理59巻8号526頁，528頁（2016年）。
18　森永康夫＝太田学「画像解析技術やセンサ技術を利用したモバイルAR―新しい携帯電
　話の表現力と操作感の提供―」NTT DOCOMOテクニカル・ジャーナル18巻4号13頁
　（2011年）。
19　田上＝飛澤・前掲注17）528頁。
20　前掲注19と同じ。
21　田上＝飛澤・前掲注17）528頁，森永＝太田・前掲注18）13～14頁。

ーム等のシステムの設定において，ARマーカと，それに対応した画像，映像，テキスト等のコンテンツ（以下「AR コンテンツ」という）をあらかじめ登録しておく。そして，ユーザが当該アプリ等を起動した状態でARマーカにカメラを向けるなどの一定の操作をした時に，当該ARマーカに対応して登録されたARコンテンツが表示，再生等される。ARコンテンツの表示等に際しては，トラッキングという技術が活用され，ARマーカ等を検出および追跡して，その位置，距離，方向等に合わせた形でARコンテンツを表示することができる。

　次に，ARを実現する機器と仕組みの一例を図示する。

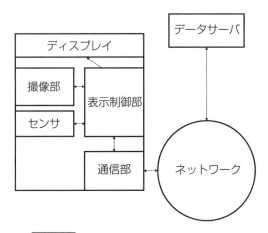

図表5　**ARを実現する機器と仕組み**

　この例では，スマートフォンのカメラ（撮像部）で現実環境にある一定の特徴を備えた物体等を捉えたときに，ネットワークを介してデータサーバから取得するARコンテンツのデータを，カメラから入力される現実環境の画像情報と合成して，ディスプレイに表示する。このとき，GPS，加速度センサ等を通じて現実環境における位置情報，傾き等をリアルタイムに取得し，それに合わせて常に適切な位置・姿勢でARコンテンツを現実環境の画像情報に重ね合わせる。一般に，これを「位置合わせ」という。

　位置合わせの手法としては，大きく分けて，ビジョンベースによる手法（撮影された画像の中に映っている画像特徴を利用して，カメラの位置・姿勢を求

めるアプローチ）と，センサベースの手法（カメラそのものや対象環境中にセンサを搭載し，直接その動きや構造を計測するアプローチ）があり，また，双方を組み合わせた手法もある。ビジョンベースによる手法には，マーカベース，モデルベースおよび自然特徴ベースの手法がある[22]。

	手　法	概　要	備　考
ビジョンベース	マーカベース	現実環境に人工マーカを配置し，カメラで撮影したマーカの画像を事前に登録したマーカとマッチングするなどして，マーカのIDおよびマーカと視点との相対的な位置・姿勢を検知する。	矩形の二次元白黒パターンまたは任意の画像，一定のルールを設けて作成されたポスターその他特殊形状のマーカを事前に登録・設定しておく。
	モデルベース	マーカのように新たな特徴を付加するのではなく，位置合わせに利用したい物体の三次元形状を用意しておき，その三次元モデルと実際に入力画像に映った物体の見た目が一致するようにパラメータを最適化する。	位置合わせに利用したい物体の三次元モデルのデータベースを用意しておく。
	自然特徴ベース	現実環境に存在する物体がカメラで撮影されたときに，画像中から抽出できる点や線等を追跡する。	事前にマーカを配置・登録し，あるいは特徴点をデータベース化しておくという準備を不要とすることができる。
センサベース		GPS による位置情報の取得，加速度センサ，地磁気センサによる姿勢検知。	同上。

図表6　位置合わせの手法

　位置合わせによってマーカ，自然特徴等を検出および追跡し，カメラとの相対的な位置・姿勢に合わせた形で，あらかじめ当該マーカ等に対応づけて登録

22　植松裕子「基礎2：位置合わせ技術」情報処理51巻4号373頁，374〜377頁（2010年）。

され，あるいはユーザが選択した画像，映像，テキスト等のARコンテンツが
サーバから端末に送信され，端末のカメラを通じてその画面に映し出される現
実環境の画像上に合成して表示する。このように，カメラを通じて現実環境を
提示する方式を，「ビデオシースルー方式」という。これに対し，ハーフミラ
ー等を用いて，透過して見える現実環境そのものとARコンテンツを同時にユ
ーザに提示する方式もある。これを「光学式シースルー方式」という[23]。AR
コンテンツを表示する端末としては，スマートフォン等のモバイル端末，スマ
ートグラス，ヘッドマウントディスプレイ（HMD），ヘッドアップディスプレ
イ（HUD）等さまざまなものがある。

---

[23]　神原誠之「基礎1：拡張現実感（Augmented Reality：AR）概論」情報処理51巻4号
367頁，368頁（2010年）。

第 2 章

XR と知的財産権概論

1　知的財産権の全体像

(1)　概　要

　一口に知的財産権といってもさまざまなものがある。その種類ごとに，何が保護されるか，何が侵害行為となるか，誰が権利者となるかなどが異なる。

　知的財産権を侵害した場合，その侵害行為の差止め（侵害行為に関わる物の廃棄等を含む），損害賠償のほか，場合によっては謝罪広告等の名誉回復措置請求，刑事罰等の対象となることがある。XRにまつわる事業を行い，またはXRサービスを利用するにあたって創作活動を行うユーザ，クリエイター等は，それぞれの保護対象その他の特徴を理解した上で，自らの創作物を適切に保護するとともに，他人の権利を侵害しないよう注意しなければならない。

　以下，第3章以下で考察する事項に関わる部分を中心に，各種知的財産権の概略を述べる[1]。

(2)　特許権

①　概　要

　特許法は，「発明」を保護する法律である（以下，本章①(2)における条文番号は，特に断らない限り特許法のものを指す）[2]。「発明」とは，自然法則を利用した技術的思想の創作のうち高度のものをいう（2条1項）[3]。特許庁長官に対して特許出願をし（36条）[4]，審査官による審査を受け（47条）[5]，設定の登録

1　VRと知的財産全般について論じたものとして，松永章吾「VRコンテンツの知的財産法上における主要論点」ビジネス法務21巻6号51頁（2021年）がある。

2　XRと特許権については，野崎篤志「特許から見たXRテクノロジートレンド」パテント74巻8号15頁（2021年），上羽秀敏「VR／AR／MRと知的財産権」パテント74巻8号24頁（2021年），青木武司「ヘッドマウントディスプレイによって実現される仮想世界と知的財産の保護」パテント74巻8号30頁（2021年），奥村光平「AR／MR関連出願で使用されるクレーム表現の考察」パテント74巻8号43頁（2021年）等参照。

3　特許権に似た制度として，自然法則を利用した技術的思想の創作のうち，物品の形状，構造または組み合わせに係るものを保護する実用新案法がある。

4　特許出願の日から1年6カ月を経過すると，その特許出願について出願公開がされる（64条）。

を受けることによって，特許権が発生する（66条）。同一の発明について異なった日に2以上の特許出願があったときは，最先の特許出願人のみがその発明について特許を受けることができる（先願主義。39条）。特許権の存続期間は，特許出願の日から20年である（67条）。

②　特許要件

　「発明」に該当するものであっても，特許出願前に，⒤公然知られた発明，⒤公然実施をされた発明，および⒤頒布された刊行物に記載された発明または電気通信回線を通じて公衆に利用可能となった発明は，特許を受けることができない（新規性の要件。29条1項）。したがって，特許出願を検討する発明の内容を，特許出願をする前に他人に話したり，新聞・論文等に掲載したり，インターネット上で公開すること等は控えたほうがよい。たとえ少人数に話すだけであっても，新規性を喪失する。もっとも，発明を知った者が発明者に対して守秘義務を負っている場合には，公然知られた発明にはならない[6]。したがって，投資家等への説明，ピッチ等，特許出願前に発明の内容を第三者に開示しなければならない場合には，秘密保持契約を締結した上で開示すること，あるいは発明の内容に至らない限りで開示すること等を検討すべきである。また，前記⒤〜⒤のいずれかに該当したとしても，1年以内に特許出願をすれば，新規性を喪失しないものとして扱われる場合がある（新規性喪失の例外。30条）[7]。

　また，新規性のある「発明」であっても，特許出願前にその発明の属する技術の分野における通常の知識を有する者（当業者）が29条1項各号の発明に基づいて容易に発明をすることができるものであったときは，その発明は特許を受けることができない（進歩性の要件。29条2項）。

　その他，発明について特許を受けるためには，その発明が産業上利用するこ

5　特許出願の審査は，審査請求があってはじめて開始される（48条の2）。審査請求は，特許出願があった日から3年以内に限ってすることができ（48条の3第1項），この期間内に審査請求がなかったときは特許出願を取り下げたものとみなされる（同条4項）。

6　小泉直樹『知的財産法』13頁（弘文堂，2018年）。

7　特許庁「平成30年改正法対応　発明の新規性喪失の例外規定の適用を受けるための出願人の手引き」（令和2年12月），同「平成30年改正法対応　発明の新規性喪失の例外規定についてのQ&A集」（令和3年10月）（いずれも特許庁ホームページ参照）が参考になる。

とができるものであること（29条1項柱書），公の秩序・善良の風俗または公衆の衛生を害するおそれがないこと（32条）が必要となる。

③　特許を受けることができるのは誰か

特許を受けることができるのは，その発明をした者である（29条1項）。また，特許を受ける権利は移転することができる（33条1項）。たとえば，業務委託先がした発明について委託元が特許権を取得したい場合，特許を受ける権利を譲り受ける旨の契約を締結することを検討すべきである。

さらに，会社の役員・従業員（従業者等）がした発明については，いわゆる職務発明と呼ばれる特別なルールが適用される。すなわち，従業者等がその性質上会社の業務範囲に属し，かつ，その発明をするに至った行為がその会社における従業者等の現在または過去の職務に属する発明（職務発明）をした場合において，契約，勤務規則その他の定めにおいてあらかじめ会社に特許を受ける権利を取得させることを定めたときは，その特許を受ける権利は，その発生した時から会社に帰属する（35条3項）。このような契約，勤務規則その他の定めとして，一般に「職務発明規程」と呼ばれる社内規程を置く会社が多い。

職務発明規程により会社に特許を受ける権利を取得させた場合等においては，従業者等は，相当の利益を受ける権利を有する（同条4項）。この「相当の利益」についても職務発明規程の中で基準を設けることが多いが，この基準を定めるにあたっては，会社と従業者等との間で行われる協議の状況，策定された当該基準の開示の状況，相当の利益の内容の決定について行われる従業者等からの意見の聴取の状況等を考慮して，その定めたところにより相当の利益を与えることが不合理であると認められるものであってはならない（同条5項）。相当の利益についての定めがない場合またはその定めたところにより相当の利益を与えることが不合理であると認められる場合には，その発明により会社が受けるべき利益の額，その発明に関連して会社が行う負担，貢献および従業者等の処遇その他の事情を考慮して，従業者等に与えられる「相当の利益」の内容が定められることになる（同条7項）。

職務発明規程等で定める基準に従って「相当の利益」を与えることが不合理と認められなければ，会社としては当該基準のとおり相当の利益を与えること

で足り，予想外に高額な金額を支払うことになるリスクをあらかじめ把握・管理することができる。したがって，適切な職務発明規程等を設けることは重要である。この点，合理性のある基準を策定するための指針（ガイドライン）が公表されているので，これを参考にするのがよい[8]。

　なお，特許を受ける権利が複数人によって共有されている場合，各共有者は，他の共有者の同意を得なければ，その持分の譲渡等ができず（33条3項および4項），また，他の共有者と共同でなければ特許出願をすることができない（38条）という制約を受ける。さらに，特許権が複数人によって共有されている場合も，その持分の譲渡，特許権の許諾等に際して他の共有者の同意を要する（73条1項および3項。なお，特許発明の実施については，契約で別段の定めをした場合を除き，他の共有者の同意を得ないですることができる）[9]。共同開発等によってこれらの権利を共有する可能性がある場合には，あらかじめ契約により，自らがその発明によって達成しようとする目的に沿うように，これらの事項を取り決めておくのが望ましい。

④　特許権の効力

　特許権者は，業として特許発明の実施をする権利を専有する（68条）。「実施」の内容は，発明のカテゴリーごとに定義されている（2条3項各号）。たとえば物の発明にあっては，その物の生産，使用，譲渡等，輸出もしくは輸入または譲渡等の申出をする行為が「実施」に当たる[10]。

　第三者が特許権者に無断で特許発明を業として「実施」する行為が，特許権を侵害する行為となり，差止請求（100条），損害賠償請求（民法709条）等の対象となる。また，それ以外にも，特許権を侵害するものとみなされる行為類型が規定されている（101条）。

　他人の特許発明を実施することを希望する場合には，特許権者から許諾を得

8　「特許法第35条第6項に基づく発明を奨励するための相当の金銭その他の経済上の利益について定める場合に考慮すべき使用者等と従業者等との間で行われる協議の状況等に関する指針」（経済産業省告示131号，平成28年4月22日）（特許庁ホームページ参照）。
9　67条の2第4項，132条なども参照。
10　「物」には「プログラム等」が含まれ，プログラム等である物の発明に関しては電気通信回線を通じた提供も「実施」に当たる（2条3項1号および4項）。

ることを検討すべきである。

(3)　意匠権

①　概　要

　意匠法は,「意匠」を保護する法律である(以下,本章①(3)における条文番号は,特に断らない限り意匠法のものを指す)[11]。「意匠」とは,(i)物品の形状,模様もしくは色彩もしくはこれらの結合(形状等),(ii)建築物の形状等,または(iii)画像であって,視覚を通じて美感を起こさせるものをいう(2条1項)。ここにいう「物品」,「建築物」および「画像」には,それぞれの部分を含む。また,「意匠」となりうる「画像」は,(a)機器の操作の用に供されるもの(操作画像)または(b)機器がその機能を発揮した結果として表示されるもの(表示画像)に限られる。

　意匠権も,特許権と同様に,特許庁長官に対して意匠登録出願をし(6条),審査官による審査を受け(16条),設定の登録を受けることによって発生する(20条)。また,意匠法でも先願主義がとられている(9条)。意匠権の存続期間は,意匠登録出願の日から25年である(21条)。

②　画像意匠

　CGを端末画面上に表示することによって体験を提供するXRにとっては,画像意匠の取扱いが重要である。前述のとおり,画像意匠として保護されるのは,あくまで機器の機能に関する画像に限られている(操作画像および表示画像)。画像であっても,「テレビ番組の画像,映画,ゲームソフトを作動させることにより表示されるゲームの画像など,機器とは独立した,画像又は映像の内容自体を表現の中心として創作される画像又は映像」(いわゆるコンテンツ)は,意匠を構成しないとされる[12]。

　有体物としての物品または建築物をXR空間に持ち込む場合,物品または建

11　XRと意匠権については,上羽・前掲注2),青木・前掲注2),関真也「XR(VR/AR/MR)ビジネス参入と知的財産法への対応」研究開発リーダー18巻6号69頁(2021年)参照。

12　意匠審査基準(令和3年3月31日改訂版)第Ⅳ部第1章6.1.3参照。また,コンテンツは,物品または建築物の一部を構成する画像とも認められない(同6.1.4)。

築物から画像へと意匠法上の位置づけが変わる。そして，その物品または建築物が現実環境において果たしていた実用的な用途・機能を，XR空間においても同様に果たすとは限らない。たとえば，衣服は，現実環境においては着用者の身体を覆い隠し，さまざまな物理的要因から保護するという実用的機能を果たしている。しかし，これをXR空間に持ち込み，アバターが着用できる衣服とした場合，この衣服は，物理的な意味で身体を保護すべき着用者は存在しないから，現実環境におけるのと同じ機能を果たさないと思われる。そうすると，このバーチャルな衣服は，機器の機能とは関係なく，ユーザが鑑賞するなどして楽しむためのコンテンツという側面が強調され，意匠ではなく著作物としての保護に馴染むことになる。

　これに対し，たとえば建設機械を操作する技能を習得するためのVRトレーニングシミュレータという機器に関し，建設機械の操作部を再現した画像は，当該機器の機能を果たすための表示であり，画像意匠または物品の部分に画像を含む意匠として保護される可能性がある。

　このように，XRにおける画像を意匠法で保護するか著作権法で保護するかは，機器の用途・機能との関係でその画像が果たす役割に着目して判断しなければならない（XRにおける意匠法と著作権法の関係につき，第5章 ⑤ も参照）。

③　意匠登録要件

　「意匠」に該当するものであっても，意匠登録出願前に，(i)公然知られた意匠，(ii)頒布された刊行物に記載された意匠または電気通信回線を通じて公衆に利用可能となった意匠，および(iii)これらの意匠に類似する意匠は，意匠登録を受けることができない（新規性の要件。3条1項）。したがって，特許の場合と同様に，秘密保持契約を締結するなどの対応をしないまま不用意に意匠に関する情報を第三者に開示，公表等しないよう注意すべきである。また，一定の場合に新規性喪失の例外があることも，特許の場合と同様である（4条）。

　新規性のある意匠であっても，意匠登録出願前にその意匠の属する分野における通常の知識を有する者（当業者）が容易にその意匠の創作をすることができるものであったときは，その意匠について意匠登録を受けることができない（3条2項）。意匠法においてこの要件は，創作非容易性と呼ばれる。

④　意匠登録を受けることができるのは誰か

意匠登録を受けることができるのは，その意匠の創作をした者である（3条1項）。モデリングソフトや，VR空間内の機能を使ってデジタルデータとして意匠を創作した者も，意匠登録を受ける権利を得ることができるだろう。

職務発明に関する特許法35条の規定は，従業者等がした意匠の創作に準用されている（意匠法15条3項）。また，特許を受ける権利および特許権の共有に関する特許法の規定も意匠法において準用されている（意匠法15条1項・特許法38条，意匠法15条2項・特許法33条，意匠法36条・特許法73条）。したがって，これらの事項については，特許の場合と同様に考えられる（前述(2)③）。

⑤　意匠権の効力

意匠権者は，業として登録意匠およびこれに類似する意匠の実施をする権利を専有する（23条）。「実施」の内容は，物品，建築物および画像ごとに**図表1**のとおりである（2条2項）。

意匠のカテゴリー	実施行為の内容
物品の意匠	意匠に係る物品の製造，使用，譲渡，貸渡し，輸出もしくは輸入または譲渡もしくは貸渡しの申出（譲渡または貸渡しのための展示を含む。以下同じ）をする行為
建築物の意匠	意匠に係る建築物の建築，使用，譲渡もしくは貸渡しまたは譲渡もしくは貸渡しの申出をする行為
画像意匠	(i)　意匠に係る画像[13]の作成，使用または電気通信回線を通じた提供もしくはその申出（提供のための展示を含む。以下同じ）をする行為 (ii)　意匠に係る画像を記録した記録媒体または内蔵する機器の譲渡，貸渡し，輸出もしくは輸入または譲渡もしくは貸渡しの申出をする行為

図表1　意匠の「実施」

13　「意匠に係る画像」には，その画像を表示する「プログラム等」が含まれる（2条2項3号）。「プログラム等」とは，電子計算機に対する指令であって，一の結果を得ることができるように組み合わされたもの（いわゆるプログラム）に加え，その他電子計算機による処理の用に供する情報であってプログラムに準ずるものを含む（同条・特許法2条4項）。

　第三者が意匠権者に無断で登録意匠またはこれに類似する意匠の「実施」を
する行為が，意匠権を侵害する行為となり，差止請求（37条），損害賠償請求
（民法709条）等の対象となる。また，それ以外にも，意匠権を侵害するものと
みなされる行為類型が規定されている（38条）[14]。

　ここで，仮に有体物としての物品の形状等について意匠登録をしていた場合
において，第三者がその登録意匠と見た目がよく似た3DCGモデルを作成，使
用等していたとしても，当該登録意匠に係る意匠権を侵害するとは限らないと
解される。意匠権侵害が成立するためには，両者の見た目が同一または類似で
あるだけでなく，「物品」においても登録意匠と同一または類似である必要が
あるからである[15]。前述と同様に衣服を例にとると，有体物としての衣服は着
用者の身体を守るなどの用途・機能を果たす物品であるのに対し，バーチャル
な衣服にはそのような用途・機能はない。また，バーチャルな衣服を画像とし
て表示する機器は，たとえばヘッドマウントディスプレイやスマートフォン等
であるが，これも有体物としての衣服とは用途・機能が異なる。したがって，
両者は意匠として類似せず，意匠権侵害は成立しないと判断される可能性があ
る（そのバーチャルな衣服の画像はそもそもコンテンツであり，「意匠」を実
施していないともいえよう）。

　このように，意匠の種類やその用途・機能等によっては，見た目が似ていて
も登録意匠の権利が及ばない場合がある。これを踏まえ，自社の市場をリアル
とバーチャルのどちらに置くか，あるいはその両方に置くかによって，有体物
である物品としての意匠と，XR空間における画像としての意匠それぞれにつ
いての保護戦略は異なってくる。場合によっては意匠権とともに著作権による
保護を検討する必要もある。

14　たとえば，3Dプリント機器に指示をすればそのデザインどおりの有体物たる物品が出
　来上がるような当該物品の3DCGデータを作成し，インターネットを通じてこれを販売す
　る行為は，38条1号イまたはロの要件を満たす限り，物品意匠の意匠権を侵害するものと
　みなされる可能性があるので注意を要する。青木大也「3Dデータと意匠法：3Dプリンタ
　の活用を見据えて」パテント73巻8号189頁（2020年）参照。

15　画像意匠を含む意匠の類否判断について詳しい論文として，五味飛鳥「画像デザインの
　保護範囲－保護範囲をどのような基準で画するか」日本工業所有権法学会年報43号61頁
　（2019年）参照。

(4)　著作権等

①　著作権

　著作権法上（以下，本章①(4)における条文番号は，特に断らない限り著作権法のものを指す），著作者は，著作物について一定の利用をする権利を専有する（21条〜28条。これらに規定されている権利を総称して「著作権」という。17条1項）。

　「著作者」とは，著作物を創作する者をいう（2条1項2号）。イラストであれば，それを描いたイラストレーターが著作者となるのが原則である。現実空間において創作をした場合はもちろん，VR空間においてその機能を利用して著作物を創作すれば，その著作者となることができるだろう[16]。もっとも，法人その他の使用者の業務に従事する者が職務上作成する著作物については，一定の要件の下，その法人等が著作者となる（職務著作。15条。これについては第5章②(1)①で触れるが，特許権および意匠権とは反対に，契約，勤務規則その他に別段の定めがない限り，法人等に権利が帰属することに注意が必要である）[17]。特許権等と異なり，著作者は，登録その他いかなる方式の履行をも要せずして，著作物の創作と同時に自動的に著作権を享有する（17条2項）。

　著作権を複数人で共有している場合，各共有者は，他の共有者の同意を得なければ，その持分を譲渡等することができない（65条1項）。また，共有に係る著作権は，共有者全員の合意によらなければ，行使することができない（同条2項）。この「行使」には，著作物の利用許諾のほか，自ら著作物の複製その他の利用をすることが含まれる。特許権等の場合と比べても重大な制約が加わるため（本章①(2)③参照），共同制作等を通じて著作権を共有する場合，その利用等に関するルールを契約で定めることが重要となる。

　ある行為が他人の著作権を侵害するかどうかを判断する手順は，**図表2**のとおりである。

16　この場合の著作権その他の知的財産権の帰属は，VRサービスごとの利用規約によって定められている場合があるため注意を要する。たとえば，「セカンドライフ」は，ユーザがセカンドライフにおいて創作しその他保有するに至ったデジタルコンテンツにつき，完全な知的財産権をユーザに認めていた（See Bragg v. Linden Research, Inc., 487 F.Supp.2d 593（E.D. Pa, 2007））。
17　映画の著作物については，制作，監督，演出，撮影，美術等を担当してその映画の著作物の全体的形成に創作的に寄与した者が著作者になる（16条）。

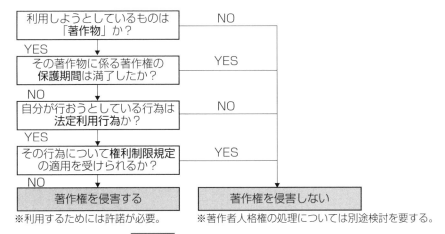

図表2 著作権侵害の判断フロー

　「著作物」とは，思想または感情を創作的に表現したものであって，文芸，学術，美術または音楽の範囲に属するものをいう（2条1項1号）。単なる事実は「思想または感情」を表現したものではないため，著作物とはならない。また，創作性があるといえるためには，既存の著作物の模倣であるなど客観的に作り手の個性が表れていないことが明らかな場合を除いて，わずかでも作り手の個性が表れていれば広く創作性を認めるべきであるとされる[18]。たとえば，ホームページで商品を紹介するための手段として撮影した写真につき，「同じタイプの商品を撮影した他の写真と比べて，殊更に商品の高級感を醸し出す等の特異な印象を与えるものではなく，むしろ商品を紹介する写真として平凡な印象を与えるものであるとの見方もあり得る」が，「被写体の組合せ・配置，構図・カメラアングル，光線・陰影，背景等にそれなりの独自性が表れているのであるから，創作性の存在を肯定することができ，著作物性はある」とした裁判例がある[19]。他方で，ある立体物をあらゆる角度からカメラで撮影し，その画像データを複数組み合わせることによって実物に極めて忠実な3DCGモデルを作成する場合において，被写体の組み合わせ・配置その他の要素において

18　島並良＝上野達弘＝横山久芳『著作権法入門〔第3版〕』（有斐閣，2021年）28頁以下。
19　知財高判平18・3・29判タ1234号295頁〔スメルゲット〕。

も個性を発揮する余地がないときは，事実をそのまま再現したにすぎず創作性がないと判断される場合がありうると考えられる[20]。

次に，「著作物」であるといえるためには，著作者の思想・感情が外部から認識可能な形で「表現」されていることが必要である[21]。両作品において抽象的なアイデアだけが共通していても，この意味における「表現」を利用したとはいえず，著作権侵害は成立しない。

「文芸，学術，美術または音楽の範囲に属する」といえるためには，一般的には人間の精神活動の成果であれば足りるとされるが，意匠法その他の産業財産権との棲み分け等の観点から，実用性や機能に由来する形状等は，「著作物」と認められにくい傾向にある（第3章②(2)②および③参照）。

これらの要件を満たせば著作物として保護の対象となるが，著作権法は，著作物を次のように例示している（10条。同条で必ずしも明確に著作物として例示されていない触感・味・香りの保護につき，本章②参照)[22]。

種　類	具体例
言語の著作物	小説その他の書籍，論文，脚本，講演，詩歌等
音楽の著作物	楽曲および楽曲を伴う歌詞等
舞踊または無言劇の著作物	日本舞踊，バレエ，ダンス，パントマイム等
美術の著作物	絵画，版画，彫刻，漫画，イラスト，書等
建築の著作物	建築物のデザイン
図形の著作物	地図，図面，図表，模型等
映画の著作物	劇場用映画，テレビ番組，ビデオゲーム等
写真の著作物	各種写真
プログラムの著作物	コンピュータプログラム
その他	二次的著作物（11条)，編集著作物（12条)，データベースの著作物（13条)

図表3　著作物の種類（例示）

20　光永眞久「AR／VRがもたらすスポーツ生放送への影響〜米国著作権の観点から」日本知財学会誌15巻3号33頁，37頁（2019年）参照。

21　島並＝上野＝横山・前掲注18) 23頁。

22　どの種類の著作物に該当するかによって，適用されるか否かが変わってくる権利制限規定がある。たとえば，公開の美術の著作物等の利用に関する著作権法46条である（第3章②(5)参照)。こうした場合には，どの種類の著作物であるかを見極めることが重要となる。

著作権の保護期間は，概ね次のとおりである（詳しくは51条〜58条を参照）。

- 原則として，著作者の生存年間およびその死後70年
- 無名または変名（周知の変名を除く）の著作物については，公表後70年（ただし，その著作者の死後70年を経過したと認められるときは，その経過した時点まで）
- 法人その他の団体名義の著作物については，公表後70年（ただし，その創作後70年以内に公表されなかったときは，その創作後70年）
- 映画の著作物については，公表後70年（ただし，その創作後70年以内に公表されなかったときは，その創作後70年）

　保護期間内にある著作物を何らかの形で用いる場合であっても，その方法が21条から27条までに規定されている利用行為のいずれにも該当しない場合には，著作権侵害は成立しない。著作者は，これらに規定されている方法で著作物を利用する行為（これを「法定利用行為」と呼ぶことがある。**図表4**）についてのみ，独占的な権利を認められているからである。著作権は，それぞれの方法で著作物を利用する権利（支分権）の総称である。

　これらの権利を有するのは当該著作物の著作者であるが，二次的著作物の原著作物の著作者は，当該二次的著作物の利用に関し，当該二次的著作物の著作者が有するものと同一の種類の権利を専有する（28条）。つまり，ある著作物（原著作物）を翻訳し，編曲し，もしくは変形し，または脚色し，映画化し，その他翻案することによって作成された著作物（二次的著作物。2条1項11号）については，当該二次的著作物の著作者だけでなく，原著作物の著作者も，当該二次的著作物について21条から27条までの権利を専有する。したがって，二次的著作物を利用する際には，当該二次的著作物の著作者だけでなく，その原著作物の著作者からも許諾を得るなどの権利処理をする必要がある。

支分権	具体例
複製権	印刷，録音，録画，電子ファイル化，電子ファイルのコピー等（21条，２条１項15号）
上演権・演奏権	公に上演または演奏すること（22条，２条１項16号，同条７項）
上映権[23]	映写幕その他の物に映写して公に見せること（22条の２，２条１項17号）
公衆送信権	放送・有線放送，インターネット上の送信，アップロード（送信可能化）等（23条１項，２条１項７号の２～９号の５）
伝達権	公衆送信されるその著作物を受信装置を用いて公に伝達すること（23条２項）
口述権	言語の著作物を公に口述すること（24条，２条７項）
展示権	美術の著作物または未発行の写真の著作物を原作品により公に展示すること（25条）
頒布権	映画の著作物の複製物を公衆に譲渡または貸与すること，および映画の著作物を公衆に提示することを目的としてその複製物を譲渡または貸与すること（26条，２条１項19号）
譲渡権	映画以外の著作物を公衆に譲渡すること（26条の２）
貸与権	映画以外の著作物を公衆に貸与すること（26条の３，２条８項）
翻案権等	翻訳・編曲・変形，脚色・映画化その他翻案すること（27条）

図表4　支分権とその具体例

　保護期間中の著作物について法定利用行為をする場合であっても，30条から47条の７までの規定（権利制限規定）のいずれかの要件を満たす場合には，著作権侵害は成立しない。これらの規定ごとに，権利制限の対象となる著作物の種類や法定利用行為の類型その他の要件が異なるので，すべての要件を充足するかどうかを１つひとつ慎重に吟味する必要がある。

　XRは，現実空間におけるのと実質的に同等の体験をバーチャル空間において実現することを目的とする場合がある。しかし，現実空間とバーチャル空間

23　「ホログラフィー（レーザー光線などを利用して空間に立体的な映像を映し出す光学技術）のように映写幕等の物がなく空間に像を結ぶものは，条文上上映とされない可能性もあるが，立法時には想定外の技術であり，類推解釈で上映とされよう」とする見解がある（中山信弘『著作権法〔第３版〕』（有斐閣，2020年）314頁）。

とでは，著作物の利用方法が異なるため，権利制限規定の適用を受けることができるかにおいても違いが生じる。たとえば，公表された著作物は，営利を目的とせず，観客等から対価を受けない場合であって，かつ，実演家等に対して報酬が支払われないのであれば，著作権者の許諾を受けることなく，公に上演し，演奏し，上映し，または口述することができる（38条1項）。たとえば，学芸会で演劇をしたり合唱をしたりする場合が典型である。しかし，児童・生徒等が各自の自宅からインターネットを通じてバーチャル空間にアクセスし，アバターを介して演劇・合唱等をした場合には，文言上，同条による権利制限を受けることはできず，著作権者の許諾が必要になると考えられる。この場合，楽曲等の著作物は，同条で許容されている上演等ではなく，公衆送信の方法で利用されているからである[24]。また，現実世界において商品を店舗に陳列することは，たとえその商品のデザインが美術の著作物であったとしても，その原作品を展示するのでない限り，展示権侵害とはならない（25条）。しかし，バーチャル空間内のバーチャル店舗において，その商品を再現した3DCGモデルを陳列した場合には，インターネットを通じた著作物の公衆送信を行うものとして，公衆送信権侵害の問題を生じうる。この場合には，美術の著作物の譲渡の申出に伴う公衆送信等に関する権利制限規定（47条の2）の適用を受けることができるかを検討すべきことになろう（第5章 ②(1)②参照）。

　このほか，著作権法は多数の権利制限規定を用意しているため，ここでは深く立ち入らず，以下の箇所で，著作物の利用場面ごとに主なものを検討する。

- 現実環境をデジタルデータとして再現する場合（デジタルツイン，ARクラウド等）における権利制限規定の考え方……第3章 ②(4)〜(6)参照
- ARにおける権利制限規定の考え方……第4章 ②(3)〜(6)参照

24　「公衆送信」の定義につき，2条1項7号の2，9号の4および9号の5。同項16号，17号および18号ならびに同条7項も参照。また，音楽の利用に関し，利用の形態が演奏であるか配信であるかにより，著作権等管理事業者の使用料規程等における取扱いも異なるため，注意を要する。

権利制限規定のいずれにも該当しない場合には，著作権者の許諾を得ない限り，著作権侵害が成立し，差止請求（112条），損害賠償請求（民法709条）等の対象となる。また，それ以外にも，著作権を侵害するものとみなされる行為類型が規定されている（113条）。

② 著作者人格権

著作者は，著作物の創作と同時に，著作権のほかに「著作者人格権」と呼ばれる各種の権利を自動的に享有する（17条）。著作者人格権の種類・内容は，次のとおりである。

種　類	内　容
公表権	未公表の著作物をいつ公表するかを決定する権利（18条）《参照：第4章 ③(4)》
氏名表示権	著作物に著作者名を表示するか否かおよびどのように表示するかを決定する権利（19条）《参照：第4章 ③(3)》
同一性保持権	著作物およびその題号を意に反して改変されない権利（20条）《参照：第3章 ③(1)〜(4)，第4章 ③(1)等》

図表5 著作者人格権の種類・内容

これらのほか，著作者の名誉または声望を害する方法によりその著作物を利用する行為は，その著作者人格権を侵害する行為とみなされる（113条11項。第4章 ③(2)参照）。

権利制限規定の適用によって著作権侵害が成立しない場合であっても，それを理由に，著作者人格権の侵害まで否定されるとは限らない（50条）。著作者人格権の成立が否定される場合については，それぞれの条文に規定されており，その適用の有無が問題となる（18条2項〜4項，19条2項〜4項，20条2項。ただし，第4章 ③(1)③参照）。

③ 著作隣接権

著作権法は，著作物の流通・伝達において重要な役割を果たす実演家，レコード製作者[25]，放送事業者[26]および有線放送事業者[27]に対し，「著作隣接権」と

呼ばれる権利を与えて保護している（89条）。本書では，XRにおいて特徴的な
アバターを介した諸活動に関し，特殊な問題を生じやすい身体の動きにまつわ
る実演家の権利を中心に述べる（第5章②(2)。本章③(3)も参照）[28]。

「実演」とは （2条1項3号）	(i)	著作物を，演劇的に演じ，舞い，演奏し，歌い，口演し，朗詠し，またはその他の方法により演ずること	
	(ii)	(i)に類する行為で，著作物を演じないが芸能的な性質を有するもの	
「実演家」とは （2条1項4号）	(i)	実演を行う者（俳優，舞踊家，演奏家，歌手等）	
	(ii)	実演を指揮し，または演出する者	
実演家の権利	著作隣接権	録音権・録画権 （91条）	実演を無断で録音・録画されない権利
		放送権・有線放送権（92条）	実演を無断で放送・有線放送されない権利
		送信可能化権 （92条の2）	実演を無断でネット上にアップロード等されない権利
		譲渡権 （95条の2）	実演が収録された媒体を無断で公衆に譲渡されない権利
	実演家人格権	氏名表示権 （90条の2）	実演の公衆への提供・提示に際し，実演家名を表示するか否かおよびどのように表示するかを決定する権利
		同一性保持権 （90条の3）	実演につき，名誉・声望を害する変更，切除その他の改変を受けない権利

図表6　実演家の権利（身体の動きにまつわるものを中心に）

25　2条1項5号および6号，96条～97条の3を参照。
26　2条1項8号および9号，98条～100条を参照。
27　2条1項9号の2および9号の3，100条の2～100条の5を参照。
28　**図表6**に記載したもののほか，実演家には，貸与権等（95条の3），各種報酬・補償金請求権（94条2項，94条の2，95条，95条の3第3項，102条1項・30条3項等）がある。

(5)　商標権

①　概　要

　商標法は，誰が生産，提供等をする商品または役務であるかを識別する目印（出所識別標識）である「商標」を保護する法律である（以下，本章⟨1⟩(5)における条文番号は，特に断らない限り商標法のものを指す）[29]。この「商標」の概念は次のように整理される（2条1項）。

定義	人の知覚によって認識することができるもののうち，文字，図形，記号，立体的形状もしくは色彩またはこれらの結合，音その他政令で定めるものであって，次に掲げるもの 一　業として商品を生産し，証明し，または譲渡する者がその商品について使用をするもの 二　業として役務を提供し，または証明する者がその役務について使用をするもの	
タイプ	文字商標・図形商標	文字，図形または記号からなる商標
	立体商標	商品等の立体的形状からなる商標
	音商標	音楽，音声，自然音等からなる商標
	動き商標	文字，図形等が時間の経過に伴って変化する商標
	位置商標	文字，図形等の標章を商品等に付す位置が特定される商標
	ホログラム商標	文字，図形等がホログラフィーその他の方法により変化する商標
	色彩のみからなる商標	単色または複数の色彩の組み合わせのみからなる商標

図表7　商標の定義およびタイプ

　特許庁長官に対して商標登録出願をし（5条），審査官による審査を受け（14条），設定の登録を受けることによって，商標権が発生する（18条）。商標

---

[29]　XRと商標については，青木・前掲注2），関真也「AR領域における商標の使用―拡張現実技術を用いた新たな使用態様を巡る現行法上の課題―」日本知財学会誌14巻3号28頁（2018年）参照。

登録出願に際しては，商標登録を受けようとする商標に加え，商品・役務とその区分を指定する必要がある（5条1項。XRにおける指定商品・役務の考え方につき，後述③参照）。商標登録がされた場合，その商標権の効力は，商標および商品・役務の双方が同一または類似する範囲まで及ぶことになる（25条および37条1号）。

　特許権等と同様，先願主義が採用されている（8条）。商標権の存続期間は，設定登録日から10年であるが，10年ごとに何度でも更新することができる（19条）。

　商標登録を受けることができるのは，出所識別力を有する商標，すなわち，それに接した者が誰の生産，提供等に係る商品・役務であるかを識別することができる商標である（3条参照）[30]。出所識別力を有する商標であっても，すでに登録されている他人の登録商標と商標および指定商品・役務のいずれもが同一または類似の商標，他人の商品・役務と混同を生ずるおそれがある商標，公序良俗を害するおそれがある商標等の一定の商標については，商標登録を受けることができないとされている（4条）。

　商標登録を受けることができるのは，自己の業務に係る商品・役務についてその商標を使用する者である（3条）。特許権，意匠権および著作権と異なり，その商標を自ら作り出した者である必要はない。自ら考え，商品・役務に使用している商標であっても，他人が先に商標登録出願を経て登録を受けた場合には，その商標を使用することができなくなる可能性がある[31]。商品・役務について使用する商標を決めた際，その登録可能性を調査した上で速やかに商標登録出願したほうがよいとされるのはこのためである。

---

[30]　たとえば，指定商品「チョコレート」について「チョコレート」という商標を登録することはできない（角田政芳＝辰巳直彦『知的財産法〔第9版〕』（有斐閣，2020年）240頁）。チョコレートにその文字が付されていても，誰が生産等するチョコレートであるかを識別することはできないからである（普通名称。3条1項1号）。

[31]　他人の商標登録出願前からその商標を使用している場合には，その登録後も継続してその商標を使用することができる場合がある（32条等）。ただし，他人の商標登録出願時において，その商標が自己の出所識別標識として広く認識されていることが必要となるなどの制約がある。

②　商標権侵害の基本的な考え方

　商標権侵害は，商標権者に無断で，その登録商標と同一または類似の商標が，その登録商標の指定商品・役務と同一または類似の商品・役務に使用されている場合に成立する（25条および37条1号。XRで問題となりやすい商品・役務の類否については，後述③参照[32]）。つまり，商標だけでなく，商品・役務が同一または類似であることが必要である。完全に同じ商標であっても，それが登録商標の指定商品・役務と類似しない商品・役務に使用されている場合，商標権侵害は成立しない。

　商標権侵害が成立する基本的な場面を整理すると，次のようになる（これ以外にも，商標権を侵害するものとみなされる行為類型が規定されている（37条））。

		商品・役務		
		同一	類似	非類似
商標	同一	◎	○	×
	類似	○	○	×
	非類似	×	×	×

◎…25条により侵害成立　○…37条1号により侵害成立　×…侵害不成立

図表8　商標権侵害の成否

③　XRにおける指定商品・役務の考え方

　前述のとおり，商標権侵害が成立するには，商標だけでなく，商品・役務も同一または類似であることが必要である。また，商標登録の段階でも，商標に加えて商品・役務の類否が問題となる場合がある（4条1項11号）。逆に言え

---

[32]　ここでは詳しく立ち入らないが，判例によれば，商標の類否は，次のような視点から判断される。すなわち，(i)対比される両商標が同一または類似の商品等に使用された場合に，その出所につき誤認混同を生ずるおそれがあるか否かによって判断する。(ii)この判断は，商標の外観（見た目），観念（意味・イメージ），称呼（読み方）等を総合して全体的に行われる。(iii)その商品等の具体的な取引の実情を考慮する（最判昭36・6・27民集15巻6号1730頁〔橘正宗〕，最判昭43・2・27民集22巻2号399頁〔氷山印〕，最判平9・3・11民集51巻3号1055頁〔小僧寿し〕等参照）。

ば，商品・役務が類似しなければ商標権侵害は成立しないし，第三者が同じ商標について別の商品・役務で商標登録をする可能性もある。たとえば，アパレル企業は第25類「被服」等についてブランドロゴ等の商標登録をすることが多いが，同じロゴ等を使用したアバター用のバーチャル衣服等を販売する場合，ダウンロード方式であれば第9類の指定商品で，ストリーミングなどダウンロードできない方式で提供する場合には第41類等の指定役務で，それぞれ商標登録出願することを検討すべきである。また，バーチャル試着に関連する事業を開始する場合，その具体的な内容に応じて，**図表9**に示すような指定商品・役務につき，改めて商標登録出願をする必要がないかを検討することになる。

区　分	指定商品・役務のイメージ
第9類	バーチャル試着のためのソフトウェアやディスプレイ
第35類	バーチャル試着を通じた消費者のための被服の選択における助言および情報の提供
第42類	オンラインによるバーチャル試着を可能とするソフトウェアの提供
第45類	ファッションコーディネートに関する助言および情報の提供

図表9 バーチャル試着に関する指定商品・役務の例

また，XRの文脈では，現実世界で有体物として販売等されている商品を3DCGのアイテムとして再現し，バーチャル空間で提供する場合，それらが類似の商品・役務となるかが問題となる。

商品等は，「それらの商品が通常同一営業主により製造又は販売されている等の事情により，それらの商品に同一又は類似の商標を使用するときは同一営業主の製造又は販売にかかる商品と誤認される虞があると認められる関係にある場合」に，類似すると判断される[33]。

また，商標審査基準によれば，商品の類否については次の基準を総合的に考慮するものとされている[34]。

33　最判昭36・6・27・前掲注32)〔橘正宗〕。
34　特許庁「商標審査基準〔改訂第15版〕」第3，十，11(1)。役務の類否（同(2)）および商品役務間の類否（同(3)）の考え方も参照。

> (ⅰ) 生産部門が一致するかどうか
> (ⅱ) 販売部門が一致するかどうか
> (ⅲ) 原材料および品質が一致するかどうか
> (ⅳ) 用途が一致するかどうか
> (ⅴ) 需要者の範囲が一致するかどうか
> (ⅵ) 完成品と部品との関係にあるかどうか

　たとえば，第9類「電子出版物」と第16類「印刷物」は，デジタルコンテンツと有体物との違いがあるが，原則として類似の商品として扱われている[35]。これは，文字等によって情報を伝達し鑑賞するという用途や需要者が一致すること，また，作家および出版社を中心とした生産・販売部門が一致することといった実情によるものと思われる。

　有体物としての商品とそれを再現した3DCGのアイテムが類似するかは，両者をめぐる実情に応じて個別具体的に判断される。たとえば，衣服と，VR空間においてアバターが着用するバーチャル衣服とが類似するかについて考えてみると，前者はリアルな人間が着用し，その身体を覆い隠したり，風，冷気等のさまざまな要因から着用者を保護したり，汗を放出するなどの用途・機能があるのに対し，バーチャル衣服はこれらの用途・機能を果たすものではないと思われる。また，現状では，衣服を生産等する営業主が同時にバーチャル衣服の提供等も行っているケースは限られ，販売・提供のチャネル，需要者等においても一致するとは限らない。そうだとすると，現状では両者は類似しない商品等と判断される可能性がある。もっとも，今後，衣服を取り扱う営業主の多くがバーチャル衣服も取り扱うようになれば，同一または類似する商標が使用された場合に需要者がその出所を誤認混同するおそれが生ずるから，互いに類似する商品等であると判断されるようになるかもしれない。変化する市場の状

---

[35]　ともに類似群コード「26A01」が付されている。類似群コードは，一定の共通性がある商品・役務をグルーピングするものであり，同じグループに属する商品群または役務群は，類似する商品または役務であると推定されるという役割を果たしている（特許庁「類似商品・役務審査基準」参照）。

況を随時把握し，自社のブランド価値の維持・向上を図るため，それぞれ適切な指定商品・役務について商標登録を行うことを検討する必要がある。

④　VRと商標の「使用」

商標の「使用」については，2条3項各号で定義されている。たとえば，ヘッドマウントディスプレイ，トラッカーといった有体物としての商品に商標を付す行為，また，商品に商標を付したものを譲渡等する行為が「使用」に当たる（同項1号および2号）。

また，VRの文脈では，VR空間において無体物であるデジタルコンテンツとして取引されるオブジェクト上に表示される商標の取扱いが問題となることも多いであろう。従来，商標の「使用」という概念は，有体物である商品に物理的な方法で商標を付着させることが念頭に置かれていたが，平成14年商標法改正により，「商標の電磁的な情報が当該プログラム起動時や作業時のインターフェースに顧客が商標として視認できるよう，商標の電磁的な情報を組み込む行為」が商標の使用に当たることが明確化された[36]。たとえば，ユーザが視認できる形でVRオブジェクトに商標の情報を組み込んでダウンロード形式で販売する行為は，「商品……に標章を付したものを……電気通信回線を通じて提供する行為」（2条3項2号）として商標の「使用」となる[37]。また，商標の情報を組み込んだVRオブジェクトをストリーミング形式で提供する行為は，「電磁的方法（略）により行う映像面を介した役務の提供に当たりその映像面に標章を表示して役務を提供する行為」（同項7号）として，商標の「使用」に当たると考えられる。さらに，VR空間において表示される広告，価格表または取引書類に商標の情報を組み込んで電磁的方法により提供する行為も，商標の「使用」に当たると考えられる（同項8号。第7章 ②⑵①も参照）。ARに関しても，これらと同じことがいえよう（ARの文脈における商標の「使用」等については，第4章 ④，第7章 ②⑵②も参照）。

もっとも，他人の登録商標と商標および商品・役務のいずれもが同一または類似

---

[36]　特許庁総務部総務課制度改正審議室編『産業財産権法の解説　平成14年改正』（発明協会，2002年）53頁。

[37]　小野昌延＝三山峻司編『新・注解 商標法【上巻】』（青林書院，2016年）115頁〔茶園成樹〕参照。

の商標を使用した場合であっても，商標権侵害が成立しない場合がある（26条1項各号）。たとえば，その商標が，「需要者が何人かの業務に係る商品又は役務であることを認識することができる態様により使用されていない」場合である（同項6号）（これに関連する具体的な検討につき，第3章 ④ 参照）。たとえば，ロゴ等も含めて実銃を再現したモデルガンを販売等した行為につき，そのロゴ等が出所表示機能・自他商品識別機能を有する態様で使用されているものではないとした事例がある[38]。

(6) 周知・著名な商品等表示の保護

① 概　要

誰が生産，提供等をする商品または役務であるかを識別する表示（商品等表示）として周知または著名なものは，たとえ商標登録されていなくとも，他人による無断使用等から保護される場合がある（不正競争防止法2条1項1号または2号）。商品等の出所を識別する標識を保護する点で共通することから，商標法とこれらの規定を総称して「標識法」と呼ぶことがある。

　これらの規定の要件等を整理すると，次のようになる。

周知表示混同惹起行為 （不正競争防止法2条1項1号）	著名表示冒用行為 （不正競争防止法2条1項2号）
他人の**周知**な商品等表示と	他人の**著名**な商品等表示と
同一または**類似**の商品等表示を	**同一**または**類似**の商品等表示を
使用等し	**使用**等する行為
他人の商品または営業と 混同を生じさせる行為	
登録不要	
指定商品・役務による権利範囲の限定なし	

図表10　周知・著名な商品等表示の保護

---

[38]　東京地判平12・6・29裁判所ホームページ参照（平10(ワ)21507）〔ベレッタ第一審〕。控訴審である東京高判平15・10・29裁判所ホームページ参照（平12(ネ)3780等）。ただし，商標権ではなく不正競争防止法2条1項1号の事案である（本章 □ (6)も参照）。

②　XRオブジェクトの「商品」該当性

　不正競争防止法上の「商品」に無体物が含まれるかどうかは，かつて裁判例の判断が分かれていた。旧不正競争防止法1条1項1号（現行2条1項1号）の規定にいう「商品」とは，少なくとも有体物であることを必要とし，無体物は含まないと解するのが相当であるとし，無体物である書体は「商品」に該当しないとした裁判例がある[39]。もっとも，これは旧法において，「容器包装」，「販売，拡布，輸出」，「産出，製造，加工」等の概念や行為態様が「商品」を有体物と解して初めて合理的に説明しうるものである上，無体物は転々流通せず，かつ，それ自体に表示を使用するということがそもそも不可能であるという考えに基づくものであった。また，東京地決平5・6・25も，無体物である書体は同号の「商品」に含まれないとした[40]。ここでは，当時，書体がフロッピーディスク等の有形媒体に固定されて取引の対象となっており，書体自体が流通しているわけではないという取引実態が考慮された。しかし，その抗告審は，「無体物であっても，その経済的な価値が社会的に承認され，独立して取引の対象とされている場合」には，「商品」に該当しうるとした[41]。同決定は，書体がフロッピーディスク等の有形媒体に記録されて販売されているように，無体物であっても「販売」，「拡布」，「輸出」が可能であり，また，書体自体についての「品質」，「内容」，「用途」，「数量」等が問題となりうると述べた上で[42]，「印刷業者，新聞社，プリンターメーカー等は，それぞれ自己の用途にとって最も好ましいと考える特定の書体を選択し，当該書体メーカーと有償の使用許諾契約等を締結してその書体を使用しているものということができるから，抗告人らの書体メーカーによって開発された特定の書体は，正に経済的な価値を有するものとして，独立した取引の対象とされていることは明らかというべきである」とし，単に無体物であるとの理由のみで「商品」に該当しないとするのは相当でないと判断した。

---

[39]　東京地判昭55・3・10裁判所ホームページ参照（昭51(ワ)6007）〔タイポス書体〕および同控訴審である東京高判昭57・4・28判時1057号43頁。
[40]　判時1505号144頁〔モリサワタイプフェイス〕。
[41]　東京高決平5・12・24判時1505号136頁〔モリサワタイプフェイス〕。
[42]　この点，タイポス書体事件判決・前掲注39）とは考え方が異なる。

　前掲タイポス書体事件判決は，ネットワーク技術が発達する以前の流通形態を念頭に置いたものであった。その後発展した情報社会においては，無体物も独立した取引の対象として認知されていることから，「商品」に無体物を含めて解釈するのが適当であると考えられ[43]，平成15年改正により，無体物たる商品を「電気通信回線を通じて提供」する行為が不正競争防止法2条1項1号および2号の行為態様に追加された。

　したがって，現行不正競争防止法の下では，無体物であるXRオブジェクトも同法2条1項1号および2号の「商品」に該当しうる。また，他人の周知または著名な商品等表示をXRオブジェクトに使用する行為や，その使用したXRオブジェクトをインターネット経由で提供する行為は，同1号および2号の不正競争行為に該当しうる[44]。

③　その他関連する事例の紹介

　XRオブジェクト，アバター等についても，それに付されたロゴ，マーク，場合によってはその外観全体が商品等表示として周知または著名と認められれば，それと同一または類似の商品等表示を無断で使用された場合，差止めおよび損害賠償等の請求をすることができる可能性がある。このことは，XRオブジェクトを現実空間における有体物たる商品に変換した場合や，逆に有体物たる商品をXRオブジェクトに変換した場合のいずれにあっても変わらないと考えられる。裁判例では，著名なゲームキャラクターを模した有体物であるコスチュームを利用者に貸与したり，従業員に着用させて公道カートツアーのガイドをさせたりする行為につき，不正競争防止法2条1項2号の不正競争行為に該当すると判断したものがある[45]。

　ただし，これらの不正競争行為に該当するためには，その表示が商品等表示として使用されることが必要である。この点，XRに関して判断したものでは

43　「不正競争防止法の見直しの方向性について」（産業構造審議会知的財産政策部会不正競争防止小委員会，平成15年2月）。

44　同様に平成14年改正により情報社会化に対応した商標法と同様に考えられる（本章①（5)④参照）。

45　知財高判令1・5・30裁判所ホームページ参照（平30(ネ)10081等）〔マリカー中間判決〕。

ないが，参考になる裁判例として，ロゴ等も含めて実銃を再現したモデルガンを販売等した行為につき，不正競争防止法2条1項1号該当性を否定した事例がある。裁判所は，「被告商品は，我が国においては，市場において流通することがなく，所持することも一般に禁じられている実銃であるM93Rを対象に，その外観を忠実に再現したモデルガンであり，実銃の備える本質的機能である殺傷能力を有するものではなく，実銃とは別個の市場において，あくまで実銃とは区別された模造品として取引されているものであって，その取引者・需要者は，原告実銃の形状及びそれに付された表示と同一の形状・表示を有する多数のモデルガンの中から，その本体やパッケージ等に付された当該モデルガンの製造者を示す表示等によって各商品を識別し，そのモデルガンとしての性能や品質について評価した上で，これを選択し，購入しているものと認められる」ことから，そのモデルガンの形態は「出所表示機能，自他商品識別機能を有する態様で使用されているものではないというべきである」と判断し，不正競争行為該当性を否定した[46]。

(7) 商品形態模倣

① 概　要

不正競争防止法2条1項3号（以下，本章①(7)において「本号」という）は，他人の商品の形態を模倣した商品を譲渡等する行為を不正競争とし，差止請求等の対象としている。

ここにいう「商品の形態」とは，需要者が通常の用法に従った使用に際して知覚によって認識することができる商品の外部および内部の形状ならびにその形状に結合した模様，色彩，光沢および質感をいう（同法2条4項）。また，「模倣」とは，他人の商品の形態に依拠して，これと「実質的に同一」の形態の商品を作り出すことをいう（同条5項）。

保護期間は日本国内において最初に販売された日から起算して3年間であり（同法19条1項5号イ），また，善意かつ無重過失の転得者に関する適用除外が

46　東京地判平12・6・29・前掲注38）〔ベレッタ第一審〕。控訴審である東京高判平15・10・29・前掲注38）も参照。

ある（同号ロ）。保護範囲が狭く，保護期間も短いが，登録等の手続を必要とせず速やかに，著作権法による保護対象となりにくい実用的な商品のデザインを保護することができる点に長所がある。

　本号の趣旨は，市場先行の利益という新商品開発のインセンティブを保証することにあるとされる[47]。立法時の資料によれば，「先行者の成果を学び，その上に新たな成果を築くことは社会の健全かつ持続的な発展に資することであり，あらゆる模倣を一般的に禁止することは，自由な競争を阻害し，かかる発展を妨げることになる」が，「近年の複製技術の発達，商品ライフサイクルの短縮化，流通機構の発達等により，他人が市場において商品化するために資金，労力を投下した成果の模倣が極めて容易に行い得る場合も生じており，模倣は商品化のためのコストやリスクを大幅に軽減することができる一方で，先行者の市場先行のメリットは著しく減少し，模倣者と先行者の間には競争上著しい不公正が生じ，個性的な商品開発，市場開拓への意欲が阻害されることになる」ため，「個別の知的財産権の有無に係わらず，他人が商品化のために資金，労力を投下した成果を他に選択肢があるにもかかわらずことさら完全に模倣して，何らの改変を加えることなく自らの商品として市場に提供し，その他人と競争する行為（デッドコピー）は，競争上，不正な行為として位置づける必要がある」とされていた[48]。

②　XRオブジェクトと「商品の形態」

　まず，無体物であるXRオブジェクトにつき，「商品の形態」なるものを観念できるかが問題となる（不正競争防止法2条1項1号および2号における「商品」とXRオブジェクトの関係につき，本章 Ⅰ(6)②参照）。

　まず，XRオブジェクトのプログラムとしての側面については，前述した意味における「形態」を観念し難く，本号の適用を受けないと考えられる[49]。

47　田村善之『不正競争法概説〔第2版〕』（有斐閣，2003年）282〜285頁。
48　「不正競争防止法の見直しの方向」（産業構造審議会知的財産政策部会，平成4年12月14日）。
49　仮に無体物について本号のような保護を認めるとしても，広くデータ一般を対象とした場合には情報流通の阻害等の悪影響も生じうるため，制度設計には慎重な検討を要するという指摘がある（データベースのデッドコピーに関し，「不正競争防止法の見直しの方向性について」56頁以下（産業構造審議会知的財産政策部会，平成17年2月）参照）。

　しかし，ソフトウェアに基づいて端末上に表示される画面の形状，模様，色彩等は，「商品の形態」に該当しうるとした裁判例がある。東京地判平30・8・17は，ソフトウェアにつき，「タブレットとは別個に経済的価値を有し，独立して取引の対象となるものであることから『商品』ということができ，また，これを起動する際にタブレットに表示される画面や各機能を使用する際に表示される画面の形状，模様，色彩等は『形態』に該当し得る」とした[50]。この判決は，それ自体は無体物であるソフトウェアが本号の「商品」に該当するとした点で注目される。これによれば，XRオブジェクトも，それを表示するデバイスとは別個に経済的価値を有し，独立して取引の対象となるものである限り，本号の「商品」に該当する可能性がある。

　しかし，本号は，模倣した商品を「電気通信回線を通じて提供」する行為を，本号の不正競争に該当する行為類型として明記していない。この点，改正を経てこれらを明記した商標法ならびに不正競争防止法2条1項1号および2号とは異なる。このことを重視すると，他人の商品の形態を模倣したXRオブジェクトを，ダウンロード形式その他インターネットを通じて提供する行為は，本号の不正競争行為に該当しないと考えることになる。また，本号はあくまで商品の形態を保護する規定であり，役務に関しては適用されない。したがって，同様のXRオブジェクトをストリーミング形式で提供する行為が本号の不正競争行為に該当するといえる余地はさらに少なくなる。

　もっとも，他人が資金・労力を投下した成果である商品を，自らは資金等を投ずることなく完全にコピーし，その他人と市場で競合することは不公正であるという本号の趣旨を重視すれば，ダウンロード形式での提供は「譲渡」，ストリーミング形式での提供は「貸渡し」に該当すると解釈する余地もあると思われる[51]。

50　裁判所ホームページ参照（平29(ワ)21145）。東京地判平15・1・28判時1828号121頁も参照。

51　東京地判平30・8・17・前掲注50）のように無体物たるソフトウェアが「商品」に当たるという見解は，本文で述べたように解することを前提としているとも思われるが，行為態様に関わる文言を厳密に区別するならば，無体物として電気通信回線を通じた提供がされる場合は本号に当たらず，有形媒体に記録したものとして譲渡，貸与等される場合に本号の不正競争行為になると解釈する余地もある。3DCGモデル等の無体物としてインターネット上で取引されるケースにおけるデザイン模倣問題が増加した場合，この点は立法により明らかにすることも求められるかもしれない。

③　XRオブジェクトと「模倣」

　不正競争防止法において「模倣する」とは，他人の商品の形態に依拠して，これと実質的に同一の形態の商品を作り出すことをいう（同法2条5項）。

　仮に画面上に表示された3DCGモデルの外観が「商品の形態」に当たるとした場合，これを複製するなどして何らの変更等を加えずに同一の3DCGモデルを作り出す行為は，前述した本号の趣旨を踏まえ，「模倣」であると考えやすいと思われる。そこには何ら新たな資金・労力等の投下が見出せないからである。他方で，有体物たる物品を3DCGモデルとして再現する行為や，逆に3DCGモデルをもとにして同一の外観を備えた有体物たる物品を作り出す行為については，個別の事案に応じた検討の必要性が高まると思われる。有体物たる物品とデジタルモデルとを相互に変換する際に，モデリング作業や素材の選定等において，開発・商品化に向けた新たな資金・労力等を投じることがあると考えられるからである。有体物をレーザスキャンすることによって手軽に3DCGモデルを作成できるようになったという実情も影響するかもしれない。また，3DCGモデルに紐付くメタデータも経済的に重要な価値を有する場合があることを考えると，これを入力する作業等をもって新たな資金・労力等の投下があったとし，実質的同一性が否定されるという考え方も出てくるかもしれない。

　なお，単に商品の形態を模倣しただけでは本号の不正競争行為にはならない。これに該当するためには，模倣した「商品」を「譲渡し，貸し渡し，譲渡若しくは貸渡しのために展示し，輸出し，又は輸入する行為」が行われることが必要である（本号）。また，本号の不正競争行為について差止請求および損害賠償請求が認められるためには，それによって他人の「営業上の利益」が侵害されることが必要である（同法3条および4条）。その検討においては，リアルとバーチャルをまたいだ「商品」の市場が互いに競合する程度その他変わりゆくXR関連市場の動向を踏まえ，取引の実態に応じて判断する必要があると考えられる。

(8)　営業秘密

　「営業秘密」とは，秘密として管理されている（秘密管理性），生産方法，販

売方法その他の事業活動に有用な技術上または営業上の情報であって（有用性），公然と知られていないもの（非公知性）をいう（不正競争防止法2条6項）[52]。ある情報が「営業秘密」に該当する場合，その不正な手段による取得，その使用または開示等が不正競争行為となり，差止請求等の対象となる（同条1項4号～10号）。

　この仕組みは，発明その他の技術に関する情報，顧客情報，ビジネスモデル，人事情報，財務情報等の企業にとって重要な価値を有する情報を保護し，他社との差別化を図り競争力を高めることに役立つ。VRの関連では，他社への移籍後も前職で開発したVRツールを使用したことが技術盗用であると主張した事案で数億ドルの賠償金を支払うよう命じる判決がされた米国の事例が話題となった（その後和解）[53]。

(9)　限定提供データ

　「限定提供データ」とは，業として特定の者に提供する情報として電磁的方法により相当量蓄積され，および管理されている技術上または営業上の情報をいう（不正競争防止法2条7項。ただし，秘密として管理されている情報は除かれる）[54]。営業秘密と同様，ある情報が「限定提供データ」に該当する場合，その不正な手段による取得，その使用または開示等が不正競争行為となる（同条1項11号～16号）。

　いわゆるビッグデータをAIで解析し，価値のある新しい知見等を得ることができる今，情報そのものが重要な役割と経済的価値を持ち，取引の対象ともなっている。取引等によって第三者に提供することを想定した情報は営業秘密として保護することができないが，明確な保護がないとすると，費用等を投じて社会的に有用な情報を蓄積・管理等するインセンティブがなくなってしまう。そこで，「限定提供データ」として別途保護することとされた。

52　「営業秘密」に該当するための各要件の考え方，具体的な管理および情報漏えい対策等につき，経済産業省「営業秘密管理指針」および「秘密情報の保護ハンドブック～企業価値向上に向けて～」を参照。

53　Mogura VR Newsの2018年12月14日付け記事「VR技術を巡る4年越しの裁判，ゼニマックスとフェイスブックが和解」等参照。

54　経済産業省「限定提供データに関する指針」（平成31年1月23日）が参考になる。

　蓄積・管理される情報は，複数の企業等から提供を受けたり，共有したりすることによって，「限定提供データ」として保護されうる相当量の情報を含むデータとなることも多い。この場合，情報を提供する側の企業は，その情報について営業秘密，限定提供データ等として法律上保護される地位に立たない場合も少なくない。たとえば他社から貸与を受けた機器を自社の事業活動に利用する過程において，当該他社が当該機器の機能を通じて有用な情報を取得・蓄積する場合，貸与を受けた側の企業もその情報を利用したいと考えることもあるだろう。しかし，知的財産法等によるのでない限り，情報の利活用等について権利義務が発生することはない。つまり，他社が取得・蓄積した情報を自らに利用させるよう要求する権利は原則としてないのである。そこで，情報を提供する際には，そのデータの利用・管理等について意思決定をする権限を有するのは誰か，情報の提供や受領側の企業等による利活用に係る対価，誰がそのデータを利用でき，また誰に提供できるか，そのデータを使って得られる他の成果物に関わる利益関係等につき，契約によって定めるのが望ましい。デジタルツインの取組み（第3章①(2)参照）においてセンサ等から収集される各種データの取扱いについても，同様に考えられる。

2 触感・味・香りに訴求するVRコンテンツと知的財産[55]

(1)　触覚・味覚・嗅覚のデジタルコンテンツ化が与えるインパクト

　現実環境と変わらない感覚で体験できる理想的なVRを実現するためには，視覚と聴覚だけでなく，触覚，味覚および嗅覚を含むすべての感覚に対して完璧な合成情報を与えなければならない[56]。触覚は，VR空間内のオブジェクト

55　本章②は，関真也「バーチャルリアリティその他人間の能力等を拡張する技術と著作権」知財管理71巻2号167頁（2021年）をもとに，さらに検討を加えたものである。そこでは米国著作権法との関係も論じた。また，関真也「『触覚・味覚・嗅覚コンテンツ』の著作権保護をめぐる考察」ビジネス法務21巻6号48頁も参照。

56　岩田・前掲第1章注5）13頁。

とリアルタイムに触れ合い，その存在を実感することによって，自らのアバターを自分自身の身体であるという感覚（身体所有感）を生じさせることに役立つ[57]。これにより，3人称的に「見る」コンテンツから，1人称的に「体験する」コンテンツへと一層進化するのである。また，アニメの主人公が口にする料理の味や香りを編集・出力する技術を活用し，映像等と組み合わせれば，表現の選択肢は大きく広がるであろう。そのほか，コロナ禍で消費者が実店舗を訪れにくくなっている状況下で，とりわけ衣料品，飲食料品，香水その他体感することが購買決定上重要な商品については，ECサイト上で触感・味・香りを体感させることにより，消費者が安心して購入できるようにすることは重要となる。

　触覚，味覚および嗅覚に作用する技術の中には，一定のパラメータを調整することによって所定の感覚が得られるようにすることができる技術がある。たとえば味覚に関し，基本的な味（塩味，甘味，苦味，酸味および旨味）それぞれの強度を電解質で制御し，イオンの電気泳動を用いて任意の味覚を舌に感じさせる味覚ディスプレイが近時話題となった[58]。

　五感は独立したものではなく相互に影響し合っており，その相互作用によって五感の感じ方が変わるとされる（クロスモーダル現象）[59]。したがって，これらの感覚をVR環境に取り入れることにより，より選択肢が多く自由な表現が可能となる。ここに，触覚，味覚または嗅覚に訴求する作品，さらには，これらと視覚および聴覚を組み合わせた作品の保護のあり方を問う必要性が改め

---

[57]　北崎充晃「サイバー空間と実空間をつなぐWe-modeの可能性」心理学評論59巻3号（2016年）312頁など参照。

[58]　Homei Miyashita, Norimaki Synthesizer: Taste Display Using Ion Electrophoresis in Five Gels, Extended Abstracts of the 2020 CHI Conference on Human Factors in Computing Systems Extended Abstracts（CHI'20）, pp.1-6, 2020. この技術は，近時，①マイクおよびビデオカメラで飲食物の音情報および映像情報を記録するとともに，味センサで飲食物の味をも測定・記録し，②必要に応じて塩味，甘味，苦味，酸味および旨味のパラメータを調整・編集して，③各種デバイスを通じて出力するというように，視聴覚と味覚を組み合わせたコンテンツにも発展している（宮下芳明「画面に映っている食品の味を再現して味わえる味ディスプレイの開発」（WISS, 2020年参照））。

[59]　廣瀬通孝監修＝東京大学バーチャルリアリティ教育研究センター編『今日からモノ知りシリーズ　トコトンやさしいVRの本』52頁（日刊工業新聞社, 2019年）参照。

て生じることになる。

(2) 触感・味・香りの著作権法上の位置づけ

① 導 入

著作権法10条で例示された著作物は，いずれも主に視覚および聴覚に訴える表現が対象となっている（本章①(4)①参照）。同条はあくまで例示であり，「著作物」の要件（同法2条1項1号）を満たせば保護の対象となりうるのであるが，同法はもっぱら触覚，味覚または嗅覚に訴える作品を「著作物」として想定してはいないと思われる。

また，支分権の内容を見ても同じことがいえる。支分権には，「公に」，すなわち「公衆に直接見せ又は聞かせることを目的として」（同法22条），著作物を利用する場合のみを対象とするものが多いのである。

「公に」要件がない支分権
(i) 著作物を複製する権利（著作権法21条）
(ii) 著作物について公衆送信を行う権利（同23条1項）
(iii) 著作物を頒布・譲渡・貸与する権利（同26条・26条の2・26条の3）
(iv) 著作物を翻案する権利（同27条）
「公に」要件がある支分権
(i) 著作物を公に上演し，または演奏する権利（同22条）
(ii) 著作物を公に上映する権利（同22条の2）
(iii) 公衆送信される著作物を受信装置を用いて公に伝達する権利（同23条2項）
(iv) 言語の著作物を公に口述する権利（同24条）
(v) 美術の著作物または未発行の写真の著作物を，原作品により公に展示する権利（同25条）

図表11 支分権と「公に」要件

このような規定振りの中で，触感・味・香りは「著作物」として保護されうるか。以下，海外の議論も踏まえて，便宜的に次の2つの観点から議論の整理を試みる。第一に，実用的機能等により創作性に制約を受けているかという観点である。第二に，著作権法による保護を受ける「表現」としての特性を備え

ているかという観点である。

②　創作性の観点から

　触覚，味覚および嗅覚と視覚および聴覚との違いは，身体的な要求その他実用的な機能との関係性にあるという考え方がある。すなわち，前者は，身体の物的な要求に応えなければならないなどの点で，美術性の追求において物質面または機能面からの制約がある。これに対し，後者はそのような制約を受けない。したがって，後者に訴求する作品は，機能的な制約から離れ，純粋に美術的な表現に徹することができる。このため，触覚，味覚および嗅覚は，西洋美術の伝統において視覚および聴覚よりも下位に置かれ，これが著作権法による取扱いの違い（the "Sensory Hierarchy"）に反映されているというのである[60]。

　触感に関する裁判例として，クッシュボール（"KOOSH" ball：数百の柔らかく，くねくね動くゴム製のフィラメントが中心部から放射状に広がった球状の製品）につき，その独特な触感ゆえに著作権による保護が認められるかが争われ，これを否定したものがある[61]。裁判所は，手のどの部分に当たっても安全につかむことができ，かつ，弾まないように作られたクッシュボールのデザインおよび素材が，子供にキャッチボールを教えるために取り入れられたものであることを踏まえ，クッシュボールの触覚的な性質はその実用的な機能から分離することができないとし，その著作権登録を拒絶した著作権局の判断を支持した。

　また，味覚に関し，レシピの著作物性を判断した事例として，「食品の調理に必要な材料を特定することは，事実を述べたものにすぎない。そのリストには，著作権による保護に値する表現としての要素がない。よって，レシピは，ある結果を達成するための機能的な指示であり，米国著作権法102条(b)に基づき，著作権による保護を受けられない」とした事例がある[62]。

---

[60]　Christopher Buccafusco, Making Sense of Intellectual Property Law, 97 Cornell L. Rev. 501, 527-31（2012）。機能面からの制約に加え，後述する「主観性」も，the Sensory Hierarchyによる著作権法上の取扱いの区別の理由として説明されている。Id. at 530.

[61]　OddzOn Prods., Inc. v. Oman, 1989 WL 214479, *1（D.D.C. Oct. 3, 1989）；OddzOn Prods., Inc. v. Oman, 924 F.2d 346（1991）.

[62]　Lambing v. Godiva Chocolatier, No. 97-5697, 1998 WL 58050（6th Cir. Feb. 6, 1998）.

③　表現であることという観点から

　触覚，味覚および嗅覚に訴求する表現を享受するためには，その媒体，成分等に対する直接的な身体的接触を必要とする。また，具体的表現を享受する行為（たとえば，食べる行為）によってその表現媒体は消費されるため，同一の表現を再現し享受できるとは限らない。加えて，触覚，味覚および嗅覚には客観的な基準がなく，個々人によって感じ方が異なり，また，区別することも困難であるとされる[63]。このように，触覚，味覚および嗅覚は，本来的に特定の個人によって享受されるものであり，客観性，正確性，再現性をもって伝達することが困難である。このため，触覚，味覚および嗅覚に訴求する作品は，直接の身体的接触を要さず，複数人が同時にアクセスすることができ，また，正確かつ客観的に伝達することが可能な視覚および聴覚の作品と異なり，著作権による保護の対象とすべきかが疑問視されてきた[64]。

　このように主観的で，伝達が困難なものを，著作権法上の「表現」と呼んでよいのだろうか。この問題は，創作者とそれ以外の他者のいずれの観点から判断するかによってアプローチが異なると考えられる。

　まず，創作者の観点からいえば，人の知覚によって認識可能な形で個性を表出した以上，「表現」と呼んで差し支えないということになろう。そのように考えることが，創作のインセンティブを与えることによって文化の発展を促進することに役立つ。

　これに対し，他者の観点からすると，主観的なものであるがゆえに保護範囲が曖昧であるにもかかわらずそれに排他性が認められた場合，表現行為を萎縮することになりかねない。そうすると，実質的にはアイデアの独占につながり，かえって文化の発展を阻害するおそれがある。これを重視した場合，主観性の強い触覚，味覚および嗅覚の作品は著作物として保護すべきでないと考えることになろう。

　また，伝達が困難な作品を保護しても，文化の発展には寄与しないと考える

---

[63]　たとえば，視覚と嗅覚を遮断された味覚だけでは半分程度しか飲料の同定ができないという研究結果がある（酒井浩二「味覚判断に及ぼす視覚と嗅覚の遮断効果」日本心理学会第71回大会発表論文集（2007年））。

[64]　Buccafusco, supra note 60), at 529.

こともできる。正確かつ再現可能な形で伝達するからこそ，他者はそこに具現化された創作者の思想または感情の表現を享受することができ，多様な著作物が普及および浸透することにつながるからである[65]。

　以上に関連して，欧州司法裁判所が，食料品の味（当事者の主張によれば，口の中の触感を通じて知覚される感覚を含め，食料品の消費によって生じる味覚の全体的な印象を指す）は情報社会指令（Directive 2001/29/EC）における「著作物」（"work"）に当たらないと判断した事例がある（Levola事件）[66]。裁判所は，①著作権を保護する責務を負う官庁と他者（特に創作者の競合者）が，保護の客体を明確かつ正確に特定できるようにしなければならないこと，また，②保護の客体を特定するにあたっては，法的安定性を害することになる主観性の要素を排除する必要があることから，情報社会指令にいう「著作物」に該当するためには，「著作権により保護される客体が，十分な正確性および客観性をもって特定できる方法で表現されなければならない」とした上で，食料品の味はそのように特定することはできず，「著作物」に当たらないと結論づけた。絵画，映画または音楽の著作物と異なり，食料品の味は，年齢，食の好み，消費習慣，その食料品が消費される環境または状況など，その食料品を味わう人物に固有の要素に応じて主観的なものであり，かつ，変化しうるというのである。食の好み等も考慮していることから，欧州司法裁判所は創作者のみならず，受け手である他者の観点を交えて著作物性を判断する立場に立っていると評価できる。なお，この判決は，「現在の科学の発達状況においては，技術的な手段によって，食料品の味を同種の他の食料品の味と区別し，正確かつ客観的に特定することは不可能である」ことも理由に挙げている点で注目される。

④　XR環境における触覚・味覚・嗅覚

　前述③での検討は，現実環境における触覚，味覚および嗅覚への作用を前提としたものであった。では，XR環境ではどのような違いがあるのか。そしてその違いは，著作物性の有無に影響があるのか。ここでもまた，創作性と表現

65　渋谷達紀『著作権法』1 頁（中央経済社，2013年）参照。

66　C-310/17, Levola Hengelo BV v. Smilde Foods VB, ECLI:EU：C:2018:899（Nov. 13, 2018）.

という2つの観点から検討したい。

　まず，創作性について検討する。

　前述のとおり，各種ディスプレイによる触感，味および香りの出力は，パラメータの設定によって任意に調整することができる。現実環境においては知覚の対象となる物質の性状（触れる物の形状および質感，味や香りの成分等）が客観的に存在し，人間はそれに応じた感覚を得ることになるが，バーチャル環境においてはその制約を受けることがなく，任意の感覚を得させることを意図して自由に出力を選択することが可能である。したがって，バーチャル表現としての触覚，味覚および嗅覚は創作性が広く認められると考える余地がある。くねくねと柔らかいフィラメントでできた球体のように見える3DCGオブジェクトも，XR環境では物理法則に捉われず，現実環境におけるそれよりも硬い質感を持つものとして表現することができるかもしれない。そうすると，視覚や聴覚と組み合わせて体験される触覚，味覚または嗅覚には，その意外な（つまり，事実，アイデア等による制約を離れた）組み合わせまたは表現全体につき，創作性が認められる場合があると考えられる。

　他方，これらの例とは異なり，視覚その他の感覚と組み合わされず，純粋に触覚，味覚または嗅覚のうち単独の感覚に訴えるものとして出力する場合でも，創作性が認められるだろうか。この場合，人間が知覚するのは，パラメータとして調整され出力されるアクチュエータの物理的な接触による刺激であったり，味や香りであったりすることになる。このパラメータを，たとえば料理のレシピに記載された原材料のリストや調理上の指示と同列に考えるとすれば，それ自体は単なる事実ないしアイデアであるから創作性を認め難いともいえる。もっとも，事実としてそこにあるものを人が知覚するにすぎないからという理由だけで一律に創作性がないとすれば，ディスプレイから出力される視覚的・聴覚的表現にも程度の差こそあれ同じことがいえる。

　次に，表現であることとの関係について検討する。

　創作者の観点からいえば，触感，味および香りをパラメータで制御することにより，常に客観的に一定の感覚を，何度でも再現可能な形で出力し，多くの者に伝達することができる。とすれば，これらの感覚の主観性および伝達困難性という課題は，VR環境においては問題にならず，「表現」と認められると

考えうる。

　もっとも，各種ディスプレイからの出力によって感じられる味覚等の感覚が，食料品を食べる場合と同様に，「年齢，食の好み，消費習慣，その食料品が消費される環境または状況など」に応じて変化しうる場合，Levola事件判決のように受け手の観点を交えて著作物性を評価する立場からすると，正確性または客観性がないとして著作物性が否定される余地がある。著作物性を認めるために必要な正確性・客観性が，出力側で客観的に実現されていれば足りるのか，それとも，年齢，好み，習慣その他個人によって異なる主観的要素にかかわらず，表現を受け取る側において（ある程度）一定の感覚が得られることまで必要なのかが課題となる。

⑶　支分権の範囲

　前述した「公に」要件があることにより，著作権法上，触覚・味覚・嗅覚に訴えるコンテンツを人に直接体験させることを目的とする行為は自由である。そのままで保護が十分といえるかが問題となろう。この点，「公に」要件がない支分権だけで十分という考え方もあるかもしれない。複製・翻案行為と，頒布，譲渡および貸与ならびにインターネットを通じた公衆送信による流通に対してはコントロールを及ぼしうるからである。XRを活用したコンテンツの多様化と普及に応じて，支分権の内容に過不足がないかを検討していくことになると思われる。

⑷　「映画の著作物」と触覚・味覚・嗅覚の関係

　「映画の著作物」には，映画の効果に類似する「視覚的又は視聴覚的効果を生じさせる方法で」表現されたものが含まれる（著作権法2条3項）。また，「上映」とは，著作物を映写幕その他の物に映写することをいい，これに伴って「映画の著作物において固定されている音を再生」することが含まれる（同条1項17号）。このように，映画の著作物は，目と耳に訴える作品を念頭に置いており，触覚・味覚・嗅覚の要素が含まれるかは明らかでない。たとえばグルメを題材にした映像作品に登場し，ユーザが触覚・味覚・嗅覚デバイスを通じて体験可能な飲食料品の味や香りの監督，演出等を担当した人物は，その作

品に対していかなる地位に立つのだろうか。

　この点，映画の著作物の著作者は，「その映画の著作物の全体的形成に創作的に寄与した者」である（同法16条）。「映画の著作物」に触感・味・香りの要素を含まないとすれば，その映画に登場する飲食料品すべての味，香り等の演出等を担当したとしても，映画の著作物の全体的形成に創作的に寄与した者とはいえない。したがって，その者は，その触感・味・香りそのものについて保護を受けるかどうかは別論として，映画の著作物については著作者として保護されないということになる[67]。

(5) 標識法による保護

　商標法や不正競争防止法による保護に関しても，著作権の場合と同様に，正確かつ客観的な特定が技術的に可能かという問題がある[68]。

　また，現行商標法上，触感・味・香りは「商標」ではない（商標法2条1項）。不正競争防止法上の「商品等表示」に含むものと解釈する余地はあるが，競業者が他の触感・味・香りを選択しうる余地がどれだけ残されるか，また，機能の保護をめぐる特許法等との抵触関係を踏まえた競争上適切な保護範囲の画定が課題となる[69]。

3　技能のデジタルコンテンツ化と知的財産

(1) 問題の所在

　バーチャルリアリティは，人間が知覚する環境を置き換えるものであり，知覚を拡張する技術の1つである[70]。近年では，人間の存在，身体能力，認知能

---

[67]　仮に「映画の著作物」に触感・味・香りの要素が含まれるとした場合，あるシーンに対応して固定された味等を取り除いたり，変更したりすることが同一性保持権侵害に当たるかなどの問題が生じうる。

[68]　新しいタイプの商標導入時の議論（産業構造審議会知的財産政策部会商標制度小委員会「新しいタイプの商標に関する検討ワーキンググループ報告書」（2009年10月）12頁）等を参照。麻生典「香りの文化と法的保護」Cosmetology 28号188頁以下（2020年）も参照。

[69]　渋谷達紀『不正競争防止法』51頁以下（発明推進協会，2014年）。

力, さらには技能をもデジタルデータ化し, インターネットを通じて送信して, バーチャル空間にいるアバターや遠隔地にいるロボットによって再現する技術の開発が進んでいる。

　人間の技能がコンテンツ化したとき, どのような法律問題が生じるだろうか。たとえば, それまで個人の訓練等の賜物であり, 属人的なものであった技能 (精密な動作, 力加減, タイミング等) が, 完全に正確な数値その他のデータ (モーションデータ) として抽出・記録・蓄積され, 誰でも, いつでも, どこでも, 何度でも再現できるような時代が来たとき, 自らの技能を事実上支配していた個人は, 法律上いかなる地位に立つのか。これは, たとえば, 医療分野における遠隔手術等を実現したり, ものづくりにおける職人的な技能の承継に XR を活用したりするなどの場面において, いかなる権利処理が必要になるかという形で問題となる。

(2)　特許権

　技能をデータとして抽出し, 分析し, 編集し, 出力するための技術的な仕組みやシステムは, 「発明」として保護対象となる場合があると考えられる (本章 ①(2)参照)。

　しかし, 個人の属人的な技能や熟練の技には反復可能性がなく, 「自然法則を利用した技術的思想」ではないため, 特許法上保護されないとされる[71]。たとえば, フォークボールの投球方法は, 個人の熟練によって到達しうるものであって, 知識として第三者に伝達できる客観性が欠如しているため, 「技術的思想」ではないとされている[72]。

　また, 発明としての保護が政策的に否定される場合もある。たとえば, 医療行為 (人間を手術, 治療または診断する方法) の発明は, 産業上の利用可能性の要件を満たさないものとして取り扱われている[73]。これは, 医療行為に対し

70　本章 ③ は, 関真也「バーチャルリアリティその他人間の能力等を拡張する技術と著作権」・前掲注55) をもとに, さらに検討を加えたものである。

71　中山信弘『特許法〔第 4 版〕』(弘文堂, 2019年) 107頁, 中山信弘＝小泉直樹編『新・注解 特許法〔第 2 版〕【上巻】』(青林書院, 2017年) 29頁〔平嶋竜太〕。角田政芳＝辰巳直彦『知的財産法〔第 9 版〕』(有斐閣, 2020年) 36頁も参照。

72　特許・実用新案審査基準第Ⅲ部第 1 章2.1.5。

て独占的な権利を付与することによって，緊急の患者の治療にも権利者の許諾を求めなければならないおそれがあるなど，医師が安心して医療行為に当たることができなくなる事態を避けるためであるとされる。

(3)　著作権・著作隣接権

　著作物に該当するためには，「文芸，学術，美術又は音楽の範囲」に属する創作的な表現でなければならない（著作権法2条1項1号）。著作物として例示されているもののうち，人間の動作によって表現されるものとして「舞踊又は無言劇の著作物」（同法10条1項3号）がある。実際に，フラダンスの振り付け（人の身体の動作の型）について著作物性を認めた事例がある[74]。

　この点，医療行為における医師の動作や，ものづくりにおける熟練工の動作は，「文芸，学術，美術又は音楽の範囲」に属するというよりも実用的な側面が強く，著作物に該当しないと判断される場合が多いと思われる。また，手術やものづくりにおいて一定の実用的な目的を達成するための人の身体の動作は，熟練して効果的，効率的にその目的を達成できるものとなるほど客観的に似通ったものとなり，著作権法上の意味においては創作性がないと判断される場合が多いと思われる。

　次に，手術やものづくり等における動作が「実演」（同法2条1項3号）に該当すれば，その動作を行った医師や熟練工等は「実演家」となり，録音権・録画権（同法91条）その他の実演家の権利を有することとなる（同法90条の2以下）（アバターを介した実演の問題につき，第5章②(2)も参照）。

　ここで「実演」とは，「著作物を……演ずること」またはこれに類する行為で「著作物を演じないが芸能的な性質を有するもの」をいう。前述のとおり手術等の動作は「著作物」とはいえない場合が多いと思われる。また，「芸能的な性質」を有するともいえない場合が多いであろう。したがって，これについ

73　特許・実用新案審査基準第Ⅲ部第1章3.1。
74　大阪地判平30・9・20判時2416号42頁。他方，社交ダンスの振り付けにつき著作物性を否定した事例（東京地判平24・2・28裁判所ホームページ参照（平20(ワ)9300））や，ファッションショーにおけるモデルのポーズまたは動作につき著作物性を否定した事例（知財高判平26・8・28判時2238号91頁）もある。

て実演家の権利が生じるケースも限られる[75]。

　したがって，医師や熟練工等の動作を読み取り，そのモーションデータをアバターに反映したり，あるいは遠隔地のロボットに伝送して同一の作業をさせたりすることは，その動作の型を考え出した者の著作権や，実際にその動作を行った者の実演家の権利を侵害することにはならない場合が多いと考えられる。

(4)　営業秘密・限定提供データ

　人の動作を抽出・記録したモーションデータは，一定の要件を満たせば，営業秘密または限定提供データとして保護の対象となりうる（本章①(8)および(9)参照）。しかし，その場合でも，モーションデータとして抽出される動作を行った者自身の利益として保護されるとは限らない。

(5)　将来に向けた試論

　以上のように，現行法においては，訓練等を経て他者には容易に真似されない技能を身につけた者は，その技能について知的財産法による保護を受けられるとは限らない。しかし，技能のコンテンツ化が実現した世界においても，そうした技能や動作について明確な保護がないままでよいかは問題となりうる。技能等のデータ化とその利用が自由であるということは，ある人が費用を投じ，努力を重ねて身につけた技能をひとたびデータ化すれば，その後は本人に断りなく自由に再現・編集し，同じ目的を含めてさまざまに利用できるということである。その場合，多くの者にとって，自ら費用，労力等を費やして技能を磨くインセンティブが損なわれ，ひいては社会全体の不利益となるかもしれない。そう考えた場合，行為のコンテンツ化という新しい状況に応じた新たな保護制度を構築する必要性が生じるかもしれない。

　しかしその一方で，想定されるそれぞれの場面に適した行為につき，最適な動作を1つデータ化しておけば，同一の行為について技能を磨くインセンティブを確保するシステムを用意する社会的な必要性はないという考え方もありう

---

[75]　ファッションショーにおけるモデルのポーズおよび動作につき，特段目新しいものではなく，その態様もありふれたものにすぎないとして，「実演」に当たらないとした裁判例がある（知財高判平26・8・28・前掲注74）〔ファッションショー〕）。

る。むしろ，すでに最適なデータがある動作よりも，他の新しい医療の手法や
アイデアを生み出し，それを実現する技能を身につけることに人間を注力させ
たほうが，社会全体の利益のために合理的であるともいえるかもしれない。ま
た，医療行為のように，一定の動作を特定人に独占させないほうが公益に資す
る場合もある。何らかの保護を認めるとしても，多くの場合は本人の同意の下
に動作のデータが取得されるであろうから，基本的には当事者の契約に委ねつ
つ，不正競争防止法上の営業秘密や限定提供データの保護のように，無断で隠
れてモーションキャプチャをするような不当性の高い一定の行為類型に限定し
て規制の対象とすることによりバランスをとること等が考えられる[76]。

---

[76]　最判平23・12・8判時2142号79頁〔北朝鮮〕も参照。

第 3 章

現実環境の再現と知的財産権
（デジタルツイン／AR クラウド）

1 導 入

(1) 近時の動向

　フィジカル空間とバーチャル空間を高度に融合させ，ビッグデータをAIで解析した結果等の最先端の技術を取り入れた成果を誰もが享受できる新しい社会「Society 5.0」を実現する基盤となる技術として，デジタルツインの開発・実用化が急速に進んでいる[1]。また，複数ユーザ間のリアルタイムかつインタラクティブなAR体験を実現する技術としてARクラウドがあり，こちらもプラットフォームその他のARサービスを提供する事業者が現れるなど注目を集めている。

　デジタルツインもARクラウドも，現実環境をデジタルデータとして再現し，さまざまな方法で活用しようという点で共通している。都市，施設，建築現場，製造工程その他のさまざまな現実環境に含まれる建築物，看板，ポスター等を再現することに関する知的財産法上の問題は，たとえば映画，アニメ，ゲームその他のコンテンツを制作する場面を見ればわかるように以前から議論されており，特別目新しいものではない。

　それでも，デジタルツイン等の新しい技術や利活用の方法が模索される中で，現実環境の再現とその利活用に関して現行法上何ができ，何に注意すべきなのか，そして将来的にどのようなルールを構築するのが適切なのかを改めて整理することが求められている。その背景には，都市や施設，それらにおける人流や物流，場合によっては地球規模等の広い範囲で現実環境を再現し，そのサイバー空間の中でさまざまなシミュレーション，分析，予測等を行い，その結果を現実環境にフィードバックすることにより，エンタテインメントに限らないあらゆる人的・社会的な活動に役立てようという新しい取組みが検討されていること，また，再現する現実環境は広大であり，そこには数多くの利害関係が

1　本章は，関真也「点群データの作成及び利用と著作権－デジタルツイン／ARクラウドを活用した社会の発展に向けて－」パテント74巻8号55頁（2021年）をもとに，さらに検討を加えたものである。

絡むであろうことが予測されるため，事前にリスクを把握し，適切な対処をとるべき必要性が増しているなどの事情がある。

⑵　デジタルツインとは

「デジタルツイン（Digital Twin）」とは，「センサーなどから取得したデータをもとに，建物や道路などのインフラ，経済活動，人の流れなど様々な要素を，サイバー空間（コンピューターやコンピューターネットワーク上の仮想空間）上に『双子（ツイン）』のように再現したもの」をいうとされる[2]。サイバー空間に再現したものを「デジタルツイン」と呼ぶのに対して，再現された現実環境を「フィジカルツイン（Physical Twin）」と呼ぶこともある（次頁**図表1**）。

　現実環境からリアルタイムに得られるデータを使ったシミュレーション，分析，予測等をサイバー空間上で行い，その結果をさまざまな形で現実環境への可視化その他のフィードバックに活用することができる。たとえば，**図表1**で示すような活用方法があるといわれる。

2　東京都デジタルサービス局「デジタルツイン実現プロジェクト」ウェブサイト（https://www.digitalservice.metro.tokyo.lg.jp/society5.0/digitaltwin.html）。

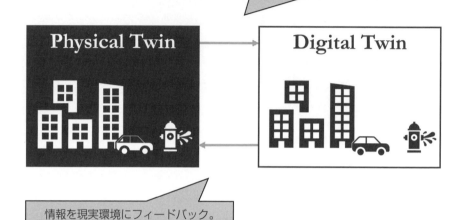

現実環境の再現。
リアルタイムにデータを収集し，バーチャルに反映・再現。
データを分析し，適切なソリューションを策定。

情報を現実環境にフィードバック。

活用例	トラブル対応	センサで工場設備の故障箇所とその原因をリアルタイムに収集・分析し，工場作業員が持つ端末の画面上で，故障箇所を色分けして表示し，その箇所までの道のりを案内するとともに，必要な対応を指示するなど。
	新商品開発	新商品の外観，構造等を再現して試作，検証および改善をサイバー空間上で行うことにより，フィジカルな試作品を作成するコスト等を節約するなど。
	交換時期の予測と改良	自動車の部品に取り付けたセンサから得られるさまざまなデータから部品の交換時期を予測したり，部品の劣化を早める振動パターンを分析して耐久性の改良に向けた研究開発の参考にするなど。
	インフラ・防災等のシミュレーション	人や自動車等の流れをデータ化し，災害発生時にその人，自動車等が所在する場所，時間等による混雑予測等に応じて最適な避難経路を分析し，スマートフォン，ARグラス，自動車のヘッドアップディスプレイ（HUD）に表示するなど。

図表 1　デジタルツインのイメージ図と活用例

　このように，デジタルツインは，単に現実環境をサイバー空間上に再現することのみを目的とするのではない。現実環境から収集されるさまざまなデータ（前頁**図表１**の活用例でいえば，部品の消耗具合をシミュレーションするのに役立つ経時的な位置情報や振動データ，混雑状況や最適な経路予測等に役立つ日時，場所，天気等に応じた人や自動車等の位置情報等）が，デジタルツインを構成する重要な要素の１つである。また，そのデータを用いてシミュレーション，予測等を行った結果を現実環境にフィードバックするために端末上に表示されるバーチャル情報も重要な役割を果たす。

⑶　ARクラウドとは

　「ARクラウド」とは，現実環境を再現したデジタルマップの特定の位置にコンテンツを配置し，両者を紐付けた形でクラウド上に保存しておくことにより，複数の端末間でさまざまなコンテンツまたはサービスをリアルタイムかつインタラクティブに共有することを可能とする技術をいう。

　従来のAR技術では，１つの端末においてGPS等によりその位置情報を検知し，その位置に合わせた形でARコンテンツを当該端末に表示することができた。しかし，これはARコンテンツを送信するサーバと当該端末との間で実現されるにすぎないため，たとえばあるユーザがARコンテンツであるキャラクターの頭を撫でたときの当該キャラクターの変形またはリアクションは，他のユーザには共有されない。この点，ARクラウドを活用した場合，デジタルマップの所定の位置に配置されたキャラクターも複数の端末から同時にアクセスできるようクラウド上で管理されているため，あるユーザがそのキャラクターに与えた影響を考慮した形で他のユーザにその情報を送信することができる。サービス提供者に限らず，各ユーザがARコンテンツを配置し，その体験を複数のユーザ間でリアルタイムに共有することも可能となる。

　また，GPS等の場合，端末の位置の把握に一定の誤差が生じることがあるが，位置合わせの精度が複数の端末間で異なると，複数のユーザが同時に同じ位置にいるキャラクターと接するという体験を共有することができない。たとえば，複数のユーザが集まって１体のキャラクターに接するという体験を実現したいのに，ユーザAがその目の前にいるキャラクターの頭を手で撫でたときに，そ

のキャラクターは他方のユーザBの前にはおらず，ユーザAが何に手をかざしているのかが見えないといった事態が生じうる。

　さらに，ARクラウドは，現実環境を奥行きのある三次元空間として再現することができるので，たとえばその場を走り回るキャラクターが，ユーザから見てキャラクターよりも手前の物体の奥側に回り込んだときに，その間だけ，そのキャラクターを端末の画面上に表示しないという処理（オクルージョン）を実行することができる。単なるバーチャル情報の重畳表示にとどまらず，リアルとバーチャルが融合した三次元的な世界を実現することができるのである。

　こうして，ARクラウドは，複数ユーザ間で，三次元空間におけるリアルタイムかつインタラクティブな体験の共有を可能とする。

⑷　作成方法の例

　現実環境を再現するデジタルデータとしては，360度カメラで撮影する画像等があるが，近年では，点群データやフォトグラメトリで作成される3DCGも多く使われている。

①　点群データ

　「点群データ」とは，レーザスキャナまたはカメラを用いて作成される，点およびその集合で構成される三次元地図情報をいう（ここでいう「地図」とは，地形や構造物等について，その高さ情報も含めて表現したデータをいう[3]）。

　点群データは，たとえば「SLAM（Simultaneous Localization And Mapping）」（同時に自己位置推定と地図構築を行うこと）と呼ばれる技術を用いて作成される。センサとしてレーザスキャナを用いる方法（LiDAR SLAM）や，カメラを用いる方法（Visual SLAM）などがある。SLAMでは，移動しながらセンサデータを取得し，それをつなぎ合わせて地図情報を作り，作成した地図情報と移動後のセンサデータから得られる環境とを照らし合わせて逆算しながら自己位置を推定し，さらに移動しながらセンサデータを取得して地図情報を作成するというプロセス

3　測量行政懇談会「3次元地図検討部会　報告書〜3次元地図の適切な整備と活用促進のために〜」（令和2年11月2日）3頁参照。

が繰り返される[4]。これにより，移動しながら順次，周囲の現実環境の三次元地図情報（点群データ）を作成し，成長させていく。点群データの密度，再現の精度等は，それを作成する目的，用途等によって異なる。

　ARクラウドでは，現実環境に関するさまざまな情報（建物，道，壁，床，天井，看板，調度品，美術作品その他の物体の形状，配置等）を，点群データの形で再現し，その中の特定の位置にARコンテンツを配置して，両者を結び付けた形でクラウド上に保存する。そして，当該点群データをユーザの端末のカメラその他のセンサから得られる情報と照合し，ユーザ（の端末）の現在位置（すなわち，ARコンテンツとの相対的な距離および方向）を算出することにより，正確かつリアルタイムな位置合わせを実現する[5]。このように，三次元地図情報等とカメラから得られる画像を比較してユーザの向きや建物の位置等を特定する仕組みは「VPS：Visual Positioning System」と呼ばれる。

②　フォトグラメトリ

　フォトグラメトリとは，写真等の二次元データを複数組み合わせて，三次元のCGモデルを作ることをいう[6]。日用雑貨のような小さな物から建築，都市等の大きな範囲の現実環境まで，カメラやドローンを使用することによってさまざまな物を3DCG化することができる。人の手作業によるモデリングに比べて現実環境を正確に再現することができ，かつ，大幅に工数を減らすことができるなどの利点があるとされる[7]。高精細な写真によるフォトグラメトリの方法を用いれば，テクスチャも高精細な3DCGモデルを作成することができ，点群データとしてスキャンしにくい壁面，絵画等の二次元的な要素も含めて忠実に再現するのに向いている[8]。

　これらの特徴から，フォトグラメトリは，測量，地形調査，観光，文化財等

4　友納正裕『SLAM入門―ロボットの自己位置推定と地図構築の技術―』（オーム社，2018年）9頁〜11頁参照。

5　「AR等のコンテンツ制作技術活用ガイドライン2020」（特定非営利活動法人映像産業振興機構，2021年3月）29頁および30頁参照。これらの情報を取得する代表的な方法として，⒜点群データの形式で人があらかじめ作成する手法か，⒝コンピュータが形状認識をリアルタイムに行いながら同時並行的に点群データを作成する手法がある。

6　Aurelix『フォトグラメトリの教科書Ⅰ入門編』（技術書典11，2021年）7頁等参照。

7　Aurelix・前掲注6）9頁。

8　Aurelix・前掲注6）70頁参照。

のデジタルアーカイブ，実在の人物そっくりの3DCGアバターといった幅広い
分野で活用されている。

2　著作権の処理

(1)　検討の順序

　都市，施設，建築現場，製造工程その他の現実環境をデジタルに再現する場
合，たとえば下記**図表2**に挙げた著作物が再現される可能性がある（以下，本
章② および ③ における条文番号は，特に断らない限り著作権法のものを指す）。

著作物の種類	具体例
言語の著作物	✓看板，ポスター，標識，記念碑その他の掲示物等に表示された文字，標語等
美術の著作物	✓屋外または屋内に設置された絵画，版画および彫刻 ✓看板，ポスター，標識その他の掲示物に表示されたイラスト等
建築の著作物	✓住宅，ビル等の建築物 ✓橋梁，高速道，都市計画，記念碑，庭園，公園等[9]
映画の著作物	✓デジタルサイネージ，ビルの壁面に設置されたスクリーン等の画面に表示された広告映像等
写真の著作物	✓看板，ポスター，標識その他の掲示物に表示された写真等

図表2　著作物の種類と具体例

　著作権侵害の成否を判断する手順は，第2章 ①(4)① （**図表2**）のとおりである。
　後述のとおり，デジタルデータとして再現する現実環境の中に著作物が含まれ
るか否かはケース・バイ・ケースとなる。都市等のように再現する範囲が広がれ
ば広がるほど，著作物が含まれる可能性は高くなるであろう。また，著作物が含
まれるとして，その著作物のどの部分をどの程度再現すると著作権侵害になって
しまうかという点も，その著作物の種類および内容，再現の精度等によって異なる。

9　著作権法における建築物の範囲につき，詳しくは本章 ②(5)⑤参照。

しかし，だからといって，再現の対象となる都市等に含まれるすべての建築物その他の対象物について1つひとつ著作物性を検討し，それを再現するデジタルデータの精度等を対象物ごとに調整して複製または翻案に当たらないようにし，あるいは権利者を探し出して許諾を得るなどの対応をとることは困難となるケースも多いであろう。したがって，1つまたは複数の権利制限規定を組み合わせることにより，ある程度画一的な対応によって第三者の権利を侵害することなくデジタルデータの生成および利活用を行えるかを検討することには，重要な意義がある。

　以下，著作物性（後述(2)），法定利用行為（後述(3)），権利制限規定（後述(4)～(6)）の順に検討を進める。なお，権利制限規定については，現実環境のデジタルデータ化を検討するにあたって特に適用を検討することが多いものに限って検討する。なお，現実環境に存在する他人の著作物とARコンテンツとを組み合わせた作品を端末画面上で表示する場合に検討すべき権利制限規定については，第4章 ② (2)～(6)も参照いただきたい。

(2)　著作物性

①　一般的な考え方

　一般に，著作物と認められるために必要な創作性のハードルは高くない（第2章 ① (4)①参照）。街中に設置された絵画や彫刻であるとか，看板やポスターに掲載された写真やイラスト等は，著作物性が認められるものが多いであろう。

　しかし，一定のカテゴリーに属する表現物は，著作物性が認められにくい傾向にある。建築物や実用品のデザインがそれに当たる。

②　建築の著作物

　一般に建築物は，人の居住その他一定の実用性や機能性を持つものとして作り出される。このため，建築物のデザインは，美的な表現において，実用性や機能性の観点から制約を受けることが多い。このため，わが国の裁判例では，「建築の著作物」として保護が認められる範囲は狭く解される傾向にある[10]。

10　本文で挙げるもののほか，東京地判平24・4・27判例集未搭載（平成22(ワ)9698号），福島地決平3・4・9裁判所ホームページ参照（平成2(ヨ)105号）〔シノブ設計〕，東京地判昭61・11・28判例集未搭載（昭和60(ワ)15252号）も参照。

| 高級注文住宅用
モデルハウス事件[11] | ログハウス調
木造住宅事件[12] | タコ滑り台事件[13] |

図表3 「建築の著作物」該当性否定例

　このように，「建築の著作物」に該当するか否かが正面から争われた事案において，これを否定した裁判例が多い。

　もっとも，高級注文住宅用モデルハウス事件およびログハウス調木造住宅事件は，いずれも住み心地，使い勝手，経済性等の実用性および機能性が重視される一般住宅が「建築の著作物」に該当するかが争われた事例である。とりわけ高級注文住宅用モデルハウス事件では，注文建築と対比しつつ，規格化され一般人向けに同種の設計で多数建築される一般住宅が，工業的に大量生産される実用品と類似する旨を指摘し，そのような建築において通常なされる程度の美的創作では足りないとしている。また，タコ滑り台事件の滑り台は，遊具として利用者である子どもたちに遊びの場を提供するなどの実用目的を有する物品であり，その建築物としての機能も「遊具として」実用的に利用される点にあった。このように，「建築の著作物」該当性が否定された裁判例は，いずれも，建築の中でもとりわけ実用性および機能性との関連性が強いものであったことに注意を要する。

11　大阪高判平16・9・29裁判所ホームページ参照（平15(ネ)3575）〔高級注文住宅用モデルハウス・控訴審〕。同事件第一審の大阪地判平15・10・30判時1861号110頁も参照。画像は同事件第一審判決別紙より。

12　東京地判平26・10・17裁判所ホームページ参照（平25(ワ)22468）〔ログハウス調木造住宅〕。画像は同事件判決別紙より。なお，同判決と同じく，「ワンダーデバイス」シリーズのログハウス調木造住宅のデザインについて意匠権侵害が認められた事例として，東京地判令2・11・30裁判所ホームページ参照（平30(ワ)26166）がある。

13　東京地判令3・4・28裁判所ホームページ参照（令1(ワ)21993）〔タコ滑り台〕。同控訴審である知財高判令3・12・8裁判所ホームページ参照（令3(ネ)10044）。画像は同事件第一審判決別紙より。

column

「著作物」と認められた建築デザイン

　ここまで，「建築の著作物」であるとは認められなかった裁判例を紹介してきたが，それが認められた裁判例も存在する。

　たとえば，慶應義塾大学三田キャンパス内の第二研究室棟全体（同研究棟内の「ノグチ・ルーム」と称する談話室を含む）等が一体として建築の著作物を構成するとした事例がある[14]。

　また，ファッションブランドの店舗として設計・建築された建物も，建築の著作物として認定された[15]。ただし，こちらは，当該建物が建築の著作物に当たることについて当事者間に争いがなかったため前提事実として認定されたものであり，裁判所が積極的に著作物性について判断を示したものではない。

　これらのほか，裁判例ではないが，「建築の著作物」の例として，宮殿・凱旋門等の歴史的建築物，瀬戸大橋，レインボーブリッジ，東京タワー，ディズニーランドのシンデレラ城，東京都庁舎等を挙げている文献がある[16]。「建築の著作物」に該当するかどうかは個別判断にならざるを得ないため，デジタルデータとして再現しようとする範囲等に応じて対応を検討する必要がある（後述「④実務的対応の方向性」参照）。

14　東京地決平15・6・11判時1840号106頁〔ノグチ・ルーム〕。

15　東京地判平29・4・27裁判所ホームページ参照（平27年(ワ)23694）〔ステラマッカートニー〕および同控訴審である知財高判平29・10・13裁判所ホームページ参照（平29年(ネ)10061）。

16　島並＝上野＝横山・前掲第2章注18）51頁，茶園成樹編『著作権法 第2版』（有斐閣，2016年）40頁，加戸守行『著作権法逐条講義 七訂新版』（著作権情報センター，2021年）129頁，斉藤博『著作権法〔第3版〕』（有斐閣，2007年）88頁，田村善之『著作権法概説 第2版』（有斐閣，2001年）122頁等参照。

③　実用品のデザイン（応用美術）

　絵画，彫刻等のように，もっぱら鑑賞することを目的として創作される作品（「純粋美術」と呼ばれる）は，そのほとんどが「美術の著作物」として保護される可能性がある。すなわち，何らかの個性が表れてさえいれば，広く保護の対象となる。

　これに対し，実用に供され，あるいは産業上の利用を目的とする物品のデザイン（「応用美術」と呼ばれる）については，著作物性が認められにくい傾向にある。近時の裁判例では，単に個性が表れているだけでは足りず，「実用的な機能と分離して把握することができる，美術鑑賞の対象となる美的特性」を備えること等を要求し，著作物性を否定したものが多い。

　これは，次の理由による。ある創作物が著作物として保護されるためには，それが「文芸，学術，美術又は音楽の範囲に属するもの」であることが必要である（2条1項1号）。ここでいう「美術」とは，もっぱら鑑賞の対象とすることを目的とし，美の表現を追求して制作されたものを念頭に置くものとされる。ところが，実用品のデザインは，その実用的機能を果たすために，美の表現において実質的制約を受けることがある。このとき，そのデザインがもっぱら美の表現を追求して制作されたといえるか，すなわち，法が保護対象として念頭に置く「美術」といえるのかという問題が生じる。それよりも，新規性・創作非容易性等の比較的ハードルの高い保護要件を課し，存続期間も著作権に比して短く設定するなど，工業製品の制作・流通の実情を考慮して設計された意匠法によって保護するべきであるというのが基本的な考え方であるとされる[17]。

17　中山・前掲第2章注23）215頁。

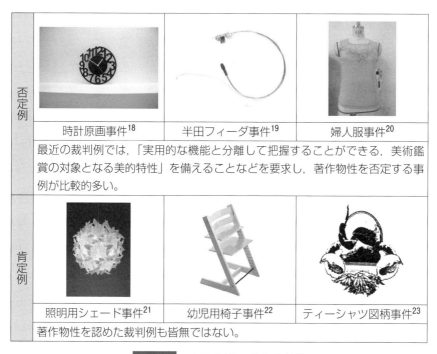

否定例		
時計原画事件[18]	半田フィーダ事件[19]	婦人服事件[20]
最近の裁判例では，「実用的な機能と分離して把握することができる，美術鑑賞の対象となる美的特性」を備えることなどを要求し，著作物性を否定する事例が比較的多い。		
肯定例		
照明用シェード事件[21]	幼児用椅子事件[22]	ティーシャツ図柄事件[23]
著作物性を認めた裁判例も皆無ではない。		

図表4　応用美術の著作物性[24]

④ 実務的対応の方向性

著作物性について検討してきたところをまとめると，概ね以下のとおりである。

18　大阪地判令3・6・24裁判所ホームページ参照（令2(ワ)9992）〔時計原画〕。

19　知財高判平30・6・7裁判所ホームページ参照（平30(ネ)10009）〔半田フィーダ〕。同第一審である東京地判平29・12・22裁判所ホームページ（平27(ワ)33412）も参照。

20　大阪地判平29・1・19裁判所ホームページ参照（平27(ワ)9648）〔婦人服〕。

21　東京地判令2・1・29裁判所ホームページ参照（平30(ワ)30795）〔照明用シェード〕。

22　知財高判平27・4・14判時2267号91頁〔TRIPP TRAPP〕。

23　東京地判昭56・4・20判時1007号91頁〔ティーシャツ図柄〕。

24　画像はいずれも各判決（裁判所ホームページ参照）より。これらの裁判例のほか，知財高判令3・6・29裁判所ホームページ（令3(ネ)10024）〔X字型クッション控訴審〕および同第一審である東京地判令3・2・17裁判所ホームページ（令1(ワ)34531）〔X字型クッション第一審〕ならびにタコ滑り台事件・前掲注13）等も参照。

> (i) 言語，映画，写真等の著作物については，創作者の個性が表れてさえいれ
>   ば著作物性が認められ，保護の対象となる可能性がある。
> (ii) 美術の著作物のうち純粋美術についても，上記(i)と同様である。
> (iii) 建築の著作物および美術の著作物のうち応用美術については，著作物性が
>   否定されるケースが比較的多いが，保護されるケースも皆無ではない。

　このように，デジタルデータとして再現する現実環境に著作物が存在するか否かは，その場所と範囲等に応じてケース・バイ・ケースであり，判断が難しい場合も多いと考えられる。しかし，とりわけ広範囲の現実環境をデジタルデータ化する場合，そこには極めて多数の建築物，美術作品その他の造形物が存在するのであり，そのすべてについて著作物性の有無を検討したり，許諾を取得したりすることが困難な場合もある。

　したがって，このような場合，実務的には，デジタルデータ化する現実環境の中に著作物が存在しうることを前提に，可能な限り画一的な処理が可能となるよう，法定利用行為（後述(3)）に該当しないようにするためのデータ処理や，各種権利制限規定（後述(4)～(6)）の適用を受けられるかどうかを検討する必要がある。

(3)　複製・翻案

①　一般的な考え方

　著作権法は，一定の方法で著作物を利用する行為につき，著作者が権利を専有すると規定している（21条～27条）。それらの行為を総称して「法定利用行為」と呼ぶ（前述第2章①(4)①参照）。法定利用行為のいずれにも該当しない方法で著作物を取り扱うことは，著作権侵害とはならない（もっとも，著作者人格権その他の法律上保護される権利・利益に別途配慮する必要はある）。

　現実環境に存在する著作物をデジタルデータとして再現する行為は，著作物を一定程度有形的に再製するものである一方で，用いる技術によってその精度等に違いはあるが，その著作物との差異も生じる。このため，複製権または翻案権を侵害することにならないかを検討する必要がある。

複製および翻案[25]の意義は，それぞれ次のとおりである[26]。

複製	既存の著作物に依拠し，これと**同一のものを作成**し，または，具体的表現に修正，増減，変更等を加えても，**新たに思想または感情を創作的に表現することなく**，その表現上の本質的な特徴の同一性を維持し，これに接する者が**既存の著作物の表現上の本質的な特徴を直接感得することのできるものを作成**する行為
翻案	既存の著作物に依拠し，かつ，その表現上の本質的な特徴の同一性を維持しつつ，具体的に表現に修正，増減，変更等を加えて，**新たに思想または感情を創作的に表現することにより**，これに接する者が**既存の著作物の表現上の本質的な特徴を直接感得することができる別の著作物を創作**する行為

図表5　複製および翻案

　既存の著作物と同一のものを作成すれば，複製権侵害となりうる。また，既存の著作物に修正，増減，変更等を加えた場合においては，これに接する者が既存の著作物の表現上の本質的な特徴を直接感得することができるのであれば，複製権侵害または翻案権侵害が成立しうる。このとき，その修正，増減，変更等によって新たな創作性が付加されていなければ複製権侵害であり，その付加があれば翻案権侵害となる。

　どちらであれ著作権侵害は成立し，差止請求，損害賠償請求等の対象になる点において差異はない[27]。したがって，現実環境をデジタルデータとして再現および利用する者にとって最も重要なのは，現実環境に存在する著作物を再現

25　27条は，翻案権（脚色および映画化を含む）だけでなく，これと区別して著作物の翻訳権，変形権および編曲権について規定するものと説明される（上野達弘「著作権法における侵害要件の再構成―『複製又は翻案』の問題性―」パテント65巻12号131頁，133頁（2012年）参照）。本書では，便宜のため，同条の権利をまとめて「翻案権」と表記する。

26　最判平13・6・28民集55巻4号837頁〔江差追分〕，東京地判平11・10・27判時1701号157頁・東京高判平14・2・18判時1786号136頁〔雪月花〕，東京地判平30・3・29判時2387号121頁〔コーヒーを飲む男性〕等参照。

27　翻案に該当する場合には，翻案により創作した著作物が二次的著作物となり（2条1項11号），翻案した者がそれについて著作者の権利を取得することになる。この点は複製との違いであり，その後の権利処理等に影響することがある。

したデジタルデータにおいて，当該著作物の表現上の本質的な特徴部分が残存しているか否かという点である。

もっとも，著作物の表現上の本質的な特徴がどの部分にあるかは，著作物ごとに異なる。

②　複製・翻案の成否に関する裁判例

照明用シェード事件判決[28]

照明用シェードのデザインについて翻案権侵害および同一性保持権侵害の成否が争われた事案において，裁判所は，「原告作品の本質的特徴は，エレメントが球状体の中心から放射状に外を向いて開花しているかのような形状をしており，花弁同士が重なり合うなどして複雑で豊かな陰影を形成するとともに，その輪郭が散形花序のようにボール状の丸みを帯びた輪郭を形成していることにある」と認定した上で，「原告作品と被告作品とは，原告作品の本質的特徴を実現するために重要な構成，形状において相違しており，被告作品は，自然界に存在する花のような柔らかく陰影に富んだ印象を与えるのではなく，より立体感があって，均一にむらなく光り，クリスタルのようなまばゆい輝きを放つものであって，その輪郭も，散形花序のようにボール状の丸みを帯びたものではなく，凹凸のある刺々しい印象を与えるものであるから，被告作品から原告作品の本質的特徴を直接感得することはできないというべきである」とし，翻案権侵害および同一性保持権侵害のいずれも否定した。

TRIPP TRAPP事件判決[29]

幼児用椅子の形態のうち，「①『左右一対の部材A』の２本脚であり，かつ，『部材Aの内側』に形成された『溝に沿って部材G（座面）及び部材F（足置き台)』の両方を『はめ込んで固定し』ている点，②『部材A』が，『部材B』の前方の斜めに切断された端面でのみ結合されて直接床面に接している点及び両部材が約66度の鋭い角度を成している点」が創作的表現であると認めた。もっとも，結論として著作権侵害は否定されている。

28　東京地判令2・1・29・前掲注21）〔照明用シェード〕。
29　知財高判平27・4・14・前掲注22）〔TRIPP TRAPP〕。

猫のぬいぐるみ事件判決[30]

X作品１　　　　　　　　　　　Y製品１

図表6　猫のぬいぐるみ事件のX作品およびY製品の例

　猫のぬいぐるみの形態につき，「胴体に比べて頭部が横方向にはみ出しており，正面視の顔の輪郭形状は水平方向に扁平な楕円形である（略）。また，原告作品I群では，両目の間隔が離れており，鼻が両目を結んだ直線上にあって，目鼻が頭部のやや上部に位置することに加え，前脚と後脚の長さがほぼ同じで，前傾姿勢を取っていないことからすると，原告作品I群をそれぞれ全体としてみれば，見る者に優しく，ほのぼのとした印象を与えるものということができる。したがって，これらの形態は原告作品I群の印象を決定付ける本質的特徴というべきである。なお，原告作品I群の耳は，頂角が鋭角をなす二等辺三角形に近く，頭部から大きく突き出ており，この点も，原告作品I群を特徴づける要素といえる」などとした。同判決は，結論として，複製権および翻案権のいずれの侵害も否定している。

③　実務的対応の方向性

　このように，陰影その他光の質，強さ等，点群データその他用いる技術によっては再現しにくい要素が著作物の本質的特徴部分となる場合もあれば，物品

30　大阪地判平22・2・25裁判所ホームページ参照（平21(ワ)6411）〔猫のぬいぐるみ〕。

の全体的な形状や各パーツの配置等のように，デジタルデータとして再現することが可能な要素が創作的表現部分となる場合もある。したがって，この観点から複製等の成否を画一的に整理することは困難であると言わざるを得ない。

　もっとも，再現したデジタルデータと，その再現の対象となった著作物とが，アイデアまたは表現としてありふれた部分等において共通するにすぎない場合には，著作権侵害は成立しない。このことから，実務上，対応の画一性を重視した場合には，デジタルデータとして再現する目的を達成しうる範囲内において，点群データが単純な立方体，直方体，球体その他のありふれた形態としてのみ表示されるように，抽出する特徴点の選定等に関するパラメータを調節したり，作成後にデータを加工したりするなどの対応をとることが考えられる。

　また，デジタルデータ化に用いる技術によっても，対応の方向性をある程度類型化できると思われる。たとえば，ARサービスにおける位置合わせのための点群データは，物体の立体的形状，位置等の特徴を，点の集合から成る直線，線分，平面等として表示するものであり，物体の表面に平面的に記述または表示された文字，図形，記号，色彩等の内容まで詳細に再現するものではない場合がある。この場合，ポスター，看板，ディスプレイ等に表示された言語，写真，映画等の著作物の点群データを作成する行為が複製または翻案に該当する可能性は，類型的に低いと思われる。これに対し，フォトグラメトリ等で精度の高い3DCGモデルを作成するような場合には，平面的に表現される著作物についても，より慎重な判断が必要となる[31]。

(4)　非享受目的利用

　著作物に表現された思想または感情を自ら享受しまたは他人に享受させることを目的としない場合には，著作権者の許諾がなくとも，方法を問わず当該著作物を利用できる（30条の4）。ここにいう「享受」を目的とするか否かは，著作物等の視聴等を通じて，視聴者等の知的・精神的欲求を満たすという効用を得ることに向けられた行為であるか否かという観点から，行為者の主観に関

31　平面的に表現された著作物について複製権侵害または翻案権侵害の成否が問題となった裁判例として，東京地判平11・10・27および東京高判平14・2・18・前掲注26）〔雪月花〕，東京地判平30・3・29・前掲注26）〔コーヒーを飲む男性〕等がある。

する主張のほか，利用行為の態様や利用に至る経緯等の客観的・外形的な状況も含めて総合的に判断される[32]。「享受」の目的がないことが必要であり，たとえ主たる目的が「享受」になくとも，同時に「享受」の目的もある場合は，同条の適用はない[33]。

　非享受目的利用に当たる場合の例として，次のものがある[34]。

- 著作物の録音，録画その他の利用に係る技術の開発または実用化のための試験の用に供する場合（同条1号）
- 情報解析（多数の著作物その他の大量の情報から，当該情報を構成する言語，音，影像その他の要素に係る情報を抽出し，比較，分類その他の解析を行うこと）の用に供する場合（同条2号）
- 著作物の表現についての人の知覚による認識を伴うことなく当該著作物を電子計算機による情報処理の過程における利用その他の利用に供する場合（同条3号）

　デジタルツインおよびARクラウドの文脈では，たとえば次のような行為は，たとえ作成されるデジタルデータの中に著作物が含まれるとしても，非享受目的利用にあたり，許容される場合があると考えられる。

- 都市，インフラ，製造工程等をデジタルデータとして再現し，サイバー空間内でのシミュレーション，分析等に利用することをもっぱらの目的としてデジタルツインを作成および利用すること
- ARクラウドサービスにおいて，点群データをバックエンドにおける位置合わせのみに利用し，画面等で表示しない場合

32　文化庁著作権課「デジタル化・ネットワーク化の進展に対応した柔軟な権利制限規定に関する基本的な考え方（著作権法第30条の4，第47条の4及び第47条の5関係）」6～7頁（令和元年10月24日）（文化庁ホームページ）参照。
33　文化庁著作権課・前掲注32）8頁。
34　文化庁著作権課・前掲注32）7頁以下の例も参照。

　ただし，こうした場合においても，前述した意味において「享受」を目的としないものであるかを個別具体的に検討する必要がある。たとえば，一般論としては，特定の場所を撮影した写真等の著作物からその特徴量を抽出して当該場所の点群データを作成する行為は，非享受目的利用として許容される可能性がある[35]。しかし，現実環境にある著作物が，その表現上の本質的特徴を感得することができる態様で写真に収録された場合，そこに含まれる当該著作物の視聴等を通じて視聴者等の知的・精神的欲求を満たすという効用を得ることに向けた利用を想定しうる。したがって，撮影の段階に着目すれば，「享受」の目的があると評価される余地はあると思われる。また，当該写真の著作物の表現上の本質的特徴を感得することができる態様で 3DCG が作成される場合にも，当該作成行為は非享受目的利用に当たらないと評価される可能性がある。つまり，撮影の段階とデジタルデータ作成の段階それぞれにつき，利用の対象となる著作物との関係で「享受」の目的がないといえるかを検討する必要がある。レーザスキャナを用いて点群データを作成するケースでは，写真撮影の段階はないから，点群データ作成の段階につき，現実環境にある著作物との関係で「享受」の目的がないかが判断されることになろう。これに対し，カメラで撮影した写真から特徴点を抽出して点群データを作成するケースでは，写真撮影と点群データ作成の両段階について「享受」の目的の有無が検討される。また，点群データの場合には，著作物の表現上の本質的特徴を感得できる態様となる場合は比較的少ないと思われるため，その作成段階について「享受」の目的があるとは判断されにくいであろう（もちろん，作成する点群データの密度や対象となる著作物の性質等による）。これに対し，再現の精度が高いフォトグラメトリを用いる場合には，作成段階についても「享受」の目的があるかをより慎重に検討する必要があろう。

　各段階において「享受」の目的があると判断される可能性がある場合には，その目的がないことを明らかにする客観的な対応をとることを検討すべきと考えられる。たとえば，写真撮影後すぐに特徴量を抽出した上で当該写真のデータを削除することにより，当該写真を見る者の知的・精神的欲求を満たすという効用を得ることに向けられた行為でないことを明確にすることが有効かもしれない。

35　文化庁著作権課・前掲注32) 13頁参照。

⑸　公開の美術の著作物等の利用

①　概　要

　46条によれば，美術の著作物でその原作品が屋外の場所に恒常的に設置され
ているものまたは建築の著作物は，同条各号に掲げられる場合を除き，いずれ
の方法によるかを問わず，利用することができる（**図表 7**）。

著作物の種類	著作権侵害となる利用方法 （これら以外であればあらゆる方法で利用可）	
美術の著作物で， ❶ その原作品が， ❷ 屋外の場所に ❸ 恒常的に 設置されているもの	1号	・彫刻を増製 ・その増製物を譲渡
	2号	・建築により複製 ・その複製物を譲渡
建築の著作物	3号	屋外の場所に恒常的に設置するために複製
	4号	・もっぱら販売を目的として複製 ・その複製物を販売

図表 7　46条のイメージ

　同条 1 号にいう「彫刻」とは，素材を用いて三次元空間に立体形象を造形す
る芸術形式をいい，その「増製」とは，彫刻をもう 1 つの彫刻として製作する
ことをいう[36]。現実環境に存在する彫刻をデジタルデータとして再現する行為
は，彫刻をもう 1 つ製作する行為ではないので，「増製」に該当しないと考え
られる。また，そうである以上，そのデジタルデータは「その増製物」に該当
しないと考えられる。

　同条 2 号にいう「建築により複製する」とは，新たな建築物を建築すること
により複製を行うことをいう[37]。現実環境に存在する建築物をデジタルデータ

36　半田正夫＝松田政行編『著作権法コンメンタール 2 第 2 版』（勁草書房，2015年）461頁
　　〜462頁〔前田哲男〕。

として再現する行為はこれに当たらないと考えられる。また、そうである以上、そのデジタルデータは「その複製物」に該当しないと考えられる。

　同条3号は、美術の著作物と建築の著作物とを区別せず、「屋外の場所に恒常的に設置するために複製」する行為を権利制限の対象外としている。これら著作物をデジタルデータとして再現する行為は、「屋外の場所に恒常的に設置するための複製」には当たらないと考えられる。

　したがって、同条にいう美術の著作物または建築の著作物をデジタルデータとして再現する行為は、少なくとも46条1号〜3号による権利制限の対象外とはならないだろう。問題となる可能性があるのは、主に同条4号である（後述④）。

②　課題：美術の著作物の「原作品」

　美術の著作物につき46条が適用されるのは、その美術の著作物の「原作品」が、屋外の場所に恒常的に設置されている場合である。したがって、「原作品」が屋外の場所に恒常的に設置されていない場合には、その美術の著作物の複製物がそのように設置されていたとしても、同条による権利制限の対象にはならないと読むのが自然である。他方、「原作品」が屋外の場所に恒常的に設置されていれば、別の場所に設置されている複製物を撮影またはスキャンすることによってデジタルデータとして再現する場合であっても、同条の対象となると解される[38]。

　「原作品」とは、「著作者の思想感情が第一義的に表現されている有体物であって、第二義的な複製物を除く」ものをいう[39]。「絵画であれば、画家が絵具を使って実際に書いた作品そのもの」が、「彫刻であれば、芸術家が、彫造した作品そのもの」が、それぞれ「原作品」となる[40]。これに対し、鋳型に基づいて製作される彫刻作品や手摺りの版画は、「これが原作品だとして作成されれば、何十部でも全て原作品」になるとされる[41]。また、「屋外看板なども、

37　小倉秀夫＝金井重彦編著『著作権法コンメンタール＜改訂版＞Ⅱ』（第一法規、2020年）267頁〔小倉秀夫〕。

38　半田＝松田コンメ2〔前田〕・前掲注36）455頁。

39　加戸・前掲注16）202頁〜203頁。

40　半田正夫＝松田政行編『著作権法コンメンタール1 第2版』（勁草書房、2015年）1007頁〔早川篤志〕。

一品ずつ出来上がりを著作者が確認して設置するものは，『原作品』といってよい」という指摘がある[42]。

　このように，「原作品」か複製物かは，その製作過程等によって異なることがある。また，仮に，撮影またはスキャンしようとする作品が複製物だと判明した場合，同条適用の有無を確認するためには，その美術の著作物の原作品がどこか別の屋外の場所に恒常的に設置されているかどうかを確認する必要がある。したがって，都市等の現実環境をデジタルデータとして再現する場合において，そこに設置されている絵画，彫刻その他の美術の著作物が「原作品」であるかを見分けるのは困難なことがある。

　この点，複製物であっても，「例えば屋外広告看板として複製することを著作権者が許諾しているため，複製物の屋外恒常設置が著作権者の意思に基づく場合がほとんどであると類型的にいえる場合には，本条の拡張ないし類推適用により，自由利用を認めてよい」とする見解がある[43]。

　現時点では，複製物について46条の類推適用等ができるかを判断した裁判例は見当たらない。その可否に関する議論を集積するとともに，現実環境のデジタルデータ化という文脈において，実際のニーズとユースケースに基づき，適用の可否を具体化・類型化することも今後求められるであろう。

③　課題：美術の著作物の場所的・時間的範囲（屋外恒常設置）

　美術の著作物につき46条の適用を受けるには，その原作品が，「前条第二項に規定する屋外の場所」に，「恒常的に設置されている」ことが必要である。

　このうち，「前条第二項に規定する屋外の場所」とは，(a)街路，公園その他「一般公衆に開放されている屋外の場所」と，(b)建造物の外壁その他「一般公衆の見やすい屋外の場所」のことをいう（46条，45条2項）。

　まず「屋外の場所」とは，「建物の外」の場所をいう[44]。建物の外壁や屋上

41　加戸・前掲注16）203頁。

42　前掲注38と同じ。

43　半田＝松田コンメ2〔前田〕・前掲注36）473頁。中山・前掲第2章注23）454頁～455頁，小倉＝金井コンメⅡ〔小倉〕・前掲注37）267頁も参照。

44　半田＝松田コンメ2〔前田〕・前掲注36）453頁，小倉＝金井コンメⅡ〔小倉〕・前掲注37）258頁。

も「屋外の場所」である[45]。敷地が公有地であるか私有地であるかを問わない[46]。上野公園における西郷隆盛の銅像等が典型例とされる[47]。裁判例では，46条の趣旨に照らし，「同条所定の『一般公衆に開放されている屋外の場所』又は『一般公衆の見やすい屋外の場所』とは，不特定多数の者が見ようとすれば自由に見ることができる広く開放された場所を指すと解するのが相当である」とし，市営バスの車体に描かれた絵画（原告作品）につき，「市営バスとして，一般公衆に開放されている屋外の場所である公道を運行するのであるから，原告作品もまた，『一般公衆に開放されている屋外の場所』又は『一般公衆の見やすい屋外の場所』にあるというべきである」と判断した[48]。

　もっとも，「屋外の場所」であるかが明らかでないケースも多々ある。たとえば，美術館等の中庭や前庭である。ロダンの彫刻「考える人」が設置されている国立西洋美術館の前庭は，その「性質からして，本来，柵外から観覧させることを予定していないものであって，美術館の屋内と一体視すべき」であるとし，「屋外の場所」ではないとする見解がある[49]。これに対し，中庭や前庭も「建物の外」であることからシンプルに「屋外の場所」であるとする見解もある[50]。

　また，ショー・ウィンドウの内側に美術の著作物が設置されている場合について，ガラス越しに見えるとしても建造物の内部であるから「屋外の場所」に当たらないとする見解[51]と，写真撮影等による著作物の利用を事実上自由に行いうる状態にあり，かつ，展示者も一般公衆の観覧に供する目的でその場所に設置しているであろうから，屋外の場所に恒常的に設置されているのと変わらないことを理由に，「屋外の場所」に当たるとする見解がある[52]。

45　加戸・前掲注16）385頁，小倉＝金井コンメⅡ〔小倉〕・前掲注37）258頁。

46　加戸・前掲注16）385頁等。

47　加戸・前掲注16）385頁。

48　東京地判平13・7・25判時1758号137頁〔はたらくじどうしゃ〕参照。

49　加戸・前掲注16）386頁。作花文雄『詳解 著作権法＜第5版＞』（ぎょうせい，2018年）372頁も参照。

50　小倉＝金井コンメⅡ〔小倉〕・前掲注37）258頁。半田＝松田コンメ2〔前田〕・前掲注36）453頁も同旨であり，状況によって「一般公衆に開放された」または「一般公衆の見やすい」屋外の場所に当たらない場合があると述べる。

51　加戸・前掲注16）385頁～386頁。

52　田村・前掲注16）208頁，渋谷・前掲第2章注65）366頁，半田＝松田コンメ2〔前田〕・前掲注36）454頁～455頁，作花・前掲注49）373頁。

　これらのほか，駅や空港のコンコース，地下鉄の駅構内，公道のトンネル内，地下道，鉄道・高速道路の高架下等につき，「屋外の場所」に当たるか否かが議論されている[53]。

　次に，「一般公衆に開放されている」とは，一般公衆が自由に出入りできることをいう[54]。「一般公衆」といえるためには不特定人であればよく，多数人であるか少数人であるかを問わない[55]。入場に制限があれば「一般公衆」とはいえない[56]。しかし，入場に一定の要件（入場料の支払，記帳，規約への同意等）が課せられている場合でも，特別な資格や展示者との人的関係の有無が求められず，その要件を満たせば誰でも入場できるのであれば，「一般公衆に開放されている」といえると解されている[57]。

---

[53]　渋谷・前掲第 2 章注65）366頁，半田＝松田コンメ 2 〔前田〕・前掲注36）454頁，小倉＝金井コンメⅡ〔小倉〕・前掲注37）259頁。中山・前掲第 2 章注23）453頁も参照。

[54]　前掲注46と同じ。

[55]　小倉＝金井コンメⅡ〔小倉〕・前掲注37）259頁等。

[56]　加戸・前掲注16）385頁。著作権法は，「一般公衆」とは別に「公衆」という概念を用いているが，これを不特定人のほか，「特定かつ多数の者」を含む（ 2 条 5 項）。46条の適用において「一般公衆」は不特定でなければならず，多数であっても特定の人だけが出入りできるにすぎない場合は，同条は適用されないと解されている。

[57]　半田＝松田コンメ 2 〔前田〕・前掲注36）451頁，小倉＝金井コンメⅡ〔小倉〕・前掲注37）259頁。加戸・前掲注16）385頁も同旨であるが，「その敷地内における写真撮影等を全く自由に認めている」ことも求めているようである。

column

「屋外の場所」とは？
—45条 2 項と46条の趣旨を踏まえた解釈—

　本文で述べたように，「屋外の場所」であるか否かは議論が分かれており，判断が難しい。

　45条は，美術の著作物の原作品の所有者等は，その著作物をその原作品により公に展示することができると規定した上で（同条 1 項），美術の著作物の原作品を「一般公衆に開放されている屋外の場所」または「一般公衆の見やすい屋外の場所」に恒常的に設置する場合には，その所有者等といえども，なお著作権者の許諾を得なければならない（同条 2 項）という建付けになっている。これに対し，同法46条は，こうした「屋外の場所」に原作品が恒常設置されている美術の著作物につき，幅広く自由利用を認めている。著作権法は，これらの規定により，社会慣行として自由利用が広く期待される場面において美術の著作物を利用できることを明らかにする一方で，幅広い自由利用に供されることになる「屋外の場所」への設置について著作権者の意思を尊重することにより，著作権者の利益と著作物の公正な利用のバランスを図ったものと解されている[58]。

　学説の中には，これらの規定を踏まえて「屋外の場所」を解釈するものがある。たとえば，「入場料が徴収されていても，それが美術の著作物の鑑賞の直接の対価ではなく……，誰でも入場料を支払えば入場でき，しかも撮影等が制限されていない場所は，社会通念上，著作物の自由利用が認められると一般人が合理的に期待し，著作権者の通常の意思に照らして自由利用を容認していることが多く，しかも自由利用を認めることが社会通念に合致するから，『一般公衆に開放されている場所』に当たる」とする見解がある[59]。また，「屋外の場所」に当たるかどうかは「46条の趣旨か

---

[58]　東京地判平13・7・25・前掲注48)〔はたらくじどうしゃ〕。

[59]　半田＝松田コンメ 2 〔前田〕・前掲注36) 453頁。また，作花・前掲注49) 373頁，田村・前掲注16) 208頁等参照。

ら導く以外になく，公衆が自由に出入りできるような場所は，46条の適用
あるいは類推適用をすべきであろう」とする見解もある[60]。

　こうした解釈は，都市等の現実環境をデジタルデータ化する場面におい
ては，46条の文言を柔軟に捉え，適法に利用できる範囲を広く理解するこ
とに役立てることができる。しかしその一方で，入場料の有無とその趣旨，
撮影その他の利用が禁止されているかどうかという具体的事情を個々の美
術作品ごとに確認した上で許諾の要否を判断しなければならないという点
で，デジタルデータの中に極めて多数含まれうる美術の著作物の権利処理
を効率的に行うという意味においては難しい側面もあるといえる。そして
当然ながら，著作権者の利益に対する配慮も忘れてはならない。人の社
会・文化生活の場がリアルからバーチャルに移行し，または両者にまたが
る状況が今後加速していった場合，その場ないし空間を表現する建築物等
の権利者が合理的に収益を見込める市場もバーチャル空間へと拡大するか
もしれない。

　「屋外の場所」の意味に限らず，46条の解釈全般についていえることで
あるが，現実のニーズやユースケースに応じて，現実環境のデジタルデー
タ化を広範かつ効率的に認めることによる社会的な意義，バーチャル空間
における建築物等の市場の動向等を踏まえた著作権者に対する不利益の程
度等を類型的に整理し，45条および46条その他の権利制限規定の解釈ある
いは新しい権利制限規定の導入の必要性，権利処理の枠組み等を考えてい
かねばならない。

60　中山・前掲第 2 章注23）453頁。

「一般公衆の見やすい」屋外の場所とは,「誰もが見ようと思ったら自由に見ることができる」屋外の場所をいい,建物の壁画や屋上にある広告看板等がその例である[61]。柵で囲われている場所のように,見ようと思ったら見られなくはないが「自由な観覧を予定していない場所」は,「一般公衆の見やすい」場所に含まれないとする見解がある[62]。45条2項を通じた著作権者の意思を尊重し,かつ,一般人も自由利用を比較的期待しにくい状況であることを考慮した解釈であると思われる。これに対し,これらはともに「客観的な要件であるから,このように設置者の主観を解釈に織り込むのは適切ではない」とする見解がある[63]。

なお,「見やすい」対象は屋外の場所ではなく美術の著作物の原作品であることを指摘した上で,「『一般公衆の見やすい』場所に設置されたか否かは,一般公衆に開放されている場所から見て当該原作品を(望遠鏡等の特別な装置を用いることなく)容易に見ることができるかで判断すべき」であり,「原作品の大きさやその創作的な部分の性質によって変わってくる」と述べる見解がある[64]。

「恒常的に設置する」とは,「社会通念上,ある程度の長期にわたり継続して,不特定多数の者の観覧に供する状態に置くこと」を指し,土地や建物等の不動産に固着され,あるいは一定の場所に固定されることは必ずしも必要ではないとした裁判例がある[65]。同事件において,絵画(原告作品)が車体に描かれたバスは,「特定のイベントのために,ごく短期間のみ運行されるのではなく,他の一般の市営バスと全く同様に,継続的に運行されているのであるから,原告が,公道を定期的に運行することが予定された市営バスの車体に原告作品を描いたことは,正に,美術の著作物を『恒常的に設置した』というべきである」とした。

以上のとおり,美術の著作物の原作品が「前条第二項に規定する屋外の場所」に「恒常的に設置されている」という要件については,裁判例が乏しく,学説上も見解が一致していない点がいくつも残されている。したがって,現実

61　加戸・前掲注16)385頁。「一般公衆に開放されている屋外の場所」または「一般公衆の見やすい屋外の場所」という形でまとめて判断してはいるが,裁判例として,東京地判平13・7・25・前掲注48)〔はたらくじどうしゃ〕。

62　半田=松田コンメ2〔前田〕・前掲注36)454頁。

63　小倉=金井コンメⅡ〔小倉〕・前掲注37)260頁参照。

64　小倉=金井コンメⅡ〔小倉〕・前掲注37)259頁~260頁。

65　東京地判平13・7・25・前掲注48)〔はたらくじどうしゃ〕。

環境をデジタルデータ化する場合には，46条の適用を受けられない可能性が相当程度あることを念頭に，他の権利制限規定についても検討すべきである。

④　課題：販売目的複製（同条 4 号）の範囲

原作品が屋外恒常設置されている美術の著作物であっても，「専ら美術の著作物の複製物の販売を目的として複製し，又はその複製物を販売する場合」については，46条の権利制限を受けない（同条 4 号）。同規定は，公衆の行動の自由と著作権者の利益とを調整するための規定であるとされる[66]。

デジタルツインやAR クラウド等との関係では，次の 2 点が主に問題となるであろう。

第一に，現実環境に含まれる美術の著作物を再現したデジタルデータを，デジタルデータという無体物としてインターネットを通じて利用者にダウンロード，ストリーミング等の方法で利用させることが，46条 4 号にいう「複製物」の「販売」に当たるかという点である。

第二に，美術の著作物に該当する作品に限らず，それ以外の種類の著作物から著作物性がないものまで多数の構造物等が含まれる現実環境をデジタルデータとして再現し，これを第三者に利用させることが，「専ら」，当該美術の著作物の複製物の販売を目的として複製等する行為に当たるかという点である。

まず，同号の「販売」とは，不特定または多数の人（公衆）に対して有償で譲渡することをいい，たとえ宣伝目的があっても無償で譲渡するために複製物（たとえば販促カレンダー）を作成し，これを譲渡することは「販売」に含まれない。この点においては，概ね見解が一致している[67]。

しかし，ダウンロード販売等に関しては，「販売」には「複製物を貸与することやダウンロード販売することは含まれない」とする見解がある一方で[68]，「有体物である複製物の譲渡だけではなく，公衆送信によるいわゆるダウンロード販売（著作物の情報を端末にダウンロードした顧客が期間限定なく鑑賞等

66　東京地判平13・7・25・前掲注48）〔はたらくじどうしゃ〕。吉田広志「判批」小泉直樹ほか編『著作権判例百選（第 6 版）』（有斐閣，2019年）155頁。
67　加戸・前掲注16）389頁，田村・前掲注16）211頁，半田＝松田コンメ 2 〔前田〕・前掲注36）467頁～468頁，小倉＝金井コンメⅡ〔小倉〕・前掲注37）271頁参照。

できるようにする著作物の提供方法）を含むと解すべき」であり，また，有体物の公衆への有償貸与や公衆送信による期間限定の有料配信にも本号が類推適用されると解する見解もある[69]。後者の見解によれば，現実環境に含まれる美術の著作物を再現したデジタルデータをダウンロード，ストリーミング配信等の方法で有償提供する行為も「販売」に当たる余地がある。

　これらの点について判断した裁判例は見当たらない。前述した46条4号の趣旨を踏まえ，ダウンロード販売，ストリーミング配信等の方法による提供等を自由に認めることが，公衆の行動の自由を確保する利益を超えて著作権者に経済的不利益を及ぼすものであるかという観点からも検討する必要がある。

　次に「専ら」という要件につき，裁判例では，「著作物を利用した書籍等の体裁及び内容，著作物の利用態様，利用目的などを客観的に考慮して，『専ら』美術の著作物の複製物の販売を目的として複製し，又はその複製物を販売する例外的な場合に当たるといえるか否かを検討すべき」と述べられている[70]。この事件は，町を走る24種の自動車について，それぞれ見開き2頁を1単位として，写真と外観や役割等の説明文により幼児向けにわかりやすく解説した書籍のうち，表紙と本文14頁に，原告作品（絵画）が車体に描かれたバスの写真が掲載されているという事案であった。裁判所は，当該書籍が「各種自動車の写真を幼児が見ることを通じて，観察力を養い，勉強の基礎になる好奇心を高めるとの幼児教育的観点から監修されていると解されること，表紙及び本文14頁の掲載方法は，右の目的に照らして，格別不自然な態様とはいえないので，本件書籍を見る者は，本文で紹介されている各種自動車の一例として，本件バスが掲

68　小倉＝金井コンメⅡ〔小倉〕・前掲注37）271頁。この点，「複製」とは，「印刷，写真，複写，録音，録画その他の方法により有形的に再製すること」をいうと定義されている（2条1項15号）。このように，複製とは有形的な再製のみを指すことから，「複製物とは，著作物が複製され，無体物たる著作物を支持している有体物を指す」とする見解がある（「頒布」の定義規定（2条1項19号）の解釈に関してであるが，半田＝松田コンメ1・前掲注40）286頁〔齋藤浩貴〕）。このほか，たとえば47条の3第1項にいうプログラムの著作物の「複製物」は，その「所有者」がいることが前提となっていることから，媒体に記録された無体物であるプログラムではなく，その媒体が「複製物」となる（半田＝松田コンメ2・前掲注36）501頁～502頁〔田中成志〕参照）。

69　半田＝松田コンメ2〔前田〕・前掲注36）469頁。

70　東京地判平13・7・25・前掲注48）〔はたらくじどうしゃ〕。

載されているとの印象を受けると考えられること等の事情を総合すると，原告作品が描かれた本件バスの写真を被告書籍に掲載し，これを販売することは，『専ら』美術の著作物の複製物の販売を目的として複製し，又はその複製物を販売する行為には，該当しないというべきである」と述べ，著作権侵害を否定した。単に問題となった美術の著作物（原告作品である絵画）が他の著作物等と組み合わせられていることだけで同号該当性を否定したのではなく，書籍全体における原告作品の利用目的，位置づけ等を考慮して判断している点が重要である。

　学説においても，美術の著作物の複製物とそれ以外のものを組み合わせさえすれば「専ら」要件該当性が否定されるわけではなく，その組み合わせ全体としての商品の価値がもっぱら当該複製物の部分にあるといえるかによって判断されるという見解がある[71]。

　現実環境のデジタルデータ化に際しても，その目的，範囲，利用態様等に応じて個別具体的に「専ら」要件該当性を検討する必要がある。たとえば，数多くの建築物等が含まれる広範囲の都市全体をデジタルデータとして忠実に再現する中に実在する美術の著作物が含まれる場合には，そのデジタルデータ全体の価値がもっぱらその美術の著作物の部分にあると評価されるケースは限られるであろう。これに対し，屋外恒常設置されたランドマーク的な彫刻，モニュメント等を主とし，その周辺の限られた範囲内にある現実環境だけを付随的なものとしてデジタルデータ化して提供することにより，その彫刻，モニュメント等を中心とした舞台におけるキャラクターのアクションを鑑賞できるエンタテインメントサービスに活用できるようにするような場合には，そのデジタルデータ全体の価値がその彫刻，モニュメント等の部分にあるものとして「専ら」要件を満たすと判断されやすくなると思われる。

⑤　課題：「建築」の著作物の範囲

　前述②〜④のとおり，46条による権利制限の対象となる美術の著作物の範囲は，その「原作品」が一定の「屋外の場所」に「恒常的に設置」されているこ

71　小倉＝金井コンメⅡ〔小倉〕・前掲注37）270頁。半田＝松田コンメ2〔前田〕・前掲注36）468頁〜469頁も参照。

とを要するなどの限定がある。しかも，これらの文言の意義・範囲に関しては明確とはいえない点も多い。これに対し，建築の著作物については，少なくとも同条の文言上は，これらの限定がない。その意味で，ある構造物が「建築の著作物」と「美術の著作物」のどちらに当たるのかは，現実環境を再現するデジタルデータの生成と利活用をそれぞれ行う者にとって極めて重大な関心事となる。

しかし，著作権法には「建築」の定義がない。現行著作権法の立法担当者は，建築基準法の概念をそのまま流用することで，著作権法上の概念としうるものと考えていたとされる[72]。建築基準法は，「建築物」を概略次のように定義している（同法2条1号）[73]。

	「建築物」に該当するもの	備考・具体例
(i)	土地に定着する工作物のうち，屋根および柱または壁を有するもの	これに類する構造のものを含む。
(ii)	上記(i)に附属する門または塀	屋根がなくともよい。敷地内に上記(i)の建築物がなく，敷地を囲うだけの塀は，「建築物」に当たらない。
(iii)	観覧のための工作物	屋根がない観覧施設（野球場，競馬場，競技場等のスタンド）がこれに当たる。
(iv)	地下または高架の工作物内に設ける事務所，店舗，興行場，倉庫等	地下街の店舗・事務所，タワーの展望台，高架下の店舗等がこれに当たる。地下または高架の工作物自体は「建築物」に当たらないとされる。
(v)	建築設備	建築物に設ける電気，ガス，給水，排水，換気，暖房，冷房，消火，排煙もしくは汚物処理の設備または煙突，昇降機もしくは避雷針（同法2条3号）。

図表8　建築基準法上の「建築物」

72　松田政行『同一性保持権の研究』（有斐閣，2006年）103頁。

73　日本建築行政会議編『建築確認のための基準総則・集団規定の適用事例 2017年度版』（建築行政情報センター，2017年）12頁～27頁，谷村広一『世界で一番くわしい建築基準法 最新版』（エクスナレッジ，2021年）20頁～21頁，今村仁美＝田中美都『改訂版 図説やさしい建築法規』（学芸出版社，2021年）12頁～13頁等参照。

　上記(i)の建築物は，基本的には屋根があり，内部に人が出入りするものを想
定している[74]。「屋根」については建築基準法上も定義がないが，裁判例には，
「少なくとも雨覆の機能を果たすことがその最低限の要請であ」り，「下部空間
の用途等によって内容の異なる相対的な概念とみることは適当でない」とした
ものがある[75]。

　「土地に定着する」工作物とは，必ずしも物理的に強固に土地に緊結された
態様だけではなく，随時かつ任意に移動できる工作物ではない限り，工作物本
来の用法上，定常的に土地に載置されている態様も含まれる[76]。また，単に陸
上で土地に強固に結合された状態のみならず，水面，海底等に定常的に桟橋や
鎖等で定着された状態も含む[77]。

　また，個別に見れば建築物そのものではなくとも，「建物本体と構造的・機
能的に一体の関係にある」ものは，それを含めて「建築物」に該当すると解さ
れている[78]。

　もっとも，建築基準法の定義がそのまま「建築の著作物」の範囲を画するこ
とには必ずしもならない。建築基準法は，国民の生命，健康および財産の保護

74　内部に人が立ち入る点につき，「小規模な倉庫の建築基準法上の取扱いについて（技術
　　的助言）」（平成27年2月27日国住指4544号），「水素スタンドに設置する圧縮機等を収納す
　　る専用コンテナに係る建築基準法の取扱いについて（技術的助言）」（平成27年7月21日国
　　住指1445号）等参照。

75　広島地判平4・3・31日判時1453号121頁。東京地判平28・10・31（平25(ワ)23599）も参
　　照。屋根はないものの，代わりにパレットによって上部をほぼ覆う構造になっており，建
　　築基準法2条1号にいう「これに類する構造のもの」に該当し，「建築物」該当性を認め
　　た事例として，大阪地判平21・9・9（平18（行ウ）103等）がある。

76　神戸地判平17・7・20（平16（行ウ）36）（パチンコ店の付属駐車場として継続的に設
　　置・使用される目的で建設された駐車場であって，組み立ておよび解体が短時間ででき，
　　設置や解体して移築することが容易ではあるが，その大きさ，自動車の格納能力，諸設備
　　等に照らせば，解体せずにそのまま曳航移動することまでは予定しておらず，クレーンで
　　吊り上げてそのまま移動させることも困難であるものにつき，「土地に定着する」工作物
　　と認めた事例）。また，「仮設トイレの建築基準法上の取扱いについて（技術的助言）」（平
　　成16年9月13日国住指1551号），「コンテナを利用した建築物の取扱いについて（技術的助
　　言）」（平成16年12月6日国住指2174号）も参照。

77　「海洋建築物の取扱いについて（通達）」（平成元年1月19日建設省住指発5号）。

78　からぼりの周壁が「建築物」に含まれると判断された事例として，東京地判平29・1・
　　13（平28（行ウ）64）。東京地判平19・12・20裁判所ホームページ（平18（行ウ）586），
　　東京地判平19・1・16裁判所ホームページ（平17（行ウ）620等）も参照。

を図り，もって公共の福祉の増進に資することを目的として建築物に関する最低の基準を定める法律であるのに対し（同法1条），著作権法は，文化的所産の公正な利用に留意しつつ，著作者等の権利の保護を図り，もって文化の発展に寄与することを目的としており（同法1条），それぞれ法目的が異なるからである。著作権法46条も，同法の目的に沿うように解釈する必要がある。

　学説では，著作権法における「建築物とは，土地に定着する工作物のうち屋根や柱または壁をもつもの，及びその付属物をいう」とする見解もある一方で[79]，建築基準法の定義に限定されず，「橋や塔などの工作物，さらには庭園などもこれに含まれる」[80]，「土木工作物である橋梁・高速道・都市設計や庭園・公園等も含めて保護すべきものである」[81]などと広く捉える見解も多い。庭園については，建物，庭園および庭園に設置された彫刻が一体となって「建築の著作物」であると認められた裁判例[82]，また，庭園について2条1項1号により著作物性を肯定した上で，「本件庭園は建築物そのものではな」いと述べつつ，20条2項2号を類推適用した裁判例[83]がある。46条の適用に関しては，同条の趣旨に鑑み，一般公衆の自由な観覧に供されているものについては建築基準法の定義に捉われず広く適用または類推適用を検討すべきである[84]。この観点からは，建築基準法において「建築物」の定義から除外されている「鉄道及び軌道の線路敷地内の運転保安に関する施設並びに跨線橋，プラットホームの上家，貯蔵槽その他これに類する施設」も，著作権法上の「建築の著作物」から一律に除外するのは適切ではないと思われる。

79　阿部浩二「建築の著作物をめぐる諸問題について」コピライト467号12頁（2000年）。

80　半田＝松田コンメ1〔木村〕・前掲注40）576頁。加戸・前掲注16）129頁，斉藤・前掲注16）88頁，日向野弘毅『建築家の著作権』（成文堂，1997年）50頁等も参照。

81　東季彦監修『著作権法〔全訂二版〕』204頁〔久々湊伸一〕（学陽書房，1996年）。東海林保「建築物及び庭園を巡る著作権法上の問題に関する実務的考察」野村豊弘古希記念論文集『知的財産・コンピュータと法』293頁～294頁（商事法務，2016年）も参照。

82　東京地決平15・6・11・前掲注14）〔ノグチ・ルーム〕。

83　大阪地決平25・9・6判時2222号93頁〔新梅田シティ庭園事件〕。なお，同事件において債権者は，22条2項2号の「模様替え」につき，建築基準法の解釈をもとに主張を行ったが，同決定は「著作権法の定めを建築基準法と同一に考える必要もないから，債権者の主張は採用できない」としている。

84　中山・前掲第2章注23）453頁等参照。

　裁判例では，タコの形状を模した滑り台につき，著作権法上の「建築」に該当することは認めつつ，「建築の著作物」としての保護は認められないとした事例がある[85]。「建築」該当性を肯定するにあたり，同判決は，「『建築の著作物』の意義を考えるに当たっては，建築基準法所定の『建築物』の定義を参考にしつつ，文化の発展に寄与するという著作権法の目的に沿うように解釈するのが相当である」と述べた上で，「本件原告滑り台も，屋根及び柱又は壁を有するものに類する構造のものと認めることができ，かつ，これが著作権法上の『建築』に含まれるとしても，文化の発展に寄与するという目的と齟齬するものではないといえる」とし，「建築」に該当するとした。もっとも，「建築」の著作物に該当する場合，前述（本章②(2)②）のとおり著作物性が認められる範囲が限定されることに加え，46条のほか，20条2項2号等の「建築」ないし「建築物」に特有の規定が適用されることになるが，同判決がこれらについてどこまで検討した上で「文化の発展に寄与するという目的と齟齬するものではない」と判断したのかは詳しく述べられていない。この点は今後も検討課題として残ることになろう。なお，同判決は，当該滑り台が「美術の著作物」として保護されるか否かについても検討している。結論としてこれは否定されているが，このように「建築」と「美術」の著作物の二面性を持ちうる作品が46条の適用上どのような取扱いを受けるのかについても，裁判例上確立した考え方は示されていない[86]。

　以上のほか，(i)個人の邸宅内に設置されている五重塔や東屋のように一般公衆の観覧に供されていないもの[87]，(ii)建築物の内部構造[88]，さらには(iii)建築物

---

[85]　東京地判令3・4・28および知財高判令3・12・8・前掲注13)〔タコ滑り台〕。

[86]　前田哲男「複合的な性格を持つ著作物について」牧野利秋傘寿記念論文集『知的財産権法理と提言』976頁（青林書院，2013年）参照。田村・前掲注16)211頁は，「本条にいう『美術の著作物』と『建築の著作物』との関係は，前者が後者を包含する関係にあり，ゆえに，『建築の著作物』にも4号が適用される，と理解すべきである」とする。この点につき，半田＝松田コンメ2〔前田〕・前掲注36)470頁～472頁も参照。

[87]　加戸・前掲注16)387頁，中山・前掲第2章注23)453頁，作花・前掲注49)374頁～375頁，半田＝松田コンメ2〔前田〕・前掲注36)459頁～460頁等参照。

[88]　半田＝松田コンメ2〔前田〕・前掲注36)460頁参照。なお，46条の適用が問題となった文脈ではないが，東京地決平15・6・11・前掲注14)〔ノグチ・ルーム〕は，建物の一部を構成する「ノグチ・ルーム」と呼ばれる室内造作（大型の引き戸スチールサッシ，素材等が異なる三段の床，レリーフ彫刻などがあしらわれた壁面のテラコッタスタイルなど）も，建築の著作物（の一部）として認定されており，建築の著作物はその内部構造も含むものとして扱われている。

の内部構造ともいえるし，屋内にある独立した美術の著作物ともいえる構造物について46条が適用されるかは[89]，わが国において裁判例がなく，学説上も一致しておらず，今後の検討課題として残されている。

⑥　課題：美術および建築以外の種類の著作物

46条の適用を受けることができるのは，文言上，「美術の著作物」および「建築の著作物」のみである。したがって，現実環境に存在する言語，音楽，映画，写真等の著作物をデジタルデータ化した場合，46条によっては著作権侵害が否定されないことになる。このような区別に疑問を呈する見解もあるが[90]，同条を「美術の著作物」および「建築の著作物」以外の種類の著作物に適用することは少なくとも文言とは整合せず，また，現時点ではその是非を判断した裁判例も見当たらない。

都市等の現実環境には，美術および建築以外の種類の著作物も数多く存在しうる（たとえば，句牌等に刻まれた俳句は言語の著作物に，デジタルサイネージに映し出される広告映像等は映画の著作物に，ポスター，看板等に掲載された写真は写真の著作物に，それぞれ該当する可能性がある）。現行著作権法の下では，これらをデジタルデータとして再現することになる場合には，46条以外の権利制限規定の適用を受けられないか検討を要する。

(6)　付随対象著作物の利用

①　概　要

30条の2は，いわゆる「写り込み」に関する規定である。すなわち，メインの対象を複製または伝達しようとする際に，これに付随して著作物が取り込まれるような場合でも，同条の要件を満たせば，著作権侵害は成立しない。たとえば都市全体を3Dモデルとして再現する場合，現実の都市に含まれる彫刻・ポスター等の著作物も3D都市モデルの一部として再現されることがある。こ

89　参考になる米国の裁判例について，関真也「著作権法による建築デザインの保護とバーチャルリアリティ空間その他コンテンツ内利用—米国法の議論を参考に—」日本知財学会誌第17巻第2号29頁（2020年）参照。

90　中山・前掲第2章注23）453頁，半田＝松田コンメ2〔前田〕・前掲注36）450頁参照。

のとき，同条の適用について検討するべきことになる。

　同条は，46条と異なり，著作物の種類も設置場所等も問わない。したがって，これらの権利制限規定を組み合わせることによって著作権の問題を大部分カバーできる可能性がある。特に，工場内の製造工程のデジタルツインや屋内で提供されるARサービスなど，46条が適用されるかが明らかでないケースでは，30条の2の適用も検討すべきである。

②　要件・効果の概要

　一例として，現実の都市全体をメインの再現対象としてデジタルデータ化する際，その都市にある彫刻・ポスター等の著作物が当該デジタルデータの一部として取り込まれるケースを念頭に，同条の要件および効果を整理すると，**図表9**のようになる。

要件	(i)	複製伝達行為	都市全体をデジタルデータ化（すなわち，3DCG等として複製し，または複製を伴うことなく伝達すること）するにあたり，
	(ii)	付随性	その都市にある彫刻・ポスター等に係る著作物は，
	(iii)	軽微性	作成されるデジタルデータ全体のうち当該著作物の占める割合，当該著作物の再製の精度その他の要素に照らし，当該デジタルデータ全体において当該著作物が軽微な構成部分にとどまるのであれば，
	(iv)	正当な範囲	当該著作物の利用により利益を得る目的の有無，当該著作物を都市全体から分離することの困難性の程度，当該デジタルデータにおいて当該著作物が果たす役割その他の要素に照らし正当な範囲内において，
	(v)	著作権者の利益	当該著作物の種類および用途ならびに当該利用の態様に照らし著作権者の利益を不当に害することとならない限り，
効果			都市全体のデジタルデータ化に伴って，また，それによって作成されるデジタルデータの利用に伴って，いずれの方法によるかを問わず，当該著作物を利用することができる（すなわち，当該著作物の利用について，許諾がなくとも，著作権侵害は成立しない）。

図表9　30条の2の要件・効果

③　令和２年改正による適用対象の拡大

　令和２年改正により，30条の２によって適法に著作物を利用することができる範囲が広がった。主な改正点を整理すると，**図表10**のようになる。

　改正前は，写真の撮影，録音または録画の際に著作物が写り込む場合に限って同条の適用を受けることができたが，改正後は，CG化や複写，スクリーンショット，プリントスクリーン，生放送・生配信等を含めて，複製伝達行為全般に適用されるようになった。これにより，現実環境を3DCG等の形でデジタルデータ化することも同条の適用対象となった[91]。

　また，現実環境をデジタルデータとして再現するにあたっては，必ずしも当該現実環境に含まれるすべての構成要素が不可避的に再現されるわけではなく，取捨選択してモデリング等を行うことも可能な場合がある。この点，改正前は，撮影等の対象から分離困難なものが写り込む場合に限って同条が適用されることになっていたため（分離困難性要件），現実環境のデジタルデータ化において適用可能な場面に限定があった。しかし，令和２年改正により分離可能性は不要となり，「正当な範囲内」の利用であるか否かを判断する際の一考慮要素として位置づけられることとなった。この点においても，現実環境のデジタルデータ化を適法に行いやすくなっている。

　さらに，「付随」という文言からは，メインの被写体と写り込んだ対象とは別物であることが前提であると解釈される可能性がある。このため，改正前においては，街の雑踏を本来の対象として撮影した写真の中にポスターが写り込んだ場合，ポスターは本来の被写体である雑踏の一部であり，これに「付随して」写り込んだ他の事物ではないとして，同条の適用を受けられないと解される余地があった。この点，改正後は，メインの対象物の一部を構成するものとして付随的に複製伝達行為の対象となる著作物についても，同条により利用可能な著作物であることが明記された。これにより，都市全体をメインの再現対象としてデジタルデータ化する際，その都市にある彫刻・ポスター等の著作物

91　バーチャル空間内でアバターがバーチャルのスマートフォンを用いて自撮りをした場合，アバターの背景に他人の著作物が写り込む場合がありうる。このような行為も，令和２年改正後は「複製伝達行為」に該当し，著作権法30条の２によって適法になる場合があると考えられる。

が当該デジタルデータの一部として取り込まれるケースにおいても，同条により適法となりうることが明確化された。ただし，あくまで，その一部が付随的に取り込まれることが必要である。たとえば，その彫刻・ポスター等を主たる再現対象とする意図がある場合には，同条により適法に利用できない可能性がある。また，多数の著作物で構成される集合著作物・結合著作物全体をメインの再現対象とする場合は，たとえ個々の著作物は全体の中で軽微の構成部分に

	改正点	改正前	改正後
適法に行える行為の範囲	対象となる行為	写真の撮影・録音・録画のみ （写真の撮影等）	事物の影像もしくは音声を複製し，または複製を伴うことなく伝達する行為全般に広がった （複製伝達行為）
	著作物の創作行為である必要性	写真の撮影等が著作物の創作である必要があった	その必要がなくなった
	適法に行える利用の方法	複製および翻案のみ	公衆送信（送信可能化を含む）・演奏・上映等を含めて，方法を問わず利用できるようになった
利用できる著作物の範囲	分離困難性の要否	撮影等しようとする事物・音から分離困難な事物・音が写り込む場合に限られていた	分離困難であることは不要になった ※付随性は改正前から必要
	軽微性の考え方	軽微性は改正前から必要だったが，それを判断する指標等は規定されていなかった	「軽微」な構成部分かどうかの考慮要素が例示された（「著作物の占める割合，再製の程度その他の要素」）
	被写体の一部を構成する事物・音の取扱い	条文上明らかではなかった	利用できる著作物に含まれうることが明記された
「正当な範囲内」の利用に限られるか		条文上限定はなかった	「正当な範囲内」の利用に限って適用されることが明記された

図表10　令和 2 年改正の概要

とどまるとしても，同条により適法に利用できない可能性がある（したがって，多数の彫刻等が設置された空間を対象としてデジタルデータ化するような場合には注意を要する）[92]。

④　「付随性」要件の考え方

　令和2年改正後であっても，個別具体的なケースに応じて，30条の2の各要件該当性を慎重に判断する必要はある。ここでは，付随性の要件との関係で，デジタルツインとARクラウドそれぞれの場面に応じ，次の問題意識を挙げておきたい。

　まずデジタルツインにつき，たとえば製造工程の中で部品の故障等のトラブルが生じた時に，製造工程のあらゆる箇所に設置されたセンサによってそのトラブル箇所を瞬時に特定し，工場作業員が持つ端末上でその箇所を表示して必要な対処を指示することにより，迅速かつ適切に復旧することを目的として，製造設備を含む工程全体をデジタルツインとして再現した場合，その一部は全体に「付随して」対象となったといえるか。この場合，たしかに各箇所は全体を再現する中の一部にすぎない。しかし，故障等のトラブルはあらゆる箇所で生じうるのであり，それを瞬時に検出して対応するのがこのデジタルツイン作成の目的である。とすれば，たとえごく一部であろうと，当該目的との関係では，製造工程全体の中のすべての部分が主たる対象なのであり，付随して対象となったとはいえないという考え方が成り立ちうる。都市のデジタルツインその他の活用場面でも，同様の問題は生じうる。

　次にARクラウドにつき，ARサービスの提供場所とした一定範囲の現実環境のうち，ユーザがどの位置に所在するかを常に把握することが必要な場合がある。たとえば，指定の順路に従ってユーザが移動することを想定してARコンテンツを配置し，その順路を外れた場合にアラートを発するような場合である。この場合，当該ARサービス提供の目的との関係では，ユーザがどこへ行ってもその位置を随時把握するために，当該現実環境全体を点群データ等とし

92　「写り込みに係る権利制限規定の拡充に関する報告書（案）」8頁（文化審議会著作権分科会法制・基本問題小委員会（第4回）資料1-2）（文化庁ホームページ）参照。

て再現する必要がある。とすれば，たとえごく一部であろうと，当該目的との
関係では，当該現実環境の中のすべての部分が主たる対象なのであり，付随し
て対象となったとはいえないという考え方が成り立ちうる。また，現実環境に
存在する特定の著作物にARコンテンツを配置した場合，当該著作物の点群デー
タは当該ARサービスの提供において位置合わせをするのに必要だから，付
随して対象となったとはいえないという考え方が成り立ちうる。

　以上のように，現実環境を再現する目的に照らして，個別具体的に付随性の
有無を検討することが重要であり，必要に応じて他の権利制限規定の適用の有
無または適切な許諾を得ることを検討すべきであると考えられる。

⑤　「軽微性」要件の考え方

　軽微性の要件は，複製伝達行為により作成等されるものにおいて著作物が占
める割合，再製の精度その他の要素に照らして判断される。これらの要素は，
再現する現実環境の範囲，その再現の目的等に応じて異なるであろうから，個
別具体的なケースに応じて判断する必要がある。

　たとえば，スマートシティや建設現場，製造工程のデジタルトランスフォー
メーション（DX）などのように，再現する現実環境の範囲が広ければ広いほ
ど，そこに含まれる個々の著作物が占める割合は小さくなるから，軽微性は認
められやすくなるであろう。また，ARサービスを提供するにあたって位置合
わせのために現実環境の点群データを作成する場合，位置合わせという目的を
達成するために必要な再現の精度は比較的低く済むであろう。同様に，街中で
の時間帯，天気等に応じた人の流れや混雑具合等を分析・予測するためには，
人の場所や動きを把握できる限りで現実環境を再現すればよく，精度を高める
必要性は低い場合があると思われる。これらの場合には，現実環境を再現する
目的を達成できる範囲で精度を調整することにより，軽微性の要件を満たしや
すいよう工夫することができる（そもそも複製または翻案にも当たらない精度
となる場合もあろう）。

　これに対し，街をバーチャル空間として忠実に再現しようとした場合，そこ
に含まれる著作物の再製の精度は高いものとなりうる。とりわけ，アバターと
して街を自由に探索することができるバーチャル空間の場合は，その街にある

彫刻等を 3DCG として忠実に再現し，さまざまな距離，角度等から鑑賞できるようにすることも可能であろう。極端にいえば，現実空間であるかバーチャル空間であるかが違うだけで，ユーザの体験としては現実空間でその彫刻等を鑑賞するのとさほど変わらないケースがあるかもしれない。こうなると，著作権者の利益との関係で，その利用が「軽微」であるとは認められにくい場合も出てくると思われる。こうした場合には，バーチャル空間全体の中で当該彫刻等が占める割合，バーチャル空間全体の利用時間の中で当該彫刻等をユーザが鑑賞する時間の割合，バーチャル空間全体のテーマとの関係での当該彫刻等の重要性等を考慮して「軽微」といえるかを検討したり，なるべくアバターが当該彫刻等に近づかないと精度の高い 3DCG として表示されないなどの制限を加え，「軽微」と認められやすいよう工夫することに加えて，他の権利制限規定の適用または許諾を受けられるかを検討すべきことになる[93]。

⑥ 「正当な範囲内」要件の考え方

令和 2 年改正により，分離困難性は不要となった。しかし，これだけでは著作権侵害が成立しないと判断されうる「写り込み」の範囲が非常に広がり，著作権者の利益が不当に害されるおそれがある。このような事態が生じる代表例としては，たとえば，すでにライセンス市場が形成されている場合や，自ら利益を得る目的で他人の著作物を意図的に利用する場合のように，権利者から許諾を得て利用することが可能かつ合理的と考えられる行為が無許諾で行われる場合が挙げられる[94]。

93　この軽微性は，「利用行為の態様に応じて客観的に要件該当性が判断される概念であり，当該行為が高い公益性・社会的価値を有することなどが判断に直接影響するものではない」とされる（「写り込みに係る権利制限規定の拡充に関する報告書（案）」・前掲注92）9頁）。

94　「写り込みに係る権利制限規定の拡充に関する報告書（案）」・前掲注92）7頁。

《参考：すでにライセンス市場が形成されているとされるケースの例》

> - テレビ番組やインターネット動画等のBGMとして楽曲を意図的に利用する行為
> - ブライダルの記録用ビデオを作成する際に楽曲が重要な要素となる主要場面（例：入場，乾杯，ケーキ入刀，プロフィール紹介のビデオ上映，余興）で流れる楽曲を収録する行為
> - ネット配信の視聴者数を増大させて利益を得る目的で，有名キャラクターのフィギュアや有名画家の絵画などを意図的に配置して写し込む行為
> - ゲームをプレイする動画をネット配信する際に，当該ゲームの影像・画像を利用する行為

　そこで，令和2年改正では，本条により適法に行いうる利用を，「正当な範囲内」のものに限定した。「正当な範囲内」の利用であるか否かを判断するに際しては，当該著作物を主たる対象から分離することの困難性の程度のほか，著作物の利用により利益を得る目的の有無，複製伝達行為により作成等されるものにおいて当該著作物が果たす役割その他の要素が考慮される。

　現状，XR固有の文脈においてライセンス市場が形成されたと明確にいえる場面は多くないかもしれない。このため，関連する市場の状況も参考にしつつ検討することになるであろう。たとえば，入館料の支払が求められる美術館の館内およびそこに設置されている彫刻，絵画等の著作物をバーチャル空間内で再現することは，「正当な範囲内」の利用とは認められにくいと思われる。

3 著作者人格権の処理

⑴ 同一性保持権とは

　ここでは，現実環境を再現するデジタルデータの作成段階において問題となりやすい同一性保持権について検討する。デジタルデータの対外的な利用の段階において問題となりやすい各種著作者人格権の問題については，第4章 ③

をご参照いただきたい。

　著作者の意に反してその著作物または題号の変更，切除その他の改変をした
場合，原則として同一性保持権侵害となる（20条1項）。ただし，次のいずれ
かに該当する改変については，同一性保持権侵害は成立しない（同条2項各
号）。

- 一定の場合における用字または用語の変更その他の改変で，学校教育目的上やむを得ないと認められるもの（1号）
- 建築物の増築，改築，修繕または模様替えによる改変（2号）
- 特定の電子計算機においては実行しえないプログラムの著作物を当該電子計算機において実行しうるようにするため，またはプログラムの著作物を電子計算機においてより効果的に実行しうるようにするために必要な改変（3号）
- そのほか，著作物の性質ならびにその利用の目的および態様に照らしやむを得ないと認められる改変（4号）

---

(2) 「改変」

　同一性保持権を侵害する行為とは，「他人の著作物における表現形式上の本
質的特徴を維持しつつその外面的な表現形式に改変を加える行為をいい，他人
の著作物を素材として利用しても，その表現形式上の本質的な特徴を感得させ
ないような態様においてこれを利用する行為は，原著作物の同一性保持権を侵
害しない」と解されている[95]。したがって，同一性保持権侵害の成立には，複
製権・翻案権の侵害の場合と同様（前述 2 (3)），現実環境に存在する著作物を
再現したデジタルデータにおいて当該著作物の表現上の本質的な特徴部分が残
存していることが最低限必要といえる。

　現実環境のデジタルデータ化が「改変」に当たるかについては，用いる技術
によって違いが生じうる。たとえばフォトグラメトリによって現実環境を

---

[95] 　最判平10・7・17判時1651号56頁〔雑誌「諸君！」〕。最判昭55・3・28民集34巻3号
　　244頁〔パロディモンタージュ〕も参照。

3DCGとして再現する場合，高精細な写真的再現が可能であるため，「改変」にならない場合もあろう。これに対し，点群データは現実環境の完全な再現ではなく，点の集合による再現であるため，著作物との違いが生じやすい。他人の著作物の表現上の本質的な特徴部分が点群データに残存するケースも皆無とは言い切れない。また，著作物である建築物，公園等の空間の一部を切り出すこと自体，「改変」に当たると評価される可能性があるところ[96]，SLAM技術により点群データを作成する場合，レーザスキャンまたはカメラ撮影の対象となった部分から順次点群データ化されていき，必ずしも著作物全体を点群データ化するとは限らない。したがって，点群データの作成によって著作物が「改変」されることはありうる。

⑶　「意に反して」

従来の通説によれば，同一性保持権は著作者のこだわり・愛着等を保護するものであり，「意に反」する改変であるか否かは「著作者の主観的判断が大きなウエートを占め」るとされる[97]。しかし，これを徹底すると著作物の利用・流通に多大な不都合が生ずるおそれがある[98]。そこで，同一性保持権侵害の例外規定である20条2項各号の柔軟な運用や，権利濫用・黙示の同意等の一般法理を駆使し，妥当な結論を得る方向性が模索されている。

裁判例の中には，「同一性保持権は，著作者の精神的・人格的利益を保護する趣旨で規定された権利であり，侵害者が無断で著作物に手を入れたことに対する著作者の名誉感情を法的に守る権利であるから，著作物の表現の変更が著作者の精神的・人格的利益を害しない程度のものであるとき，すなわち，通常

96　横浜地判平20・11・28判時2033号52頁は，「被告は，本件マンションの建物部分には著作物性がなく，この部分のみを切り出して使用することは同一性保持権の侵害とならない旨主張するが，本件完成予想図全体に著作物性が認められる以上，その一部を切り出すこと自体が問題となるのであるから，被告の上記主張は失当である」と述べている。他方，作花・前掲注49）396頁および397頁は，著作権法50条に関する記述の中で，「切除して切り出された部分の利用について，元の著作物の一部分であることが明らかであるような場合には，同一性保持権の保護法益が損なわれるものではない」と指摘する。

97　加戸・前掲注16）182頁。

98　中山・前掲第2章注23）621頁。

の著作者であれば，特に名誉感情を害されることがないと認められる程度のものであるときは，意に反する改変とはいえず，同一性保持権の侵害に当たらないものと解される」と述べ，「意に反する」改変に当たる場合を限定するものもある[99]。

(4)　「やむを得ないと認められる改変」

「やむを得ない」という文言から，20条2項4号によって同一性保持権侵害が否定されるためには，単に改変することが必要かつ合理的であるというだけでは足りず，現実に選択された改変の方法が唯一の方法であったことまで要求されることがある[100]。

前述のとおり，特に点群データとして現実環境を再現する場合，「改変」が生じる場合が多い。しかし，これは技術の性質上当然に生じてしまう改変である。にもかかわらず常に同一性保持権侵害が認められるとすれば，SLAM等を用いた点群データ作成技術の発達および活用が阻害されるおそれがある。このような技術的制約から生じる改変については，「やむを得ないと認められる改変」（20条2項4号）として許容されるかを検討すべきであろう[101]。

この点，実演家人格権としての同一性保持権に関してであるが，MP3等の圧縮フォーマットを利用して楽曲の音声を圧縮して配信したこと等につき，「音声の圧縮によって本件楽曲の音質が一定程度変化することについては被告らも認めるところであるが，配信時のデータの圧縮に伴う技術的な制約によるものであって『やむを得ないと認められる改変』（法90条の3第2項）に当たるというべきである」と判示した裁判例があり，参考になる[102]。このほかに参考になるものとして，写真をCD-ROMから紙媒体に転用したことについて同

99　東京地判平18・3・31判タ1274号255頁。

100　知財高判平22・3・25判時2086号114頁〔駒込大観音〕。東京地判平18・3・31判タ1274号255頁は，同項4号にいう「やむを得ないと認められる改変」に該当するというためには，「著作物の性質，利用の目的及び態様に照らし，当該著作物の改変につき，同項1号ないし3号に掲げられた例外的場合と同程度の必要性が存在することを要する」と述べる。

101　中山・前掲第2章注23）634頁，小倉秀夫＝金井重彦編著『著作権法コンメンタールⅠ＜改訂版＞』（第一法規，2020年）494頁〔山本順一〕。

102　東京地判平28・2・16判時2346号116頁。

一性保持権侵害の成否が争われた事案において，「本件写真をディスプレイ上に映した映像と本件雑誌に掲載された写真を対比すると，媒体が異なることから両者は全く同一であるとはいえないものの，本件雑誌の写真は本件写真をかなり忠実に再現しており，本件雑誌の写真がディスプレイ上の映像よりも特に質的に劣るとも認められない」として，同一性保持権侵害を否定した事例や[103]，記事をホームページに転載するに際し，当該記事の写真部分を切除したことにつき，「本件転載は，基本的に，本件記事の本文部分を1文字ずつ入力する方法でされたものであるところ……，その文字情報の中に写真の画像を再製することは必ずしも容易なこととはいえない（上記入力方法によっては，画像を入力することができない。）から，本件転載に当たって同写真部分を切除したとしても，その著作物の性質上，やむを得ない改変である（著作権法20条2項4号）ということができる」とし，同一性保持権侵害を否定した事例がある[104]。

　また，描画処理の負担を軽減してスムーズな表示を実現するため，オブジェクトのポリゴン数を削減することもよく行われる。これによってオブジェクトの外観が粗くなるなどの変更が生じることも，「改変」として問題となりうる。これについても，複製または翻案に当たらないように変更されるよう調整するという方向性とともに，技術的な要請に伴う「やむを得ないと認められる改変」として許容されるかを検討することになろう。

4　標識法の検討

　建築物その他の現実環境をデジタルデータとして再現する際に，それらに付された商標等も含めて再現することがある。場合によっては，建築物等の外観自体が商標等として保護されている場合もある。そして，そのデジタルデータをダウンロード形式で商品として販売し，またはストリーミングサービスによって提供する行為は，商標の「使用」に当たりうる（第2章①(5)④参照）。これについて商標権侵害が成立するかどうかは，商標法26条1項6号により，商

103　東京地判平11・3・26判時1694号142頁〔Dolphin Blue〕。
104　東京地判平22・5・28裁判所ホームページ参照（平21(ワ)12854）。

標権の効力が及ばないといえるかによるところが大きい。すなわち，その商標が，「需要者が何人かの業務に係る商品又は役務であることを認識することができる態様により使用されていない」のであれば，商標権侵害は成立しない。

　これは，その商標が具体的にどのような目的，方法等で使用されているかによる。たとえば，現実と同じ環境を舞台とする映画・ゲーム等のコンテンツ内で，現実環境と同じ商標を再現している場合，それを見る人が現実環境の再現であることを容易に認識できるのであれば，商標権侵害は成立しないと考えられる。そのコンテンツ中に再現された商標を見て，「あの会社がこのコンテンツを提供している」などとは誤解しないからである。都市，製造工程等をシミュレーションするためのデジタルツインとして，現実環境において商品，看板等に付された商標を再現する場合も同様に考えられる。

　これに対し，無関係の第三者が，商業施設を，その商標が付された看板等とともにVR空間内に再現して，その商業施設で実際に販売されている商品と同種の商品を販売した場合は，商標権侵害が成立する可能性があると考えられる。この場合，需要者は，再現された商標を見て，VR空間内の商品・役務が誰によって提供されているのかを判断し，誤認混同を生ずる可能性が高いからである（「あの商業施設がVR空間でも事業を始めたのか」と誤解するおそれがある）。商標権の場合には，再現された商標を使用して提供される商品・役務がその登録商標の指定商品・役務と同一または類似であるかが問題となるが，不正競争防止法2条1項1号・2号では，その点は問題とならない（第2章 ①(6)参照）。

　この点に関連し，米国の裁判例では，実際にある店舗の名称に似た名称の店舗をテレビゲーム内に登場させた行為につき，商標権侵害は成立しないと判断した事例[105]，"Humvee"と呼ばれるトラックをゲーム内に登場させた行為につき，現代の戦争をシミュレートするビデオゲームに軍事作戦で実際に使用されている車両を登場させることは，軍人をコントロールし，コンピュータで生成

---

[105]　E.S.S. Entertainment 2000, Inc. v. Rock Star Videos, Inc., 547 F.3d 1095 (9th Cir. 2008). 同判決を含め，標識法と表現の自由の関係に関する米国の裁判例等につき，平澤卓人「表現規制としての標識法とその憲法的統制(3)」知的財産法政策学研究52号185頁（2018年）が詳しい。

された戦場で戦うプレイヤーに現実感と臨場感を喚起させるものであり，芸術的な関連性がある上，混同のおそれもないとして商標権侵害を否定した事例[106]等がある。

106　AM General LLC v. Activision Blizzard, Inc., 450 F.Supp.3d 467（S.D.N.Y. 2020）.

第 4 章

AR と知的財産権

1　ARの特殊性

　ARは，現実世界の情報とバーチャル世界の情報を融合させる点に特徴を有する。この特徴から，その利用の仕方によっては，知的財産法上の新たな問題点を生じさせることがある[1]。たとえば，現実に存在する既存の著作物に，ARを用いてバーチャルの情報を付加する場合について考えてみよう。2017年3月，ニューヨークのウォール街で，雄牛像「Charging Bull」に向かい合い，両手を腰に当てて立ちはだかる「Fearless Girl」という少女の銅像が設置されたことについて著作権侵害等の問題が提起されたことが話題となった。ここで，「Fearless Girl」の銅像を現実に設置するのではなく，現実の「Charging Bull」をスマートフォンのカメラで捉えたときに，スマートフォンの画面に映し出された「Charging Bull」と向かい合うように，デジタル情報である「Fearless Girl」の画像が画面に映し出されるアプリを開発し，一般に提供したとしよう。この場合，「Charging Bull」に係る著作権を侵害するか[2]。

　この場合，現実環境に存在する作品である「Charging Bull」の像そのものには，何らの物理的改変も加えられていない。さらに，スマートフォンの画面上に映し出された「Charging Bull」は，スマートフォンに搭載されたカメラを通じて画面上に映し出されるにすぎず，デジタル情報である「Fearless Girl」とともに映し出された画面の写真を撮影して保存するなどの操作がされない限り，「Charging Bull」が有形的に再製されるものではない。また，サーバから送信されるのは，ARコンテンツとして付加されるデジタル情報である「Fearless Girl」の部分のデータだけである。

　しかし，現実の作品とデジタル情報との関係性によっては，デジタル情報の

1　ARと知的財産権に関する論文として，松永章吾「ARアプリケーションコンテンツに生じている商標権および著作権侵害について」日本知財学会誌15巻3号25頁（2019年）がある。
2　わが国著作権法によれば，46条により著作権侵害が否定されうる事例である（同条については第3章②(5)参照。同条4号の解釈および具体的な状況次第では，もっぱらCharging Bullの複製物をストリーミング等の方法で有償提供することを目的として複製等する行為として，著作権侵害が否定されない余地もある）。ARと知的財産権の関係を考察するための仮の事例としてご理解いただきたい。

付加によって，現実の作品の画面上の見え方やメッセージが影響を受けることもある。「Charging Bull」は，1987年の株式大暴落（ブラックマンデー）を受け，アメリカのパワーの象徴として制作，設置された銅像とされる。他方，「Fearless Girl」は，女性の役員登用を企業に促すことなどを呼びかける目的で設置したものであるとされる。「Charging Bull」の作者側は，前向きなシンボルとして制作した雄牛像が，「Fearless Girl」の設置により，脅威の象徴などネガティブなイメージに歪められたと主張していた。

　加えて，設定や使用端末等によっては，ARのユーザは，現実環境に存在する他人の著作物と，当該端末の画面上に映し出されたものとを同時に認識することできるという点も，知的財産権侵害の成否その他多くの事項を検討するにあたって重要となるARの特徴である。

2 著作権の処理

(1) 概　要

　前述第1章③(2)で概観したARの基本的技術を前提にすると，ARを実現する過程における以下の各ステップで，著作権の処理が問題となる（以下，本章②および③における条文番号は，特に断らない限り著作権法のものを指す）。

ステップ	内　　容
ステップA	マーカとして登録するステップ（マーカベース手法の場合），または位置合わせに利用する物体の三次元モデルのデータベースを作成するステップ（モデルベース手法の場合）
ステップB	ARコンテンツを登録するステップ
ステップC	端末の画面上で，現実環境に存在する著作物に合わせてARコンテンツを表示するステップ

図表1　AR実現の過程

　ステップAおよびBで問題となるのは，他人の著作物をマーカもしくは三次元モデルまたはARコンテンツとして登録等する場合である。たとえば，他人

が創作した絵画をマーカとし，当該絵画を起点として取り込んだ動画をARコンテンツとして登録することにより，端末のカメラで当該絵画を映し出すと，当該端末の画面上で，当該絵画の中の人物等が動き出すという演出が可能となる。この場合，当該絵画は他人の著作物であり，また，当該動画も当該絵画の二次的著作物である。したがって，それぞれのデータを無断で制作し，ARシステムに登録する行為は，複製権または翻案権（ステップBについてはこれに加えて送信可能化を含む自動公衆送信権）に抵触しうる。

　ステップAおよびBに関して適用を検討すべき権利制限規定としては，次のものが考えられる。まず，他人の著作物を位置合わせに使用するマーカまたは三次元モデルとするためにそのデータを作成してシステムに登録し，これをトリガーとして自己の著作物をARコンテンツとして表示，再生等させるための設定を行う場合，30条の4，46条，30条の2等の適用を検討すべきである（第3章 ② (4)〜(6)）。

　ステップCにおいては，次に示すARの特性に即して検討する必要がある。

特性	内　容
(a)	現実環境に存在する他人の著作物自体には，何らの物理的改変も加えられない。
(b)	ARを実現するシステムのサーバから端末に送信されるのはARコンテンツのデータのみである（ARコンテンツとともに提示される他人の著作物は，端末のカメラを通じて映し出されるか，またはハーフミラーなどを透過して視認される現実環境そのものである）。
(c)	当該他人の著作物とARコンテンツの関係性によっては，ARコンテンツの付加によって，当該他人の著作物の画面上の見え方やメッセージが影響を受けることがある。

図表2　ARの特性

　「Charging Bull」（トリガーとする他人の著作物）と「Fearless Girl」（ARコンテンツ）のように，画面上に表示される，他人の著作物とARコンテンツを一体に組み合わせた1つの作品によって新たな思想・感情を表現する作品を表示する場合については，複製・翻案の成否および各種権利制限規定の適用を

検討するにあたり，複雑な問題を生じる可能性がある。そこで，ステップCについては次項以下で詳しく検討する。

(2)　複製・翻案

①　議論の整理

　現実環境に存在する他人の著作物にARコンテンツを付加して表示することが複製権等を侵害するかについては，端末が採用する技術によって考え方が異なる。まず，カメラを通じて現実環境を提示するのではなく，ハーフミラー等を用いて，透過して見える現実環境と付加されるARコンテンツを同時にユーザに提示する「光学式シースルー方式」の場合，現実環境に存在する他人の著作物を有形的に固定することはない。また，サーバから端末に送信されるのはARコンテンツのみである。したがって，複製権侵害ではなく翻案権侵害のみが問題となると考えられる。翻案権侵害においては有形的固定が要件ではなく，二次的著作物を創作すれば成立しうる。

　これに対し，カメラから入力される画像情報に，サーバから取得するARコンテンツを合成し，画面上で当該合成画像の出力および更新を繰り返す「ビデオシースルー方式」の場合，当該合成画像（の一部）として著作物が一時的に固定される場合がある。したがって，この場合は翻案権侵害のみならず複製権侵害の問題も生ずる。ただ，これについては，個々の合成画像が反復して利用されるものではなく，画面が更新されるにつれて瞬間的に消去されていくようなものであれば，規範的に見て「複製」に当たらないと解釈しうる。また，47条の4第1項による権利制限の対象になるとも解しうる。

　したがって，端末がいずれの技術を採用している場合であっても，主として問題となるのは複製権侵害ではなく，翻案権侵害であると整理できる。

　なお，ステップBで登録されたARコンテンツが当該他人の著作物を複製または翻案したものでない限り，ステップCにおいて当該ARコンテンツを端末に送信する行為は，当該他人の著作物に係る公衆送信権を侵害しない。前述の「Charging Bull」と「Fearless Girl」の事例では，サーバから端末に送信されるのはARコンテンツである「Fearless Girl」のデジタル情報のみであり，他人の著作物である「Charging Bull」のデータは送信されていないから，

「Charging Bull」に係る公衆送信権を侵害することにはならない。他方，他人の著作物をARコンテンツに取り込んだ手法を用いる場合のように，ARコンテンツがすでに他人の著作物を複製または翻案したものであるといえるときには，当該ARコンテンツのデータをサーバから端末に送信することは，当該他人の著作物に係る公衆送信権またはその原著作者が当該ARコンテンツについて有する権利を侵害する（23条，28条）。

　以上の整理を踏まえ，以下では，ステップCにおける翻案権侵害の成否について検討する。

②　翻案権侵害の考え方

　絵画，写真，映像その他の作品形態では，自己の著作物が，その表現自体には変更を加えられることなく，他の要素が付加された他人の作品に無断で取り込まれた場合，著作権者としては，複製権侵害を理由として差止請求等をすることができる場合が多い。当該作品中，自己の著作物が再製された部分のみを抽出して侵害の主張を構成すれば，自己の著作物が，具体的表現に修正，増減，変更等が加えられず，新たな創作的表現が付加されないままに，有形的に再製されていると評価できるからである。

　しかし，ARの場合は事情が異なる。前述のとおり，端末の画面上に当該他人の著作物を提示する過程において，当該他人の著作物が有形的に再製されるものではないため，複製権侵害は成立しない場合があるからである。この場合，ステップCに関して侵害の成否を検討すべき支分権は翻案権ということになる。すなわち，他人の著作物そのものには何らの変更も加えられていないにもかかわらず，当該他人の著作物にARコンテンツを付加し，両者を組み合わせて同時に画面上に提示する行為が，当該他人の「著作物に依拠し，かつ，その表現上の本質的な特徴の同一性を維持しつつ，具体的表現に修正，増減，変更等を加えて，新たに思想又は感情を創作的に表現することにより，これに接する者が既存の著作物の表現上の本質的な特徴を直接感得することのできる別の著作物を創作する行為」[3]といえるのかという問題である。

3　最判平13・6・28・前掲第3章注26）〔江差追分〕。

この点，編集著作物（12条1項）のように，素材の選択または配列によって創作性を有するものは，それら全体として著作物と認められる。このとき，素材そのものに対して変更が加えられている必要はないと解される。

また，裁判例によれば，それぞれ別個独立の著作物たりうる複数の作品は，両者の位置，形状等の相互関係次第では，同時に，一体的な1つの著作物でもあると評価される場合がある[4]。ノグチ・ルーム事件決定[5]は，「彫刻については，庭園全体の構成のみならず本件建物におけるノグチ・ルームの構造が庭園に設置される彫刻の位置，形状を考慮した上で，設計されているものであるから，谷口及びイサム・ノグチが設置した場所に位置している限りにおいては，庭園の構成要素の一部として上記の一個の建築の著作物を構成するものであるが，同時に，独立して鑑賞する対象ともなり得るものとして，それ自体が独立した美術の著作物でもあると認めることができる」とする。

こうした考え方によれば，ARの場合においても，他人の著作物とARコンテンツという素材の選択または配列に創作性が認められれば，その全体として新たな1つの著作物を創作する行為，すなわち翻案に該当すると認められる可能性がある。すなわち，現実環境に存在する他人の著作物を一定の表現目的のために選定し，これとの位置，形状等の相互関係を考慮してARコンテンツを設計して，両者を合わせた全体として新たな思想または感情を表現する作品を創作した場合には，たとえ現実環境に存在する他人の著作物に対して直接物理的な変更を加えるものではないとしても，翻案に該当すると判断される場合があることになりうる。

③　類型的検討

以上を踏まえ，他人の著作物とARコンテンツの関係性を類型化しつつ，翻案権侵害の成否について検討を加える。

まず，他人の著作物とARコンテンツの機能的または概念的な関係に着目すると，たとえば次のように類型化することが考えられる。

4　何をもって別個の新たな著作物であると評価するかに関しては，山本隆司「著作物の個数論による著作物概念の再構成」コピライト45巻8号2頁（2005年）および駒田泰土「著作物と作品概念との異同について」知的財産法政策学研究11号145頁（2006年）が参考になる。

5　東京地決平15・6・11・前掲第3章注14）〔ノグチ・ルーム〕。

(i) 他人の著作物は，画面上でARコンテンツを提示するそのときどきにおける単なる背景等として映し出されるにすぎず，両者の間に機能的または概念的相互関係がない場合

(ii) 他人の著作物がARコンテンツを表示，再生等するためのトリガーとしてのみ機能するが，両者の間に概念的な相互関係はない場合

(iii) 他人の著作物がARコンテンツを表示，再生等するためのトリガーであると同時に，当該他人の著作物とARコンテンツを組み合わせることによって新たな思想または感情を表現するものと評価しうる一体的な作品として提示することを目的とする場合

このうち，上記(i)および(ii)の場合には，両者の関係性が薄く，他人の著作物に依拠してその具体的表現に変更等を加えたものとはいえないから，ARコンテンツを他人に著作物と同時に画面上に提示することは，翻案権や同一性保持権を侵害するとはいえないと考える。他方，上記(iii)の場合は，翻案権侵害の成否を検討すべきである。

次に，他人の著作物とARコンテンツの提示方法上の関係である。この観点からは，次のような類型化を行うことが考えられる。

(i) カメラの位置・姿勢や現実環境等にかかわらず，ARコンテンツが他人の著作物全体を常に完全に覆い隠すように提示される場合

(ii) カメラの位置・姿勢や現実環境等にかかわらず，ARコンテンツが他人の著作物の一部に常に重なるように提示される場合

(iii) カメラの位置・姿勢や現実環境等に応じて，両者の表示上の関係が変わる場合（たとえば，端末を持ったユーザがある角度から「Charging Bull」の銅像を見たときには，「Charging Bull」とユーザの間の位置に「Fearless Girl」が映し出され，画面上，「Fearless Girl」と重なって「Charging Bull」の一部が見えなくなるが，場所を移動して別の角度から見ると，重なりなく両者全体を画面上で見ることができるといったように，三次元的，時間的にARコンテンツが現実世界に溶け合う度合いが高いARを構築した場合などが考えられる）

このうち，上記(ⅰ)の場合は，もはや他人の著作物の表現上の本質的な特徴の同一性を維持しているとはいえず，翻案権を侵害しないと考えられる。たとえば，どこから見ても常に建物壁面の広告全体に重畳するように別の広告等のARコンテンツを表示する場合には，通常，現実に設置されている当該広告に係る翻案権を侵害するものではないと考えられる（もっとも，建物と広告の配置，組み合わせ等に創作性があり，それらが一体となって1つの著作物と評価しうる場合には，その広告部分だけに重畳表示して差し替えるのであっても，その全体に対する翻案であると評価されることも理論上はありうる）。他方，上記(ⅱ)および(ⅲ)の場合は，翻案権侵害の成否を検討する必要性が高いといえよう。

(3)　非享受目的利用

①　位置合わせのための利用

30条の4によれば，「著作物に表現された思想又は感情を自ら享受し又は他人に享受させることを目的としない」場合には，その必要と認められる限度において，いずれの方法によるかを問わず，当該著作物を利用することができる（詳しくは第3章 ② (4)も参照）。

マーカやデータベース化した三次元モデル等の形で他人の著作物を登録し，位置合わせに用いることに関しては，同条により，著作権者の許諾を得ることなく行うことができる場合が多いであろう。バックエンドにおける情報処理の過程で著作物を利用するだけであれば，その表現について人の知覚による認識を伴わないからである（同条3号）。また，たとえば点群データによる位置合わせは，カメラから端末に入力される画像情報の特徴を抽出し，これを点群データと比較照合することによって，点群データ中の特定の位置に配置されたARコンテンツの表示位置を特定するプロセスである。したがって，点群データが大量にある場合，位置合わせは「情報解析」（多数の著作物その他の大量の情報から，当該情報を構成する言語，音，影像その他の要素に係る情報を抽出し，比較，分類その他の解析を行うこと）に当たると評価しうるから，同条2号によっても適法となる場合があると考えられる。なお，点群データが「大量」の情報であるか否かは，1つのまとまりである点群データが多数存在することを要するとは限らないと思われる。たとえば，1件のファイルとして保存

された点群データだけでも，それが非常に広範囲の現実環境を再現した点群デー
タであり，それに含まれる点およびその集合という情報が多いのであれば，
それは「大量の情報」であると評価できる場合があると思われる。

②　他人の著作物とARコンテンツを合わせた作品全体の提示

　前述のとおり，現実環境に存在する他人の著作物を一定の表現目的のために
選定し，これとの位置，形状等の相互関係を考慮してARコンテンツを設計し
て，両者を合わせた全体として新たな思想または感情を表現する作品を創作し
た場合には，当該他人の著作物に対する翻案が成立する可能性がある（本章
②(2)②参照）。この場合でも，30条の4を適用することができれば，その翻案
は当該他人の著作物に係る著作権を侵害しないことになりうる。

　しかし，同条の適用につき，位置合わせにのみ著作物を利用する場合とは異
なる慎重な検討を要することになると考えられる。なぜなら，他人の著作物と
ARコンテンツを合わせた作品全体につき，仮に当該他人の著作物に対する翻
案が成立しているのであれば，当該作品の一部を構成する他人の著作物の表現
上の本質的な特徴の同一性が作品全体の中で維持されているということになる
ところ，当該作品全体を提示するに際して，当該他人の著作物の本質的特徴と
して表現された思想または感情を享受させる目的がないとは言い切れない場合
があると思われるからである。たとえば，前述した「Charging Bull」に
「Fearless Girl」を付加して表示する場合，「Charging Bull」はそのままの形
で画面上に表示される以上，これに表現された思想または感情を享受させる目
的がないとはいいにくい面があろう。

　この点，別の捉え方として，翻案が成立しているということは，他人の著作
物の具体的な表現に修正，増減，変更等を加えることにより，他人の著作物と
ARコンテンツを合わせた全体として新たな思想または感情を創作的に表現し
た別の著作物が創作されているのであり，ARサービスは，その作品全体に表
現された思想または感情を享受させることを目的としているのであって，他人
の著作物に当たる部分に表現された思想または感情のみを享受させる目的はな
いと評価することにより，30条の4を適用できる場合があるかもしれない[6]。
他人の著作物とそれに付加されるARコンテンツが距離的に近接していたり，

意味的に密接な関係を有していたりすればするほど，そのような評価を受けやすいように思われる。また，この検討には，デバイスの違いに応じた検討も重要な意味を持ちうる。ビデオシースルー方式の場合，カメラから入力される他人の著作物の画像情報にARコンテンツを合成した画像を生成し，これを画面上に提示するというプロセスがあるから，そこに含まれる他人の著作物部分に着目して，当該著作物に表現された思想または感情を享受させる目的でこれを利用していると評価しやすい面がある。これに対し，光学式シースルー方式の場合，ユーザが知覚によって認識する他人の著作物はハーフミラー等を透過して視認することができる現実の著作物そのものであり，有形的な固定を伴わないから，作品全体とは別に，他人の著作物の部分のみに着目して享受目的があるとはいいづらい面があるように思われる。

このように，作品全体のうち他人の著作物に当たる部分に表現された思想または感情を享受させる目的があると評価され，30条の4の適用が否定されるケースは想定しうるため，慎重な検討を要する。著作権者の利益を不当に害することとなる場合に当たると判断されるケースもありうるだろう。

⑷　電子計算機における著作物の利用に付随する利用等

電子計算機における利用に供される著作物は，当該著作物の電子計算機における利用を円滑または効率的に行うために当該電子計算機における利用に付随する利用に供することを目的とする場合には，その必要と認められる限度において，いずれの方法によるかを問わず，利用することができる（47条の4第1項）。

ユーザの端末におけるARコンテンツの提示という主たる利用を，正確かつリアルタイムな位置合わせを実現するという形で円滑または効率的に行うために，他人の著作物を利用したマーカ，点群データ等を作成および保存し，これらを位置合わせに利用する行為は，当該主たる利用に付随する目的のものとして，同条による権利制限の対象となりうると考えられる。

しかし，同条による権利制限は，主たる利用（前述の例でいえば，ARコン

6　しかし，この考え方を一般化しすぎると，翻案物の作成および利用はすべて同条により非侵害となりかねないのではないかという疑問を生ずる。

テンツの提示）について著作権侵害を否定するものではない。あくまで，それ
に付随する目的での利用（前述の例でいえば，位置合わせのための点群データ
の作成，利用等）を非侵害とするものである。したがって，他人の著作物に
ARコンテンツを付加して提示することが翻案に該当する場合，同条によって
もなお，翻案権侵害は否定されないと解される。

(5)　電子計算機による情報処理等に付随する軽微利用等

　電子計算機を用いた情報処理により新たな知見または情報を創出することに
よって著作物の利用の促進に資する一定の行為を行う者は，公衆への提供等が
行われた著作物について，当該行為の目的上必要と認められる限度において，
当該行為に付随して，いずれの方法によるかを問わず，軽微な利用を行うこと
ができる（47条の5第1項）。同条が適用される行為の1つとして，「電子計算
機による情報解析を行い，及びその結果を提供すること」が挙げられている
（同項2号）。

　ARサービスにおける位置合わせは「情報解析」に当たる場合があると考え
られる（本章②(3)①参照）。そうだとすれば，位置合わせおよびその結果の提
供という行為に付随して，公衆への提供等が行われた他人の著作物の軽微利用
を行うことができる場合があることになる。

　しかし，仮に位置合わせが情報解析であるといえるとしても，ARコンテン
ツないしこれと他人の著作物を合わせた作品全体の提示が，情報解析の「結果
を提供すること」であるといえるかどうかについては疑問がある。ARコンテン
ツ等の提示は，「位置が合っている，合っていない」という情報解析（位置
合わせ）の結果そのものの提供ではないからである。この場面で「結果を提供
すること」といえるのは，画面上で現実環境と点群データとの特徴点が一致し
ていることをユーザが確認する手段として，点群データの点の一部を，現実環
境においてそれと対応関係にある箇所（たとえば，物体の角の頂点や輪郭）に
重畳する形で表示することなどであろう。いずれにせよ，同条は，情報解析お
よびその結果の提供（たとえば，位置合わせおよび前述したような輪郭の重畳
表示等）という行為そのものについて著作権侵害を否定するものではなく，当
該行為に付随する利用（たとえば，他人の著作物を位置合わせのための点群デ

ータ等として作成し，利用すること等）を，軽微性その他の要件を満たす限り
において非侵害とするものである。

　したがって，他人の著作物にARコンテンツを付加して提示することが翻案
に該当する場合，同条によってもなお，翻案権侵害は否定されないと解される。

(6)　引　用

①　概　要

　公表された著作物は，公正な慣行に合致するものであり，かつ，報道，批評，
研究その他の引用の目的上正当な範囲内であれば，引用して利用することがで
きる（32条1項）。

　パロディモンタージュ事件最高裁判決[7]以来，適法な引用となるか否かは，
(i)明瞭区別性（引用して利用する側の著作物と，引用されて利用される側の著
作物とを明瞭に区別して認識することができること）および(ii)主従関係性（引
用して利用する側の著作物が主，引用されて利用される側の著作物が従の関係
があると認められること）という2つの要件で判断される傾向にあった。もっ
とも，その後の裁判例では，条文の文言にないこれらの要件で判断するのでは
なく，「公正な慣行」および「正当な範囲内」という文言を踏まえ，「引用とし
ての利用に当たるか否かの判断においては，他人の著作物を利用する側の利用
の目的のほか，その方法や態様，利用される著作物の種類や性質，当該著作物
の著作権者に及ぼす影響の有無・程度などが総合考慮されなければならない」
とする裁判例がある[8]。このように，適法な引用の判断基準は必ずしも確立さ
れてはいない。

　もっとも，最近の裁判例では，明瞭区別性および主従関係性は，「引用」の
文言を充足するための基本的な要件とするものがあるなど，これらの要件は現
在でも実務上重要な役割を果たしていると考えられる[9]。

7　最判昭55・3・28民集34巻3号244頁。
8　知財高判平22・10・13判時2092号136頁〔美術鑑定書〕。
9　東京地判令3・5・26裁判所ホームページ参照（令2(ワ)19351），東京地判令3・4・14裁
　判所ホームページ参照（令2(ワ)4481等）〔懲戒請求書〕。島並＝上野＝横山・前掲第2章注
　18）192頁および193頁，高林龍『標準著作権法〔第4版〕』（有斐閣，2019年）181頁も参照。

②　「引用」要件（特に明瞭区別性）

前述のとおり，「引用」として適法に他人の著作物を利用するためには，明瞭区別性および主従関係性が必要である。

この点，ARの特色として，明瞭区別性を満たしやすいという側面があると思われる。従来，たとえば著作物のパロディ利用の場合のように，他人の著作物を自己の作品の中に取り込むケースでは，明瞭区別性の要件がハードルとなり，引用によって適法となる可能性が限られると解されてきた。しかし，他人の著作物とARコンテンツが同時に一体的な作品として画面上で提示される場合，画面上で当該作品に接したユーザは，現実環境に存在する当該他人の著作物と，画面に映し出されたARコンテンツないしARコンテンツと当該他人の著作物とが一体となった作品とを区別し，それぞれ別個の作品であると理解できる場合がある。とりわけ，スマートフォンやタブレット等のハンドヘルド端末を利用したARの場合，ユーザは，現実環境に存在する他人の著作物と，当該端末の画面上に映し出されたものとを同時に認識することができるから，そのような区別をより一層明瞭に認識することができる。

下記画像は，"the leak in your home town"というアプリを利用した状況を撮影した写真である。これは，アプリを起動したユーザがiPhoneのカメラを

画像　the leak in your home town[10]

10　画像はthe leak in your home townのウェブサイト（https://theleakinyourhometown.wordpress.com/）より。

BP社のロゴに向けると，その画面上で，BP社のロゴから破損したパイプとそこから流出する原油を表わした3DCGが表示されるというものである。2010年にメキシコ湾で起きた石油掘削施設の爆発事故に関する批判的な趣旨によるものと思われる。この画像からわかるように，iPhoneの画面だけを見れば，現実環境にARコンテンツが付加されて表示されるのであるが，ユーザは同時にARコンテンツの付加されていない現実環境そのものを認識できるから，それと比較することによって，ARコンテンツが別に付加されたものであることや，どの部分がARコンテンツであるかなどを認識しやすくなる。

　他方，たとえばヘッドマウントディスプレイやARグラスを使用する場合は，位置合わせやARコンテンツの完成度（現実世界との違和感のない融合度）が高ければ高いほど，明瞭区別性を満たすのが比較的難しくなるかもしれない。しかしそれでも，現実環境とコントラストのある色彩をARコンテンツに用いたり，それを点滅させたりするなど，いかにも現実環境とは異なるデジタル情報であると認識しやすい表示方法を工夫するなどにより，明瞭区別性を確保するための工夫をする余地があるであろう。

　現実環境に存在する他人の著作物に対して自己の表現をARコンテンツとして付加することができるという特徴から，ARは，いわゆる取込型のパロディ等に利用されやすい側面がある。ARは，取込型的な側面を持ちながら，明瞭区別性を満たしやすく適法な引用として成立する表現の幅を広げる可能性を持つといえよう。しかし，当然ながら，改変により同一性保持権を侵害しないことを含めて「公正な慣行に合致する」ことその他の要件を満たす必要があり，著作者の利益にも十分配慮しなければならない。

③　「公正な慣行」要件

　32条の文言上は，「公正な慣行に合致する」ものであることが，引用による著作物の利用が許されるための要件となっている。

　しかし，ARを含むXRという新しい表現形態については，そもそも確立された「慣行」が存在しないこともある。また，仮に存在したとしても，それが「公正」かどうかを判断するのも難しい場合があろう。これに関しては，「公正な慣行がある場合にはそれに合致することを要する旨を示しているに過ぎず，

公正な慣行がない分野では引用を制限する方向には働かない」と解する見解[11]
や，「未だ慣行が形成されていないような業界や先進的な引用態様については，
今後あるべき公正な慣行を措定した上でその適合性が仮定的に判断されること
になる」とする見解がある[12]。この点，近時の裁判例では，「ここにいう『公
正な慣行』は，著作物の属する分野や公表される媒体等によって異なり得るも
のであり，証拠に照らして，当該分野や公表媒体等における引用に関する公正
な慣行の存否を認定した上で，引用が当該慣行に合致するかを認定・判断する
こととなる」が，「公正な慣行が確立していない場合であっても，当該引用が
社会通念上相当と認められる方法等によると認められるときは『公正な慣行に
合致する』というべきである」と判示したものがある[13]。

　この「公正な慣行」要件を満たすかどうかはケース・バイ・ケースの判断に
ならざるを得ないが，少なくとも，これまでこの要件を満たさないとされてき
た方法・状況で利用することは避けるのが賢明であろう。たとえば，引用した
他人の著作物について出所を明示すべきであること[14]，引用する他人の著作物
を改変しないこと[15]，他人の名誉・信用を毀損したり，揶揄したりする方法・

11　田村・前掲第3章注16）241頁。
12　島並＝上野＝横山・前掲第2章注18）194頁。
13　東京地判例3・4・14・前掲注9）〔懲戒請求書〕。この判決は，著作物である文書全体を
　　無断でPDFファイルにし，ブログ記事に当該文書へのリンクを張って閲読できるようにした
　　行為につき，リンクを張ること自体は一般的に行われている方法であるといういうものの，文
　　書全体を著作権者の同意なくPDFファイルにしてアクセスを可能にするという方法・態様は
　　社会通念上相当とはいえないとし，当該引用は「公正な慣行に合致する」とはいえないとした。
14　東京高判平14・4・11裁判所ホームページ参照（平13(ネ)3677等）〔絶対音感事件控訴審〕。
　　このほか，東京地判令1・6・26裁判所ホームページ参照（平31(ワ)1955），東京地判平31・
　　4・10裁判所ホームページ参照（平30(ワ)38052），知財高判平30・8・23裁判所ホームペー
　　ジ参照（平30(ネ)10023），東京地判平23・2・9裁判所ホームページ参照（平21(ワ)25767等），
　　東京地判平4・9・11判例集未搭載（平3(ワ)10022）等参照。
15　大阪地判令2・10・6裁判所ホームページ参照（令1(ワ)7252）（他人の投稿を転載するに
　　あたり，転載部分と自己のコメント部分を明確に区別せず，また転載部分に出所を明示し
　　ないことにより，両部分が1つのまとまりとして記載させるようにして，転載部分を改変
　　したと認め，32条1項の適用を否定した事例），東京地判平28・1・29裁判所ホームページ
　　参照（平27(ワ)21233）。「正当な範囲内」要件を否定したものであるが，写真の被写体の人物
　　の額に目のような模様が書き加えられたことを考慮し，その写真の掲載が当該人物に対す
　　る意見・批評のために正当な範囲内で行われたものであるとは認められないとした事例と
　　して，東京地判平27・4・27裁判所ホームページ参照（平26(ワ)26974）がある。

目的で引用しないこと[16]などに留意すべきである。

　なお，出所明示については引用の要件ではないとする見解がある[17]。また，引用により著作物を複製する場合には出所の明示が必要であるが（48条1項1号），引用により著作物を複製以外の方法により利用する場合には，その出所を明示する慣行があるときに限り，出所を明示すればよいとされる（同項2号）。前述(2)のとおり，他人の著作物にARコンテンツを付加する場合，主として問題となるのは複製権侵害ではなく，翻案権侵害であると考えられる。とすれば，ARを用いて他人の著作物を翻案することによる引用が32条の要件を満たすと判断できる場合，慣行がなければ，出所を明示しなくともよいという考え方は成り立ちうる。ただ，慣行の有無は判断が難しい場合もある（ARを用いた作品における慣行の有無を考えればよいとは限らず，写真，絵画，映画その他の現実環境を利用した作品における慣行を考慮すべき場合があろう）。また，ARの特色を踏まえると，現実環境に存在する著作物の権利者とARによる表現の適切なバランスを図るために，引用規定の適用にあたって翻案を複製と同様に取り扱うことを検討すべきであるという考え方がありうる（後述⑤参照）。この点については理論的に解決すべき課題があるように思われるから，実務上は，AR領域の世界観を崩さない方法で出所明示ができるかを検討するのが望ましいだろう。

④　「正当な範囲内」要件

　引用が「正当な範囲内」で行われたかどうかは，「①引用の目的の内容及び正当性，②引用の目的と引用された著作物との関連性，③引用された著作物の範囲及び分量，④引用の方法及び態様，⑤引用により著作権者が得る利益及び引用された側が被る不利益の程度などを総合的に考慮」して判断される[18]。

　他人の著作物を批評することは正当な目的であるといえるが，その批評対象

16　大阪地判平29・3・21裁判所ホームページ参照（平28(ワ)7393），東京地判平28・1・29裁判所ホームページ参照（平27(ワ)21233），東京高判平16・11・29裁判所ホームページ（平15(ネ)1464）等参照。

17　中山・前掲注第2章注23）404頁，田村・前掲第3章注16）262頁等参照。

18　東京地判令3・5・26裁判所ホームページ参照（令2(ワ)19351），東京地判令3・4・14・前掲注9）［懲戒請求書］参照。

とする部分とは関係のない部分や，さらには当該著作物全体まで複製等することは，「正当な範囲」を超えており，適法な引用とはいえない[19]。同一性保持権等に留意しつつ，批評対象の部分を抜粋・要約等して利用することを検討するべきである。また，他人の著作物を，独立して鑑賞の対象となりうる程度の大きさや精度で利用する行為も，「正当な範囲」を超えるものと判断される[20]。

⑤　翻案と引用

32条は，公表された著作物を「引用して利用することができる」と規定しており，一見すると「利用」の方法に制限はない。しかし，47条の6第1項は，私的使用目的複製（30条）その他一定の権利制限規定により著作物を利用できる場合には，「翻訳，編曲，変形又は翻案」という方法により当該著作物を利用できる旨を規定する一方で（1号），引用（32条）等により著作物を利用できる場合については，「翻訳」の方法で利用できることだけを明記している（2号）。したがって，引用の場合には，引用される著作物について，編曲，変形または翻案をすることは許されないのではないかという疑問が生ずる。

ところで，現実環境にARコンテンツを付加することにつき，複製ではなく翻案（翻訳を含まない狭義の「翻案」）に該当するかどうかが主に問題となることは，前述(2)において考察したとおりである。そうだとすれば，32条と47条の6の解釈次第では，他人の著作物にARコンテンツを付加し，両者を一体として新たな思想または感情を創作的に表現する作品を制作する行為は，32条によって著作権侵害が否定されることはないことになる。

この点，翻案の一形態である言語の著作物の要約引用につき，旧43条2号（現行法における47条の6に相当）の適用を認め，32条により許容される引用に

19　東京地判令3・4・14・前掲注9）〔懲戒請求書〕のほか，東京地判令3・4・23裁判所ホームページ参照（令2(ワ)27196），東京地判平30・1・30裁判所ホームページ参照（平29(ワ)37117），東京地判平29・7・20裁判所ホームページ参照（平28(ワ)37610），東京地判平28・12・26労判62号70頁，東京地判平26・1・27裁判所ホームページ参照（平25(ワ)18124），東京地判平23・2・9裁判所ホームページ参照（平21(ワ)25767等）等。

20　東京地判平31・4・10裁判所ホームページ参照（平30(ワ)38052），知財高判平28・6・22判時2318号81頁〔毎日オークション〕，東京地判平16・3・11判時1893号131頁〔2ちゃんねる〕等参照。

よる利用に当たるとし，翻案権侵害を否定した事例として，血液型と性格事件
判決がある[21]。同判決によれば，旧43条は，32条その他の権利制限規定ごとに
想定される通常の利用形態が過度に制約されないよう配慮しつつ，著作者の有
する翻案権等を必要以上に制限することにもならないよう，両者のバランスを
調整するために設けられた規定である。この観点から，同条は，翻訳，編曲，
変形および翻案を，引用その他の権利制限規定ごとに区分し，各規定が想定す
る場面において通常必要になる行為のみを行うことができると規定したのであ
る。これを前提に，同判決は，「要約による引用は，翻訳による引用よりも，
一面では原著作物に近いのであり，これが広く一般に行われており，実際上要
約による引用を認める方が妥当……であり，他人の言語の著作物をその趣旨に
忠実に要約して同種の表現形式である言語の著作物に引用するような場合につ
いては，そもそも同法四三条二号の立法趣旨が念頭に置いている事例とは利用
の必要性，著作者の権利侵害の程度を異にするものであり，同条二号には，翻
案の一態様である要約によって利用する場合をも含むものと解するのが相当で
ある」とした[22]。

　同判決のポイントは，(i)引用される著作物そのものの利用に近い引用形態で
あること，(ii)広く一般に行われていること，(iii)旧43条の制定時において，引用
の形態として通常想定されるものではなかったこと等を考慮し，当該事案にお
ける要約引用は32条により許容されると判断した点にあると考えられる。これ
らをARについて検討すると，次のようなことがいえるかもしれない。まず，
(i)'ARは，現実環境に存在する他人の著作物そのものには何らの物理的な変更
等を加えず，ユーザの端末の画面上でのみARコンテンツを付加するのであり，
（明瞭区別性があることを前提にすれば）当該著作物そのものの利用に近い側
面がある。その一方で，ARに関して複製ではなく翻案が問題となるのは，技

21　東京地判平10・10・30判時1674号132頁〔血液型と性格〕。
22　同判決は，次のとおり述べ，同一性保持権侵害も否定している。「同法四三条の適用に
より，他人の著作物を翻訳，編曲，変形，翻案して利用することが認められる場合は，他
人の著作物を改変して利用することは当然の前提とされているのであるから，著作者人格
権の関係でも違法性のないものとすることが前提とされているものと解するのが相当であ
り，このような場合は，同法二〇条二項四号所定の「やむを得ないと認められる改変」と
して同一性保持権を侵害することにはならないものと解するのが相当である。」

術的な背景による（前述(2)参照）。また，(iii)'現行47条の6の制定当時，ARを活用して他人の著作物にARコンテンツを付加するという表現手法が，引用の形態として通常想定されていたかといえば，必ずしもそうとはいえまい。そうだとすれば，ARによる引用は，同条が念頭に置いている事例とは異なるといえよう。ARによる引用が広く一般的に行われていると認められるほどに普及した場合（前述(ii)の事情），47条の6第1項2号の文言にかかわらず，引用（32条）により許されると解釈することも検討の余地があると思われる。

　もっとも，当然のことながら，著作権者の翻案権等にも配慮しなければならない。上記のように解するケースを必要十分な範囲に限定する必要があろう。原著作物に忠実な要約引用とは異なり，ARコンテンツを付加することによって新たな思想または感情を創作的に表現するケースでは，著作権者の翻案権等に対する影響は大きくなるから，32条の適用については慎重に検討する必要がある。表現の幅を広げることに貢献するというARの可能性と，著作権者の利益との適切なバランスをとることが重要である。

3　著作者人格権の処理

(1)　同一性保持権

①　「改変」は著作物自体への変更を必要とするか

　著作者は，その著作物の同一性を保持する権利を有し，その意に反してこれらの変更，切除その他の改変を受けないものとされる（20条1項）。そして，著作権の各制限規定は，同一性保持権を含む著作者人格権に影響を及ぼさないものとされている（50条）。つまり，権利制限規定のいずれかに該当することによって著作権侵害が成立しない場合でも，20条2項各号のいずれかに該当しない限り，同一性保持権侵害は否定されないという条文のつくりになっている（ただし，後述③参照）。したがって，権利制限規定が適用されるケースであっても，それとは別に，同一性保持権侵害の成否を検討する必要がある。

　ARは，現実環境に存在する他人の著作物そのものには何らの物理的な変更も加えない。ユーザの端末画面上に映る現実環境に付加する形で，ARコンテ

ンツを表示するのみである。この場合でも，同一性保持権侵害は成立しうるのかが問題となる（翻案の成否に関し，本章②(2)参照）。

　この点，国語テスト事件によれば，「著作者の意に反して思想又は感情の創作的表現に同一性を損なわせる改変が加えられた場合に同一性保持権が侵害されたというべきであ」り，基本的には著作物自体あるいはその創作的表現を変更した場合に「改変」となるが，それ以外の場合であっても，その「創作的表現の同一性を損なわせるなどの特段の事情」がある場合には，「改変」に該当すると解する余地がある[23]。たとえば，同判決（下線は筆者による）は，傍線や波線の付加につき，「このような変更は，いずれも，本件各著作物の<u>文字による表現自体の変更ではなく</u>，傍線や波線等を付加したからといって，文字によって表された思想又は感情の創作的表現の同一性を損なわせるとはいえない」，さらに，教師用の注意書きを加筆した点につき，「ここにおける文章等の加筆は，注意書として本件著作物……の欄外に表示されたものであることが表現形式上明らかであり，<u>本件著作物自体を変更したものとはいえない。</u>よって，このような変更は，文字によって表された思想又は感情の創作的表現の同一性を損なわせるとはいえない」などと述べている。同一性保持権侵害が成立するためには，原則として，著作物の表現自体の変更を要するという考え方が見て取れる。他方で，同判決は，「言語の著作物である本件各著作物と挿絵や写真は，それぞれ別個の著作物であるから，<u>挿絵や写真がなければ著作者の文字による思想又は感情の表現が不完全になるとか，著作者が文字による表現を視覚的表現によって補う意図で自ら挿絵や写真を挿入するなど，文字による表現と挿絵や写真とが不可分一体で分離できない場合に，挿絵や写真を変更することにより，文字によって表された思想又は感情の創作的表現の同一性を損なわせるなどの特段の事情がない限り</u>，同一性保持権の侵害には当たらない」とも述べている。これによれば，著作物自体を変更せずとも，それと表現上一体的な関係にある他の要素を付加することにより，思想または感情の創作的表現まで変わってくる場合には，例外的に同一性保持権侵害が成立すると解する余地がある。

23　東京地判平18・3・31判タ1274号255頁〔国語テスト〕。

　次に，新梅田シティ庭園事件決定（下線は筆者による）は，「本件工作物の設置態様は，カナル及び花渦に直接物理的な変更を加えるものではないが，本件工作物が設置されることにより，カナルと新里山とが空間的に遮断される形になり，開放されていた花渦の上方が塞がれることになるのであるから，中自然の森からカナルを通った水が花渦で吸い込まれ，そこから旧花野（新里山）へ循環するという<u>本件庭園の基本構想は，本件工作物の設置場所付近では感得しにくい状態となる</u>。また，本件工作物は，高さ9メートル以上，長さ78メートルの巨大な構造物であり，これを設置することによって，カナル，花渦付近を利用する者のみならず，新里山付近を利用する者にとっても，<u>本件庭園の景観，印象，美的感覚等に相当の変化が生じる</u>ものと思われる」と述べ，工作物の設置は庭園に対する「改変」に該当すると結論づけた[24]。これを踏まえると，他人の著作物に直接物理的な変更を加えるものではないとしても，当該著作物にARコンテンツを付加することにより，当該著作物の基本構想が感得しにくくなる場合や，当該著作物の景観，印象，美的感覚等に相当の変化が生じる場合には，「改変」に該当する可能性があることは否定できない。もっとも，同決定については，「裁判所は，本件工作物を取り外し可能な形で本件庭園内に『追加』して設置することから，物理的な変更ではないと判断したようであるが，例えば，絵画に取り外し可能なシールを張る場合でも『物理的な変更』と認定する余地があるように，本決定でも，端的に本件工作物の設置行為も物理的な変更と認定することはできたのではないか」との指摘があり[25]，同決定の射程を考える上で参考になる。つまり，同決定も，あくまで物理的な変更と評価しうる事案に関するものであり，ARのように，現実環境に存在する著作物そのものには物理的な変更が全く加えられないケースまで「改変」に当たるか

24　大阪地決平25・9・6・前掲第3章注83）〔新梅田シティ庭園〕。小島立「判批」Law & Technology 64号62頁，68頁（2014年）は，「いかなる態様における工作物の設置や除去が庭園の『改変』と評価されるべきかということについては，より議論が深められる必要がある」と指摘し，「ある庭園が設置されている土地の外部に何らかの工作物が設置され，それが当該庭園の『景観，印象，美的感覚等に相当の変化が生じる』結果を招いた場合であっても，当該工作物の設置が当該庭園の『改変』に該当すると言えるのか，といった点については今後の検討課題であろう」とする。

25　岡崎行師「判批」甲南法務研究13巻85頁，89頁（2017年）。

は別問題であると考える余地がある。

　また，リツイート事件控訴審判決は，「画像データ自体に改変が加えられていないものではない」としつつ，「表示される画像は，思想又は感情を創作的に表現したものであって，文芸，学術，美術又は音楽の範囲に属するものとして，著作権法２条１項１号にいう著作物ということができるところ，……表示するに際して，HTMLプログラムやCSSプログラム等により，位置や大きさなどを指定されたために，本件アカウント３～５のタイムラインにおいて表示されている画像は流通目録３～５のような画像となったものと認められるから，本件リツイート者らによって改変されたもので，同一性保持権が侵害されているということができる」とした[26]。SNSの仕様により，タイムラインに表示される画像は，元画像から自動的にトリミングされた状態となる。これについて同一性保持権侵害が成立すると判断したのである[27]。

　そのほか，ARそのものではないが，重畳表示による同一性保持権侵害に関連するものとして，Dolphin Blue事件判決およびエスキース事件判決がある。Dolphin Blue事件判決は，写真に文字を重ねて雑誌に掲載した行為につき，同一性保持権侵害を認めた事例である[28]。また，エスキース事件は，エスキース（建築家が建築物を設計するにあたり，その構想をフリーハンドで描いたスケッチ）の色調を大幅に薄くした上で，A4版の頁全面にわたって下絵として使用し，その上に，書籍に関する広告を頁全面にわたって重ねて印刷し，これを雑誌に掲載した行為につき，当該エスキースの表現を大幅に改変したものであるとして，同一性保持権侵害を認めた事例である[29]。同事件控訴審において，控訴人は，「本件雑誌において，本件エスキースは，広告を通してすべてそのままの状態で見ることができるから，エスキース自体に何らの変更をも加えて

26　知財高判平30・4・25判時2382号24頁。本判決につき，リツイートに関する詳しい事実説明も踏まえて批評するものとして，谷川和幸「判批」福岡大学法学論叢63巻2号523頁参照。

27　画像をSNSのプロフィール画像とした場合に円形にトリミングされることについて同一性保持権侵害を肯定した事例として，知財高判令3・5・31裁判所ホームページ（令2(ネ)10010）も参照。

28　東京地判平11・3・26判時1694号142頁〔Dolphin Blue〕。

29　東京地判平12・8・30判時1727号147頁〔エスキース第一審〕。

いない」と主張した。仮にこの主張が認められるとすれば，ARについても広く同一性保持権侵害が成立しないケースを想定しうるところであるが，裁判所は，「控訴人の主張は，重ねて印刷した広告を度外視すれば，本件エスキースに何の変更も加えていないというものであって，前提において既に失当であるというほかはない」とし，同一性保持権侵害という結論を維持している[30]。

②　ARコンテンツの付加と「改変」

前述①の裁判例をまとめると，おおまかに次のようなことがいえる。

まず，他人の著作物そのものに変更を加える場合には，変更後において当該著作物の表現上の本質的特徴が残存している限り，同一性保持権侵害は成立しうる。たとえその変更がウェブサービス上の仕様によって自動的に生じるものであるとしても，同じである。

これに対し，他人の著作物そのものに変更を加えない場合には，原則として同一性保持権侵害は成立しない。しかし，この場合でも，他人の著作物に他の要素を付加したり除去したりすることにより，当該著作物の思想・感情の創作的表現の同一性が損なわれ，またはその創作的表現が感得しにくくなるような場合には，同一性保持権侵害が成立する場合がある。

たとえば，カメラの位置・姿勢等にかかわらず，ARコンテンツが他人の著作物全体を常に完全に覆い隠すように提示される場合，当該著作物の表現上の本質的特徴が残存しない形でARコンテンツが提示されるにすぎないから，同一性保持権侵害は成立しないと考えられる。これに対し，ARコンテンツが他人の著作物の一部に常に重なるように提示される場合には，当該著作物そのものの表現に変更を加えていることになり，かつ，当該著作物の表現上の本質的特徴が残存するケースも想定されるから，そのケースでは，同一性保持権侵害が認められる可能性がある。

次に，カメラの位置・姿勢等に応じて，現実環境に存在する他人の著作物とARコンテンツとの表示上の関係が変わる場合には，「改変」に該当しないと評価する余地が大きくなると考えることができる。ある位置・姿勢から見たと

30　東京高判平13・9・18裁判所ホームページ参照（平12㋧4816）〔エスキース控訴審〕。

きにはARコンテンツと重なることによって他人の著作物の見え方，印象等が画面上で変化するとしても，その位置・姿勢等を変えて見たときには当該他人の著作物全体を視認することができるような場合，当該他人の著作物は，現実環境においてだけでなく，画面上においても，何らの改変も加えられていない完全な状態を維持していると評価できるからである。とりわけ，他人の著作物部分とARコンテンツ部分とを明瞭に区別して認識することができ（適切に出所を明示することは，この区別をより明瞭にすることができる），また，当該著作物部分から理解される意味に実質的な変更がないと認められる場合には，同一性保持権侵害が否定される可能性が高いと考えることができる。この点，裁判例では，「本件投稿者は，原告各投稿を本件各記事に転載するに当たり，本件投稿者が記載した本件コメント部分との区別を明確にせず，また本件転載部分の出所を明示しないことにより，タイトル，本件コメント部分及び本件転載部分を一つのまとまりとして記載させるようにして，原告各投稿を改変したというべき」であると判示したものがある[31]。明瞭な区分と出所明示をすることにより，他人の著作物部分とそれに付加する部分とが一体化することを防ぎ，その付加によって当該著作物部分が改変されたとの評価を妨げることができる可能性を示唆している。その他参考になる裁判例として，ツイート中の「#kutoo」を書籍内で「#KuToo」と表記したことにつき，「誤記であると認めるのが相当であり，その意味に実質的な変更はない上，本件書籍の読者も『#KuToo』を『#kutoo』と表記することにより，本件ツイートの意味内容を誤解することはない」として，同一性保持権侵害を否定した事例[32]，「白血球が2000以下で……」と記事中に記載されているところを「白血球が200以下で……」とホームページに記載したことにつき，「転記の際の明らかな誤記と認めるのが相当であり，また，医学的常識に基づいて被告ホームページを読めば，それが誤記であることは明らかに理解し得るところであるから，この誤記によって本件記事の内容を改変したものとは認められない」とし，また，記事において「たった5分間程の面談……」と記載されているところを「たった5分程

31　大阪地判令2・10・6裁判所ホームページ参照（令1(ワ)7252）。
32　東京地判令3・5・26裁判所ホームページ参照（令2(ワ)19351）〔#KuToo〕。

の面談……」と記載したことにつき，「本件記事及び被告ホームページの全体からみればわずかな相違であり，しかも，両者の間に実質的な意味の違いはないから，これをもって本件記事を改変したものと認めることはできない」とした事例がある[33][34]。

本章 ②(6)で考察したとおり，ARは，他人の著作物とARコンテンツを明瞭に区別して認識できる状況を作りやすい。これにより，他人の著作物をARコンテンツと一体化させず，その意味に実質的な変更が生じないようにARサービスを設計できるかを検討すべきである。

とはいえ，ARサービスの目的によっては，他人の著作物とそれに付加されるARコンテンツのそれぞれの大きさ，位置，意味内容等において両者の関係が深く，その付加によって当該他人の著作物の創作的表現の同一性を損なわせるに至ることはありうる[35]。この場合には，たとえ他人の著作物が現実環境と画面上の両面で完全性を維持しているとしても，「改変」に当たると判断される可能性は否定できないと考えられ，著作者の同意を得ることを検討する必要性が高い（ただし，32条により許される引用である場合については，後述③を参照）。

ARと同一性保持権の関係について注意が必要なのは，今のところ，裁判例の中には「表現上の本質的な特徴を維持しつつその外面的な表現に改変を加える行為」をもって同一性保持権を侵害する行為と解するものがあり[36]，「改変をされていない」との誤認を惹起するか否かなどは問題とされることなく侵害

33　東京地判平22・5・28裁判所ホームページ参照（平21(ワ)12854）。

34　これに関し，同一性保持権の保護法益を，改変を通じて著作者または著作物に対する社会的評価を歪められないことであるとし，「改変をされていない」との誤認を惹起しないのであれば「改変」に該当しないという見解が参考になる（金子敏哉「同一性保持権侵害の要件としての「著作物の改変」—改変を認識できれば「改変」にあたらない説—」中山信弘＝金子敏哉編『しなやかな著作権制度に向けて—コンテンツと著作権法の役割—』412頁以下（信山社，2017年））。

35　たとえば，「Charging Bull」（前述 ① 参照）は，1987年の株式大暴落（ブラックマンデー）を受け，アメリカのパワーの象徴として制作，設置された銅像とされる。他方，「Fearless Girl」は，女性の役員登用を企業に促すことなどを呼びかける目的で設置したものであるとされる。「Charging Bull」の作者側は，前向きなシンボルとして制作した雄牛像が，「Fearless Girl」の設置により，脅威の象徴などネガティブなイメージに歪められたと主張していた。

が肯定される可能性も排除されてはいない。この解釈に関する裁判例の動向が，ARをめぐる同一性保持権侵害を考えていくにあたって重要となる。

③　「やむを得ないと認められる改変」

　著作者の意に反する改変に該当する場合であっても，それが「著作物の性質並びにその利用の目的及び態様に照らしやむを得ないと認められる改変」である場合には，同一性保持権侵害は成立しない（20条2項4号）。

　他人の著作物の表現自体に変更を加えた場合，または表現自体に変更は加えずとも他の要素を付加することによって当該著作物の思想・感情の創作的表現の同一性を損なうような場合に，「やむを得ない」改変であると認められるのは困難な場合が多いと思われる。

　しかし，その付加するARコンテンツを主たる部分とし，他人の著作物を従たる部分として両者を明瞭に区別するなど，当該著作物にARコンテンツを付加することによって翻案することが引用（32条）によるものとして許されると解しうるのであれば（前述 ② ⑹参照），その場合には，「やむを得ないと認められる改変」として同一性保持権侵害が否定される可能性があると考えられる。これについて血液型と性格事件判決は，言語の著作物の要約引用につき，旧43条2号（現行法における47条の6に相当）の適用を認め，32条により許容される引用による利用に当たると判断した上で，「同法四三条の適用により，他人の著作物を翻訳，編曲，変形，翻案して利用することが認められる場合は，他人の著作物を改変して利用することは当然の前提とされているのであるから，著作者人格権の関係でも違法性のないものとすることが前提とされているものと解するのが相当であり，このような場合は，同法二〇条二項四号所定の『やむを得ないと認められる改変』として同一性保持権を侵害することにはならないものと解するのが相当である」と述べており，参考になる[37]。これによれば，引用に限らず，46条，30条の2のように，翻案により著作物を利用することができる権利制限規定が適用される場合に，同一性保持権侵害についても20条2

36　伊原友己「著作権侵害訴訟における著作者人格権の保護とその限界」牧野利秋ほか編『知的財産訴訟実務大系Ⅲ─著作権法，その他，全体問題』（青林書院，2014年）214頁。

37　東京地判平10・10・30・前掲注21〔血液型と性格〕。

項4号により否定されると考える余地はある。

④ 「建築物の増築，改築，修繕又は模様替えによる改変」

著作者の意に反する改変に該当する場合であっても，それが「建築物の増築，改築，修繕又は模様替えによる改変」である場合には，同一性保持権侵害は成立しない（20条2項2号）。

ARやVRを活用し，増築，改築，修繕または模様替えをした後の建築物の3DCGモデルを作成して，増築等を実行する前に使い勝手や安全性等を確認することなどが行われている。これらは，著作物である建築物自体またはそれを3DCGモデルとして再現したものに，3DCGを付加したり切除したりすることによって改変する行為に該当しうる。そして，この行為自体は，有体物としての「建築物」そのものに対する「増築，改築，修繕又は模様替え」による改変ではない。しかし，建築物の増築等にのみ向けられ，それとは別に著作者の人格的利益を不当に害することがないのであれば，建築物の増築等に準ずるものとして20条2項2号により許容するという解釈はありうるかもしれない。

⑤ 黙示の承諾・事実たる慣習

20条2項各号に該当しない状況で著作物を改変した場合であっても，当該改変について著作者から承諾を得ていれば，同一性保持権侵害は成立しない。契約等によって明示的に承諾があったと認められるケースもあれば，改変されたことを認識しながら異議を唱えないことその他さまざまな事情を総合して黙示の承諾があったと判断されるケースもある[38]。

また，法令中の公の秩序に関しない規定（いわゆる任意規定）と異なる慣習

---

[38]　東京地判平29・11・30裁判所ホームページ参照（平28(ワ)23604）〔食品包装デザイン〕。東京地判平9・8・29判時1616号148頁〔入選句添削第一審〕も，「本件雑誌の入選句欄は，選者の判断により，必要に応じて投稿句を添削したうえ入選句として掲載することがあり得ることを前提に投稿を募集していたものであり，俳句を学習する者として，前記のような俳句の添削指導の慣行や実情を容易に知りうる立場にあった原告としては，ことさら添削を拒絶する意思を明示することなく，被告丙川を選者と指定して，本件各俳句を投稿したことにより，原告は，被告丙川による本件各俳句の添削及び被告会社による添削後の俳句の本件雑誌への掲載について，少なくとも黙示的に承諾を与えていたものと推認するのが相当である」とした。

がある場合において，当事者がその慣習による意思を有しているものと認められるときは，その慣習に従う（民法92条）。この点，同一性保持権を規定する著作権法20条は任意規定であるとした上で，諸々の認定事実に基づき「本件各俳句の投稿当時，新聞，雑誌の投句欄に投稿された俳句の選及びその掲載に当たり，選者が必要と判断したときは添削をした上掲載することができるとのいわゆる事実たる慣習があった」と認定し，「本件各俳句を添削し改変した行為は，右のような俳句界における事実たる慣習に従ってたものであり，許容されるところであって，違法な無断改変と評価することはできない」として同一性保持権侵害を否定した事例がある[39]。

(2)　名誉声望保持権

　著作者の名誉または声望を害する方法によりその著作物を利用する行為は，その著作者人格権を侵害する行為とみなされる（113条11項）。この規定の趣旨は，「著作物を創作した著作者の創作意図を外れた利用がされることによってその創作意図に疑いを抱かせたり，著作物に表現されている芸術的価値を損なうような形で著作物が利用されることにより，著作者の社会的名誉声望が害されるのを防ぐ」ことであるから，「著作者の名誉又は声望を害する方法によりその著作物を利用する行為」とは，「社会的に見て，著作者の創作意図や著作物の芸術的価値を害するような著作物の利用行為をいう」と解されている[40]。このように，著作者の名誉声望とは，著作者がその品性，徳行，名声，信用等の人格的価値について社会から受ける「客観的な評価」をいい，「人が自己の人格的価値について有する主観的な評価は含まない」とされる[41]。

39　東京高判平10・8・4判時1667号131頁〔入選句添削控訴審〕。同判決は，俳句を投稿するにあたって添削をした上で採用されることを拒む旨の意思表示をしなかったことから，投稿者がその慣習による意思を有していると認められるときに該当するとしている。

40　東京地判平26・9・12裁判所ホームページ参照（平24(ワ)29975等）。このほか，前後の文脈を無視して断片的な引用のつぎはぎを行うことにより，「引用された著作物の趣旨をゆがめ，その内容を誤解させるような態様でこれを利用したとき」に名誉声望保持権侵害となりうるとしたものがある（東京高判平14・11・27判時1814号140頁〔古河市兵衛の生涯〕）。「著作者の創作意図を外れた利用をされることによって，その著作物の価値を大きく損ねるような形で利用されること」をもって名誉声望保持権侵害行為とするものとして，東京高判平14・7・16裁判所ホームページ参照（平14(ネ)1254）も参照。

　XRに関連する裁判例は現状見当たらないが，参考になるものとして，ルポルタージュ風の読み物として著述された言語の著作物をテレビドラマ化したことに関して名誉声望保持権侵害を認めた事例がある[42]。裁判所は，当該著作物とテレビドラマの内容について下記**図表3**のとおり認定した上で，「原告著作物の基本的ストーリー，表現内容又は表題の変更は，原告著作物についての原告の創作意図に反する利用であり，……女性の自立，女性の権利擁護のための著述活動，社会的活動を行って来た原告の名誉又は声望を害する方法による原告著作物の利用であることも明らかであるから，著作権法一一三条三項により，

原告著作物	翻案	本件テレビドラマ
原告著作物には，会社の命ずる海外単身赴任が一組の夫婦に与えた波乱，夫の任地への同行を望む妻の積極的な行動とその過程で明らかになる海外単身赴任の実情，企業が社員のみでなくその妻をも支配している状況，支配されている自分に屈辱を感じ，働く女として自立しようとする妻と，夫は仕事妻は家庭という伝統的役割分業観の夫との葛藤と離婚，妻を対等のパートナーと理解し家事も分担する夫との再婚が描かれ，表題も，現在の結婚の在り方に疑問を持ち，社会的に目覚めて自分の道を模索する妻の姿を端的に示す「目覚め」とつけられている。		本件テレビドラマは，……夫婦の愛情のみを大切に考えて同伴を強く望んでいた妻が，夫の海外単身赴任先での仕事にかける情熱を理解し，よい妻であろうと決心して単身赴任を受け入れると，厳しく対応していた夫の上司も，意外とものわかりよく夫に再赴任の機会を与えるという形で問題が解決するなど，企業批判の思想は汲み取れず，また，女性が社会へ出て働くことの肯定的態度はうかがわれるが，男性の伝統的分業観への批判や，離婚をもいとわない女性の自立の主張は読み取ることはできず，社会的な視野の狭いあさはかな妻が夫との同伴を求めて大騒ぎしたが，結局は反省して夫の単身赴任を受け入れるというもの……

図表3　「目覚め」事件における作品の対比

41　知財高判平25・9・10裁判所ホームページ参照（平25(ネ)10039）。東京地判平21・5・28裁判所ホームページ（平19(ワ)23883）も参照。

42　東京地判平5・8・30判時1571号107頁〔目覚め〕。同控訴審東京高判平8・4・16判時1571号98頁も参照。なお，判決文の引用中，「著作権法一一三条三項」とあるのは判決当時の条文番号である。

原告の著作者人格権を侵害したものとみなされるものである」と判示した。

　他人の著作物にARコンテンツを付加することにより，両者を組み合わせた全体として新たな思想または感情を表現しようとする場合，当該著作物の著作者の創作意図等とは異なるメッセージを持ち，当該著作物本来の内容を誤解させることとなりうる。ARサービス提供者としては，それが著作者の名誉・声望を害するおそれがないかを検討する必要がある。

(3)　氏名表示権

①　概　要

　著作者は，その著作物の原作品に，またはその著作物の公衆への提供もしくは提示に際し，その実名もしくは変名を著作者名として表示し，または著作者名を表示しないこととする権利を有する（19条1項）。他人の著作物を利用するものが表示すべき著作者名は，その著作者の別段の意思表示がない限り，その著作物につきすでに著作者が表示しているところに従えばよい（同条2項）。

　著作者名の表示は，著作物の利用の目的および態様に照らし著作者が創作者であることを主張する利益を害するおそれがないと認められるときは，公正な慣行に反しない限り，省略することができる（同条3項）。

要否	原則 (19条1項)	❶ 原作品に，または ❷ 公衆への提供もしくは提示に際し， ❸ 実名もしくは変名を著作者名として表示し，または著作者名を表示しないことを，**著作者が決める。**
	例外 (19条3項)	❶ 著作物の利用の目的および態様に照らし著作者が創作者であることを主張する利益を害するおそれがないときは， ❷ 公正な慣行に反しない限り，**省略できる。**
内容	原則	その著作物につきすでに著作者が表示しているところに従って表示すればOK。
	例外	著作者の指定があればそれに従う。

図表4　氏名表示権の概要

② 点群データの作成等と氏名表示

点群データその他のデジタルデータとして他人の著作物を再現した場合，そのデジタルデータは当該著作物の「原作品」ではない。したがって，このデジタルデータを公衆に提供または提示する段階ではじめて，著作者名を表示することが必要となる。したがって，たとえば，点群データをバックエンドでの情報処理（位置合わせ）の過程でのみ利用し，外部に提供または提示しない場合には，著作者名を表示する必要はない。

ここで問題になるのは，どの範囲で提示等すれば「公衆への」提示等に当たるかであろう。点群データの管理を担当する従業員等が，それを実際に見て確認することが必要な場合もありうるからである。この点，「本件デジタルデータが保存されたサーバは，SVDの準備作業を行っていた，被告担当者4人のコンピュータ端末との関係においてサーバ機能を有するにすぎず，他の被告社員の個々のコンピュータ端末から閲覧することはできなかったのであって，上記担当者4人は，特定かつ小数」であり，「公衆」に該当しないと判断した裁判例があり，参考になる[43]。また，5，6名に対して祈願経文を読み上げた行為につき，多数人に対する口述とは認めなかった事例もある[44]。実務上は，点群データベース等のセキュリティ関連と合わせて，アクセスできる者の範囲，設備，ネットワーク等を検討すべきこととなろう。

③ 氏名表示を省略できる場合

仮に公衆への提示等を行う場合であっても，「著作物の利用の目的及び態様に照らし著作者が創作者であることを主張する利益を害するおそれがないと認められるときは，公正な慣行に反しない限り」，著作者名の表示を省略することができる（19条3項）。著作物性の有無の判断が難しいものを含めてデジタルデータ化の対象物が多数あり，そのすべてについて著作者名表示の内容（19条2項）を確認することも困難なケースでは，同条3項の適用を検討すべき場合が多いであろう。都市のデジタルツインを生成するケースが典型であろうが，

43　東京地判平19・5・30判タ1255号328頁。

44　東京地判平25・12・13裁判所ホームページ参照（平24㈦24933等）。

ARクラウドなど位置合わせのために現実環境をデジタルデータ化する際にも同様の問題が生じうる。

　では，著作者名の表示を省略できるのは，具体的にはいかなる場合か。XRに関連するものはまだ見当たらないが，19条3項の適否が問題となった裁判例をいくつか紹介して検討する。

　まず，「一般に，広告に写真を用いる際は，撮影者の氏名は表示しないのが通例であり，原告も従来，この通例に従ってきたが，これによって特段損害が生じたとか，不快感を覚えたといったことはなかった」という事情の下，19条3項の適用を肯定した裁判例がある[45]。現実環境を再現するデジタルデータの利用に関しても，公衆に提供または提示される際に著作者名の表示がされているかなどの一般的な事情が重要な判断要素の1つになると考えられる。このほか，歴史小説に依拠したテレビ番組につき，番組のほとんどの部分について複製権侵害，翻案権侵害のいずれも成立していないことが考慮され，エンドロールで「参考文献」として原告の実名とともに表示されていたなどの事実関係も相まって，19条3項の適用が肯定された事例がある[46]。都市その他の現実環境を再現するデジタルデータも，対象物に著作物性がないか，または46条，30条の2などによって著作権侵害が成立しない部分が多いという限りでは共通する場合があり，参考になる。多数の著作物がデジタルデータとして再現される可能性があるため，デジタルデータの利便性や世界観を損なわず，かつ，著作者としても許容できる適切な表示方法が課題となるであろう。

　また，再現データの利用の目的，用途，態様，再現の精度その他の事情次第では，各データにその元となった著作物の美的印象，著作者の力量等が表れ，各著作者が自身の著作物を他人の著作物と区別する利益があると評価されるような例外的なケースもあるかもしれない。その場合は，著作者名の表示が必要となる可能性が比較的高いと考えられるため，注意を要する。裁判例では，各種自動車の写真を幼児が見ることを通じて，観察力を養い，勉強の基礎になる好奇心を高めるとの幼児教育的観点から監修されている幼児教育書籍に掲載さ

45　大阪地判平17・1・17判時1913号154頁。
46　東京地判平27・2・25裁判所ホームページ参照（平25㈦15362）。

れた合計24種類の自動車の一例として，著作物である絵画が描かれたバスの写真が掲載されているという印象を受けると認定された事案において，19条３項の適用を肯定したものがある[47]。これに対し，旅行情報誌に掲載された写真に関し，「単に記事を引き立てるだけでなく，記事とは独立して写真自体により観光地の風観等を読者に紹介しているものもあり，また，世界の観光地の風景，施設，観光対象という撮影対象の性質上，写真の美的印象，構図，カメラアングル，露光時間，シャッターチャンス等に著作者の力量が表れ，写真自体が読者の関心を惹くことも十分考えられること」などを踏まえ，たとえ「全ての個々の写真毎にその脇に著作者名を表示することが不適切な場合があったとしても，頁毎，あるいは記事のまとまり毎に写真を特定して著作者を表示することまでも不適切とする事情は認められない」とし，19条３項の適用を否定した裁判例もある[48]。両裁判例を比較すると，個別の著作物が独立して美的鑑賞の対象となるような場合には，著作者には，他人のものと区別して自らの著作物であることを明示して個性，力量等を主張する利益があるから，容易に省略してはならないという傾向が見て取れる。もっとも，シミュレーション，解析等または位置合わせを目的とし，センサによって機械的に作成された点群データ等の場合，それを公衆に提示等するとしても，著作者の創作的観点からの個性，力量等は表れにくい場合があると思われる。そうだとすると，後者の裁判例のように評価されるケースは少ないかもしれない。

(4)　公表権

　未公表の著作物を著作者に無断で公衆に提供し，または提示する行為は，著作者の公表権を侵害する（18条１項）。当該著作物を原著作物とする二次的著作物についても，同様である。「公表」とは，著作物を発行し，または著作権者その他一定の権利者が上演，演奏，上映，公衆送信，口述もしくは展示の方法で公衆に提示すること（建築の著作物にあっては，建設することを含む）などをいう（４条）。

47　東京地判平13・７・25・前掲第３章注48）〔はたらくじどうしゃ〕。
48　東京地判平５・１・25判時1508号147頁。

一定の要件を満たすと，著作者が著作物の公表について同意したと推定または擬制されるなどにより，例外的に公表権侵害とならない場合がある（18条2項〜4項）。

企業の工場内部その他機密性が高く未公表の著作物が存在する可能性がある現実環境をデジタルデータ化する際には，公表権侵害とならないよう留意すべきである。具体的には，そもそも公表しない形でのみ利用するか，または公表する必要がある場合にはそのデジタルデータ化を委託する契約において公表の同意を得ることが考えられる。

4 ARと商標権

(1) 問題の所在

物理的な現実環境とバーチャル情報とを融合させるというARの特徴から，その利用の仕方によっては，商標法上の新たな問題点を生じさせる可能性がある（以下，本章 4 における条文番号は，特に断らない限り商標法のものを指す）。その1つが，AR領域における商標の「使用」の問題である。

従来，商標の「使用」という概念は，有体物である商品に物理的な方法で商標を付着させることが念頭に置かれていたが，平成14年商標法改正により，「商標の電磁的な情報が当該プログラム起動時や作業時のインターフェースに顧客が商標として視認できるよう，商標の電磁的な情報を組み込む行為」が商標の使用に当たることが明確化された[49]。たとえば，3DCGモデル等のVRまたはARのオブジェクトに，ユーザが視認できる形で商標の情報を組み込み，これが表示されるものとしてダウンロード提供する行為等は，商標を「使用」する行為に当たる（第2章 1 (5)④）。

さらに，ARの登場により，物理的な商品等にバーチャルな商標が結び付けられるケースや，逆に，物理的に存在する商標に，商品等に関するバーチャル

49　特許庁総務部総務課制度改正審議室編『産業財産権法の解説　平成14年改正』53頁（発明協会，2002年）。

な情報を結び付けるケースが生じるようになった。前者のケースについて，次の事例をもとに，商標の「使用」の問題を検討する（後者のケースの事例として，物理的な商標をトリガーにAR広告を再生する場合につき，第7章 ② (2) ②参照）。

> ある模倣業者は，自己が製造・販売するバッグにユーザが端末を向けると，その端末の画面上で，当該バッグに重なるように，高級ブランドバッグメーカーである他社の商標がARコンテンツとして自動的に表示されるように設定したアプリを作成し，一般に提供した。

商標権者は，指定商品または指定役務について登録商標の「使用」をする権利を専有する（25条）。したがって，侵害と疑われる行為を行う者が一定の商品または役務について商標を「使用」しているか否かの認定は，商標権侵害の成否を判断する上で極めて重要な要素である[50]。

では，この事例において，端末の画面上で，そこに映し出されたバッグの上に重なるように，他社の商標を表示することまたは表示できるようにすること（アプリにおいて，ARマーカやARコンテンツを登録することなど）は，2条3項各号の意味において，当該商標を「使用」するものといえるだろうか。

この点，端末の画面だけを見れば，商品に商標を直接貼付等したのと同様の外観が表示されるのであるから，商品に商標を「付」したといえるかもしれない。しかし，このとき，物理的，現実的に存在する商品には，商標の貼付，刻印その他何らの変更も加えられていない。また，利用する端末その他の条件にもよるが，たとえば，商標が重ねられた画面上の商品と，商標が貼付等されていない現実の商品とを同時に認識することができるなど，取引者，需要者が出所を混同する可能性が低い場合もさまざまありうる。これらを考慮すると，その商標は，出所識別標識として，その商品に使用されたとはいえないようにも思える。しかし，AR技術を悪用する模倣業者にこのような反論を許せば，AR技術を利用することによって商標権侵害を回避しつつ，他社の商標の信用

50　平尾正樹『商標法〈第3次改訂版〉』（学陽書房，2022年）56頁。

にただ乗りすることで，商標権者および混同した消費者の不利益の下で不当に
利益を得る行為が野放しになってしまうおそれがあり，妥当でない場合があり
うる。

　そこで，上記事例において，2条3項各号の「使用」があるといえるか否か，
また，その使用が出所識別機能を果たす態様によるものといえるか（26条1項
6号）を検討する。

(2)　事例の検討

　商品等に「標章を付する行為」とは，「標章が自他商品識別標識として機能
し得るように，商品と標章を密接に結び付ける行為」のことをいうと解され
る[51]。有体物たる商品に標章を物理的に付着させることは，「付する行為」に
該当するための要件ではなく，少なくとも，商品と標章が一体となって視認さ
れる結果となり，当該標章が識別機能を発揮するようになっている場合には，
これに該当しうると解されている[52]。したがって，商品等に対して物理的に標
章が貼付等されることがなく，端末の画面上で商品等に重なるように標章が表
示されるだけであったとしても，画面上で当該商品等と標章とが密接に結び付
き，当該標章が当該商品等の出所識別標識として認識される場合には，当該商
品等に「標章を付する行為」に当たると評価することが可能であると考えられ
る[53]。

　そのように評価できるかどうかは，具体的事情による。たとえば，前記事例
において，所定のバッグのみにARマーカを配置し，そのバッグのARマーカ
部分を画面上に映し出した時だけに特定の標章を表示させるという設定になっ
ている場合や，所定のバッグの特徴的な形状等から，端末側で当該バッグを所
定の商品に該当するものと認識した場合に，端末の画面上に映し出された当該
バッグに重なるように特定の標章を表示させるという設定になっている場合に
は，当該バッグと当該標章の間に密接な結び付きがあり，当該標章が当該バッ
グの出所識別標識として機能する場合がありうると考えられる。特定の商品を

51　小野＝三山編・前掲第2章注37）113頁〔茶園成樹〕。
52　特許庁総務部総務課制度改正審議室編・前掲注49）47頁参照。
53　平尾・前掲注50）47頁参照。

画面に映し出した時にのみ，当該商品に重なるように表示される特定の標章に接する取引者，需要者が，当該標章の意味を，当該商品の出所を示すこと以外に見出すとは考え難いからである[54]。これに対し，誰の，どの商品であるかにかかわりなく特定の標章を表示させる場合には，当該標章が当該商品の自他商品識別標識として機能しうるような密接な結び付きがないから，「付する行為」とはいいにくいと考えられる。

次に，「標章を付する行為」があると認められるとしても，その標章が，需要者が何人かの業務に係る商品または役務であることを認識することができる態様により使用されていない場合には，商標権侵害は成立しない（26条1項6号）。かかる態様での使用といえるか否かは，さまざまな事情が考慮されることになるが，たとえば，スマートフォンのカメラを所定の商品に向けた時に，当該スマートフォンの画面に，当該商品とともに特定の標章が表示されるような場合には，当該商品に物理的に貼付等された商標，売り場に設けられた販促物およびそれらに付された商標その他周囲の状況を，当該画面の表示と同時に目視することができるから，ユーザが画面だけを見て当該商品の出所を混同する可能性は比較的低くなると考えられる。これに対し，HMDやARグラスを装着したユーザが所定の商品を見た時に，当該商品に物理的に貼付等された商標を覆い隠すようにして特定の標章が表示されるような場合には，混同を生ずる可能性は高まるであろう。

では，前記事例において，バッグに他社の商標を「付する行為」があると認められるとして，その行為の主体は誰か。この点，実際に端末を操作し，その画面上でバッグに商標が重なる状態を作出するのはユーザであるから，一次的な使用主体は，ユーザであるという考え方もありえよう。しかし，通常，ユーザは業としてそのような行為を行うのではないであろうし，自ら商標を使用することによって自らを混同させたことにつき，商標権侵害責任を負うというのもおかしな話である。これについては，ARアプリあるいはARプラットフォ

---

54 当然ながら，ARサービスの目的，用途等に対する需要者の認識，表示される標章の内容，その表示の態様等によって左右されうる。参考として，ディスクリプション・メタタグが商標的使用に当たるかにつき，宮脇正晴「判批」Law & Technology 76号53頁，59頁（2017年）参照。

ームにおいて，ARマーカやARコンテンツ等を登録した者が「付する行為」の主体であると評価することが可能と考える。なぜなら，登録者がARマーカ，ARコンテンツ等を選択し，それらを登録した結果として，画面上で商品に重なるように標章が表示されるようになり，ユーザをして，当該標章が当該標章の出所を表示するものと認識させる状態になるからである。登録者が，自らの判断と認識の下，特定の商品と特定の標章を結び付け，ユーザが一定の操作をした時に自動的にそのような表示がされるようにするのであるから，ユーザの行為が介在し，また，プラットフォームが提供する環境を利用しているとしても，登録者の登録行為をもって，標章を「付する行為」そのものと評価して差し支えない[55]。

　この点は，ディスクリプション・メタタグないしタイトルタグの事案とパラレルに考えることができる。これらの事案では，ウェブページのhtmlファイルにディスクリプション・メタタグないしタイトルタグを記載した結果，インターネットユーザによる検索にヒットした時に，それらに対応する説明やタイトルを検索結果画面に表示させ，ユーザにそれらを視認させるに至ることから，インターネットユーザの行為や検索エンジンの提供するサービスが介在することを前提とするものではあっても，当該記載をする行為が「使用」（ただし，2条3項8号）に該当するとされている[56]。htmlファイルへの記載をARマーカ，ARコンテンツ等の登録に，インターネットユーザによる検索をAR端末ユーザによるアプリの起動およびカメラでの商品の捕捉その他一定の操作に，説明等の表示をARコンテンツたる商標の表示に，それぞれ置き換えることが可能である。

　なお，模倣業者が，第三者が提供するARプラットフォームを利用し，ARマーカ，ARコンテンツ等を登録した場合の当該ARプラットフォーム提供者

---

[55]　大阪高判平29・4・20裁判所ホームページ参照（平28㈹1737）〔石けん百貨控訴審〕のほか，大阪地判平28・5・9裁判所ホームページ参照（平26㈹8187）〔石けん百貨第一審〕，大阪地判平17・12・8判時1934号109頁〔クルマの110番〕，東京地判平27・1・29判時2249号86頁〔IKEA〕および大阪地判平29・1・19裁判所ホームページ参照（平27㈹547）〔バイクシフター〕。

[56]　クルマの110番事件判決・前掲注55)，IKEA事件判決・前掲注55)およびバイクシフター事件判決・前掲注55)。

の責任については，さらなる検討が必要である。この場合，ARプラットフォーム提供者は，その判断と認識の下で，ARマーカ，ARコンテンツ等の選定および登録という，商品と標章とを結び付ける具体的な行為に直接関与していないからである[57]。これまでの裁判例に照らすと，ARプラットフォーム提供者の責任が認められるためには，たとえば，当該提供者が，登録者の登録行為を，「自らの行為として認容」していたことが必要ということになろう[58]。

---

[57] 大阪高判平29・4・20・前掲注55）〔石けん百貨控訴審〕。
[58] 大阪高判平29・4・20・前掲注55）〔石けん百貨控訴審〕。知財高判平24・2・14判時2161号86頁〔チュッパチャプス〕も参照。

第 **5** 章

アバターに関する権利

1　アバターの権利概論

　アバターとは，「自分自身の分身となるオブジェクトのこと」をいう[1]。VRでは，ユーザ自身とその操作するアバターとの感覚情報を同期・統合することにより，身体所有感や臨場感を得ることができるとされる[2]。

　アバターは，ユーザ自身をリアルに再現したものでもよいし，ユーザの外観，性別等に捉われず自由に設定した架空の人物を実在するかのようにリアルに描写したものでもよいし，また，動物等のモチーフその他の属性および特徴を自由に設定して作成したフィクショナルなものでもよい。また，アバターは，マウス，キーボード，モーションキャプチャ等のユーザインタフェースによってリアルタイムにそれを操作するユーザの存在を前提とするが，XR空間やその他のデジタルコンテンツの文脈では，たとえば動き，声等を事前設定し，あるいはこれらをAIの処理によって実現することにより，リアルタイムにそれを操作するユーザのいないキャラクターも登場させることができる。

　これらの特徴に応じてキャラクターを分類し，それぞれの具体例と問題となりやすい主な権利を整理すると，次のようになる[3][4]。

1　「VR等のコンテンツ制作技術活用ガイドライン 2020」（特定非営利活動法人映像産業振興機構，2021年3月）83頁。

2　小柳陽光＝鳴海拓志＝大村廉「ソーシャルVRコンテンツにおける普段使いのアバタによる身体所有感と体験の質の向上」日本バーチャルリアリティ学会論文誌, Vol.25, Nol.1, 50頁～59頁（2020）。

3　図表1における各分類の呼称は，必要となる権利処理の種類等に応じて筆者が便宜的に区別・表記したものである。たとえば実際には，図表1において「デジタルクローン」，「デジタルヒューマンアバター」，「デジタルヒューマン」としたものは，それらをすべて包含する形で「バーチャルヒューマン」と呼ばれることもある。なお，図表1に記載のない権利等はそのカテゴリーにおいて問題とならないという意味ではないので，ご留意いただきたい。

4　アバターの権利関係については，本章で述べる内容のほか，関真也「バーチャルファッションと法－バーチャル試着とアバター接客に関わる知的財産法・肖像権・広告規制－」発明118巻10号46頁（2021年），同「バーチャルファッションと法(2)－バーチャルインフルエンサーに関わる知的財産法・肖像権・広告規制－」発明118巻12号38頁（2021年）もご参照いただきたい。

動き／見た目	ユーザのリアルタイムな操作 （アバター）	ユーザのリアルタイム操作なし
ユーザその他実在の人物をリアルに再現	分身アバター	デジタルクローン
	例：リアルなVRアバターモデル， 　　バーチャル試着	例：AI美空ひばり 　　「Lewis Hiro Newman」
	✓再現された人物の肖像権，パブリシティ権，名誉権，プライバシー権その他の人格権 ✓振付け，ポーズ，ウォーキング，決め台詞等の著作権・著作隣接権	✓再現された人物の肖像権，パブリシティ権，名誉，プライバシーその他の人格権 ✓技能・経験の保護
架空だがリアルな人物	デジタルヒューマンアバター	デジタルヒューマン
	例：「Sua」（Unity Korea公式キャラクター）	例：バーチャルインフルエンサー
	✓CGモデルの著作権 ✓振付け，ポーズ，ウォーキング，決め台詞等の著作権・著作隣接権 ✓キャラクターの名称，外観等の商標権	✓CGモデルの著作権 ✓キャラクターの名称，外観等の商標権
外観その他の属性・特徴を自由に設定	キャラクターアバター	フィクショナルキャラクター
	例：フィクショナルなVRアバターモデル，VTuber[5]，アバター接客	例：アニメの登場人物 　　企業の公式キャラクター
	✓CGモデルの著作権 ✓振付け，ポーズ，ウォーキング，決め台詞等の著作権・著作隣接権 ✓キャラクターの名称，外観等の商標権 ✓操作者の名誉，プライバシー等	✓CGモデルの著作権 ✓キャラクターの名称，外観等の商標権

図表1　キャラクターの分類

　いずれの分類に属するかによって，必要となる権利処理も異なってくる。た
とえば，ユーザその他実在の人物をリアルに再現した3DCGアバターは，それ
を忠実に再現すればするほど作成した者の思想または感情を創作的に表現した
もの（著作物）とは認められにくくなるといわれる。これに対し，実在する人
物等に関係なく自由に外観等を設定したものは「著作物」と認められやすい。
また，実在の人物を再現するものであるかどうかにより，当該人物の肖像権，
名誉，プライバシー等の人格的利益に対する侵害が問題となる程度が異なる。
さらに，ユーザがそれをリアルタイムに操作する場合，ユーザの動きについて
著作権，実演家の権利等の処理が必要となるか問題となるであろう。他方，そ
のキャラクターとの結び付きが強い実在の個人であるユーザがいないキャラク
ターは，肖像権，名誉権，プライバシー権その他の人格権による保護を受ける
ことが難しくなると考えられる。

2 著作権等の権利処理

(1) 著作権・著作者人格権

① 基本的な考え方

　アバターの外観を表現する3DCGモデルは，創作性を有する限り，広く著作
物として保護されると考えられる。具体的に検討すべき権利処理の内容は，(i)
著作者から3DCGモデルに係る著作権の譲渡またはその利用の許諾を受けるこ
と，および(ii)著作者人格権を行使しないという約束をとりつけることである
（契約書作成時の具体的なポイントについては，第8章②を参照）。

　著作者となるのは，原則として，その3DCGモデルを創作したものである
（著作権法2条1項2号）。はじめから3DCGモデルとしてアバターを作成した
のであれば，それをデザインまたはモデリングしたクリエイターが著作者であ

5　インターネット上の動画投稿サイトであるYouTubeにおいて，架空のCGキャラクター
　に音声を合わせた動画を投稿する活動を行う者をいう。活動の場をYouTubeとしていな
　くともVTuberと呼ぶことがあるが，そのほかにも，同様にCGキャラクターを使ってラ
　イブ配信プラットフォーム上で活動する者をVライバーと呼ぶこともある。

り，著作権および著作者人格権を有する。これに対し，まず2Dイラストを作成し，それを立体的なモデルにするという形で3DCGモデルを作成した場合は，2Dイラストが原著作物であり，3DCGのアバターはその二次的著作物（同法2条1項11号）となる。この場合，3DCGモデルを作成したクリエイターがその3DCGモデルの著作権を有するのはもちろんであるが，これに加えてイラストレーターも，2Dイラストについてだけでなく3DCGモデルに対する著作権を有することになる（同法28条）。したがって，この場合には，3DCGモデルを利用するにあたり，イラストレーターと3DCGクリエイター双方の権利処理が必要となる点に注意すべきである。

　企業等に所属するイラストレーターや3DCGクリエイターが制作したイラストや3DCGモデルの権利は，その企業等に帰属することがある。そのクリエイター等が，法人その他使用者（以下「法人等」という）の発意に基づき，その法人等の業務に従事するものとして職務上作成した3DCGモデル等であって，その法人等が自己の著作の名義の下に公表するものである場合である。この場合，その作成の時における契約，勤務規則その他に別段の定めがない限り，その法人等が著作者となる（同法15条1項。この仕組みを「職務著作」または「法人著作」と呼ぶ）。職務著作に該当する場合，3DCGモデルを利用する者としては，そのイラストレーターや3DCGクリエイターがそれぞれ所属する企業との間で権利処理をすべきことになる[6]。

　したがって，3DCGモデルを利用する者（アバター利用者）としては，イラストや3DCGモデルの制作委託先である個人または法人等が，自分に対してその成果物に係る著作権を譲渡し，またはその成果物の利用を許諾する権限を有するかを確認するのが望ましい。具体的な契約書上の対応としては，たとえば，その成果物に係る著作権が委託先に単独で帰属し，または委託先がその成果物の利用をその契約が定める利用方法および条件でアバター利用者に単独で委託する権限を有することを表明・保証させ，それが事実に反する場合の補償責任を規定することが考えられる。

6　なお，職務著作一般については，「その法人等が自己の著作の名義の下に公表するもの」であるという要件がある。しかし，プログラムの著作物については当該要件がない（著作権法15条2項）。

②　バーチャル試着のケース

　バーチャル試着とは，たとえば消費者本人をカメラで撮影した映像をリアル
タイムにディスプレイに映し出し，その動きに合わせて実際に着用しているか
のように衣服等のCGを身体に重畳して表示するサービスである。

　バーチャル試着のように，現実環境で取引される衣服その他の物品を 3DCG
その他のデジタルデータにして利用する場合，アバターとは別に，その物品に
係る著作権等の処理も必要となる。アパレル企業がバーチャル試着サービスを
構築する際の権利処理の全体像は，たとえば次のようになる[7]。

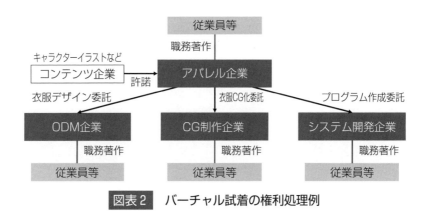

図表2　バーチャル試着の権利処理例

　図表2のとおり，バーチャル試着サービスの構築に際しては，実際に衣服を
デザインする者，その衣服の外観等を再現するCGを作成する者，そのCGを
利用者の動きに合わせて動かすプログラムを作成する者その他さまざまな創作
活動を担う者が関与し，それぞれが別個の著作権等を有することがある。それ
が自社の従業員である場合もあれば，外注先の従業員や個人事業主等である場
合もある。アパレル企業としては，これらすべての者の著作権等をいずれも侵
害することなくバーチャル試着サービスを構築・提供できるよう権利処理を行
わなければならない。

7　このほか，バーチャル試着に必要な機器等を提供する企業，その機器等を店舗に設置し
　てバーチャル試着サービスを提供する小売企業，バーチャル試着に関するプラットフォー
　ムを提供する企業その他さまざまなプレイヤーが関与するケースもある。

　これらの創作活動を行ったのが自社の従業員等である場合には，そのすべての成果物に係る著作権等が自社に帰属することが明確になる形で，労働契約，勤務規則，職務管掌，指揮命令フロー，公表名義ルールその他の社内体制を整備するのが望ましい（著作権法15条等）。

　また，これらの創作活動の全部または一部を外注する場合，成果物に係る著作権の譲渡または許諾を受ける形で，その成果物をバーチャル試着サービスに利用できるよう外注先との間で権利処理が必要となる。たとえば，外注先においてその従業員等が創作した成果物に係る著作権が当該外注先に帰属する体制が整備されていることを確認した上で，外注先が自社に対して当該著作権を譲渡し，または必要な範囲でその利用を自社に対して許諾する契約を締結するのが望ましい。

　もっとも，衣服のデザインおよびそのCG等が「著作物」でない場合，法的には著作権等の処理は必要ないことになる。この点，第3章 ② (2)③のとおり，衣服を含む実用品のデザインは著作物と認められにくい傾向にあるが，ティーシャツの模様として印刷された図案を著作物と認めた裁判例があるなど，保護の可能性は皆無ではない[8]。特に，当初から衣服に用いられるものとして創作されたのではないイラストその他の表現は，後に衣服のデザインに用いられたとしても，なお著作物として保護される[9]。出版社，ゲーム会社その他のコンテンツ企業が著作権の保有・管理しているキャラクターのイラストがプリントされたティーシャツであれば，そのイラストは著作権で保護されている可能性が高いので権利処理を要する。

　したがって，バーチャル試着サービスを構築・提供する者としては，状況に応じて適切にトラブルを予防するため，契約等による対応をとるのが望ましい。特に，多数の衣服等についてバーチャル試着サービスを提供する場合には，個別に著作物性を検討するのではなく，契約により一律に権利関係を処理しておくのが得策であることもあろう。具体的には，衣服を仕入れる際の売買契約またはデザインもしくはCG化を委託する際の業務委託契約等において，そのサ

8　東京地判昭56・4・20・前掲第3章注23）〔ティーシャツ図柄〕。

9　大阪地判平31・4・18裁判所ホームページ参照（平28(ワ)8552）。

ービスに利用する目的でデザインの複製等を行うことが可能となるよう，著作権の譲渡または許諾を受ける旨の条項を設けることを検討すべきである。衣服のデザインとそのCG化の外注先が別会社である場合には，両社の許諾等が必要でないかを検討すべきある。なぜなら，衣服のCGが衣服のデザインを原著作物とする二次的著作物であると評価される場合，CG制作者だけでなく衣服のデザインをした者も，そのCGについて著作権を有することになるからである（著作権法28条）。また，衣服のデザインは著作物であるとしても，そのCGは前述のとおり個性が表れているとはいえず著作物ではないと評価される場合もある。この場合であっても，バーチャル試着サービスにおいてディスプレイに表示されるCGが，当該衣服のデザインの表現上の本質的特徴を直接感得することができるものである場合には，衣服のデザインという著作物を複製その他利用していると評価される可能性があるため，衣服のデザインの著作権者との間の権利処理を検討する必要がある。いずれにせよ，衣服としてではなくそのCGとしてのみ利用するのだから，CG自体に著作物性がある場合に限って，CGを制作した者からのみ許諾を得れば足りるとは限らないことに注意すべきである。

　このとき，第三者から許諾を受けて衣服に利用した著作物（例：作家または出版社から許諾を得てティーシャツにプリントした漫画のキャラクター）がある場合には，それについての権利処理を行うことも忘れてはならない。

　バーチャル試着に関し，著作権法47条の2（美術の著作物等の譲渡等の申出に伴う複製等）という権利制限規定の適用について検討しておく。

　同条は，美術の著作物または写真の著作物の原作品または複製物の所有者その他のこれらの譲渡または貸与の権原を有する者が，譲渡権または貸与権を侵害することなく，その原作品または複製物を譲渡し，または貸与しようとする場合には，当該権原を有する者またはその委託を受けた者は，その申出の用に供するため，これらの著作物について，複製または公衆送信（自動公衆送信の場合にあっては，送信可能化を含む）を行うことができるという規定である。たとえばECサイトを通じて販売する商品の写真を撮影し，そのデジタルデータをサーバにアップロードし，ユーザの操作に応じネットを通じてそのデジタルデータを実際に送信する行為は，それぞれ複製，送信可能化および自動公衆

送信に該当し，著作権侵害となりうるが，著作権者の利益を不当に害しない範囲内でこれらを許容するのが同条である。

　衣服その他の商品のデザインは，一定の場合に美術の著作物等に該当しうる。したがって，たとえば小売業者が衣服を仕入れて販売するにあたり，バーチャル試着サービスを提供するために衣服をCG化し，これをサーバにアップロードし，消費者や販売員等の操作に応じてそのCGを送信してバーチャル試着のための機器のディスプレイ上に表示する行為は，同条によって許容されるかを検討する余地がある。大きなポイントは2つある。まず，これらの行為が，衣服の譲渡等の「申出の用に供するため」のものといえるかである。衣服のCGを消費者の画像に重畳し，その動きに合わせて変化させて表示することは，単なる譲渡等の「申出」を超え，それとは別の機能や価値，体験を提供することになるであろう。したがって，バーチャル試着における複製・公衆送信がこの要件を満たすとはいえないと解される余地があると思われる。

　2点目のポイントとして，同条の適用を受けるためには，「著作物の複製を防止し，又は抑止するための措置その他の著作権者の利益を不当に害しないための措置として政令で定める措置」を講じる必要がある。デジタル方式を念頭に，表示の大きさ・精度の具体的な基準を抜粋すると，**図表3**のとおりである（著作権法施行令7条の3，著作権法施行規則4条の2参照）。

　衣服全体を，試着の目的を達成できる程度の解像度で再現する必要があることとの関係で画素数の要件をクリアすることが難しい場合には，場合分けに応じて**図表3**中の(ⅱ)の要件を満たすかが重要となる。

デジタル方式により著作権法47条の2に規定する複製を行う場合 （以下のいずれかを満たす必要がある）	
（ i ）	当該複製により複製される著作物に係る影像を構成する画素数が32,400以下であること。
（ii）	当該複製により作成される複製物に係る著作物の表示の大きさまたは精度が，同条に規定する譲渡もしくは貸与に係る著作物の原作品もしくは複製物の大きさまたはこれらに係る取引の態様その他の事情に照らし，これらの譲渡または貸与の申出のために必要な最小限度のものであり，かつ，公正な慣行に合致するものであると認められること。
デジタル方式により著作権法47条の2に規定する公衆送信を行う場合 （コピープロテクション[10]を用いるか否かに応じ，以下のいずれかを満たす必要がある）	
コピープロテクションを用いない場合	
（ i ）	当該公衆送信により送信される著作物に係る影像を構成する画素数が32,400以下であること。
（ii）	当該公衆送信を受信して行われる著作物の表示の精度が，同条に規定する譲渡もしくは貸与に係る著作物の原作品もしくは複製物の大きさまたはこれらに係る取引の態様その他の事情に照らし，これらの譲渡または貸与の申出のために必要な最小限度のものであり，かつ，公正な慣行に合致するものであると認められること。
コピープロテクションを用いる場合	
（ i ）	当該公衆送信により送信される著作物に係る影像を構成する画素数が90,000以下であること。
（ii）	当該公衆送信を受信して行われる著作物の表示の精度が，同条に規定する譲渡もしくは貸与に係る著作物の原作品もしくは複製物の大きさまたはこれらに係る取引の態様その他の事情に照らし，これらの譲渡または貸与の申出のために必要と認められる限度のものであり，かつ，公正な慣行に合致すると認められるものであること。

図表3　画素数その他の制限（著作権法47条の2）

10　著作権法47条の2に規定する公衆送信を受信して行う著作物の複製を電磁的方法により防止する手段であって，著作物の複製に際しこれに用いられる機器が特定の反応をする信号を著作物とともに送信する方式によるものをいう（著作権法施行令7条の3第2号ロ）。

column

V-Commerce：VR空間内で商品を再現して提供する購買体験と著作権

　XRの浸透により，これまでとは異なるバーチャル空間における取引のあり方が模索されている。非接触経済化が進み，小売りを含めたあらゆる商業活動がデジタル化しつつある昨今，商品を3DCGモデルとしてVR空間内で忠実に再現し，アバターを介して手に取り，さまざまな角度から見て吟味するなど，現実環境で行えるのと同じような商品選択・購買の体験ができるようになる。コロナ禍の影響を受け，非接触経済化が進んだことを考えれば，VR空間内でのこうした商取引活動（V-Commerce）を促進する施策も重要性を増す。

　この場合，商品を3DCGモデルとして複製し，これを消費者のデバイスに送信し表示させることができるかを検討するに際しては，著作権法47条の2の適用の可否が大きな問題となるであろう。その商品の譲渡等の「申出の用に供するため」という要件を満たすかという点に加えて，前掲図表3で示した画素数等の制限が，V-Commerceを行うのに適したものであるかがポイントとなる。

　V-Commerceの拡がりに応じ，同法47条の2の適用に関しても，著作権者の利益を不当に害せずにそれが実現できる具体的な指針が改めて求められるかもしれない。

(2)　実演家の権利

　VR空間内での演劇，音楽ライブ等にアバターとして出演したり，遠隔地からアバターとして消費者に対して接客をしたり，VTuberとして活動したりするなど，アバターを介した人々の活動が多様化している。こうした場面では，マイク，フェイストラッキング，モーションキャプチャ等を利用して，アバターを操作する者[11]の声，表情，動き等をデジタルデータとして抽出・記録し，それらを画面上に表示されたアバターに反映する仕組みが採られている。

　操作者の動きや声等が著作権法上の「実演」に該当する場合，操作者は「実演家」としてさまざまな権利が与えられる（第2章①(4)③参照）。

　「実演」とは，「著作物を，演劇的に演じ，舞い，演奏し，歌い，口演し，朗詠し，又はその他の方法により演ずること」をいい，「これらに類する行為で，著作物を演じないが芸能的な性質を有するもの」を含む（著作権法2条1項3号）。アバターを介した操作者の行為が「実演」に該当するかは一概には言えず，ケース・バイ・ケースの判断となる。

　たとえば，そのアバターにつき，性格，決め台詞，口調，ポーズ等の演出的なキャラクター設定がなされており，操作者がその設定に従って動作，発声等を行うような場合には，「実演」に該当する可能性があると考えられる[12]。VTuberはこの類型に当たる場合も多いであろう。ポーズ等の身体的な動作については，フェイストラッキングやモーションキャプチャによって記録される精度等によるかもしれないが，少なくとも，キャラクター設定に沿って台詞を言うことに関しては，声優の演技に近く，「実演」に該当する可能性が高い。VR空間における演劇や音楽ライブにアバターを介して出演する役者，アーティスト等の歌唱・演奏等も，「実演」に該当するであろう。

　これに対し，アバターを介した操作者の動作，発声等が，著作物を演ずるも

11　VTuber等の文脈では，「中の人」，「魂」，「前世」などと呼ばれることがある。

12　VTuberを，その「中の人」とキャラクターとの人格的結び付きの強弱により「パーソン型」と「キャラクター型」に分け，「実演」および「実演家」該当性を整理する見解として，原田伸一朗「バーチャルYouTuberの人格権・著作者人格権・実演家人格権」静岡大学情報学研究26巻53頁，58頁以下（2021年）がある。

のでなく，かつ，芸能的な性質も有しない場合は，「実演」に該当しない。た
とえば，現実環境の店舗で接客を行う販売員と同様に，消費者の要望を聞き，
商品の提案をするなどの接客業務に伴う動作，発声等は，たとえVR空間にお
いてアバターを介して行うのであっても，通常は著作物を演ずるものではなく，
また，芸能的な性質を有するともいえないであろう。VR空間内で友人等と会
話その他のコミュニケーションを楽しむ際の動作，発声等についても，具体的
な内容等によるが，「実演」に該当しない場合が多いと思われる。

　モーションキャプチャ等を用いてアバターを操作する者の動作，発声等が
「実演」に該当する場合，その操作者は，当該実演について録音権・録画権
（著作権法91条），放送権・有線放送権（同法92条），送信可能化権（同法92条の
２）等を有する。モーションキャプチャを用いて抽出・記録されるデータは，
用いる技術にもよるが，「スケルトン」と呼ばれる，実際の骨格よりも単純化
されたデータとなる場合が多い。「スケルトン」とは，「球形のジョイント（関
節）と，くさび形のボーン（骨）を組み合わせた階層構造となっており，ジョ
イントの回転によって操作される」ものをいう[13]。たとえば，カメラで撮影し
た画像情報をAIで処理することによってボーンを抽出する方法[14]，ベースス
テーションから発せられる赤外線を検知する機器を身体に装着して両者の相対
位置を検出する方法[15]，ジャイロスコープ，加速度センサ等のセンサを身体に
装着して動きをキャプチャする方法[16]，身体に装着したマーカをカメラで検知
して画像処理をすることにより動きをキャプチャする方法[17]等がある[18]。モー
ションキャプチャの方法によって計測精度は異なる。たとえば，頭部に装着す
るHMDと両手に持つコントローラの３点でトラッキングをする場合と，トラ
ッカーを追加して６点あるいは10点トラッキングとでは，3DCGモデルに反映
した際のアバターの動きにも違いが生じる[19]。

13　CGWORLD Entry.jpのCG用語辞典における「スケルトン」の項目より。

14　例として，https://www.atpress.ne.jp/news/197565を参照。

15　例として，https://www.moguravr.com/htc-vive-kaisetsu/ を参照。

16　例として，https://www.aiuto-jp.co.jp/products/product_2193.phpを参照。

17　例として，https://www.acuity-inc.co.jp/pickups/knowhow/docs/20161028/ を参照。

18　その他モーションキャプチャ技術の体系全般につき，日本バーチャルリアリティ学会・
　　前掲第１章注４）69頁以下参照。

　これらを踏まえると，操作者の身体そのものの動きを全体として見れば「実演」といえる場合であっても，それをモーションキャプチャによって抽出・記録したデータ（スケルトン等）が「実演」を「録画」等したものといえるかは，別問題であるといえる。つまり，そのデータ自体から，操作者がその身体の動きによって表した創作的要素が読み取れない場合には，その「実演」が「録画」，「送信可能化」等されたとはいえず，操作者の録画権その他の著作隣接権は及ばないと解される余地があると思われる。この点，裁判例は，「実演家に著作隣接権が認められる根拠は，著作物の創作活動に準じたある種の創作的な活動が行われる点に求められるから，そのような創作的要素すら認められない場合には，『これらに類する行為で，著作物を演じないが芸能的な性質を有するもの』としての実演にも該当しないと解される」と述べた上で，ファッションショーにおけるモデルのポーズと動作の振り付けにつき，「ファッションショーにおけるパフォーマンスとしては極めてありふれたものであって何らの特徴を有するものでもないから，上記の意味での創作的要素すらない」とし，「実演」該当性を否定したものがある[20]。これによれば，「実演」に該当する操作者の身体の動きをモーションキャプチャした場合，抽出・記録されたデータ自体から，その動きに表された創作的要素が読み取れる場合にはじめて，その「実演」を「録画」等したものとして操作者の録画権その他の著作隣接権が及ぶことになると考えられる。この判断に際しては，キャプチャの精度や，その動きのどの部分に操作者の創作的要素が表れているかなどを吟味することになると思われる[21]。

19　3点・6点・10点トラッキングをした場合に，それぞれどのようにアバターの動きに反映されるかにつき，https://www.youtube.com/watch?v=o-c1dPx4B1Aの動画がわかりやすい。操作者の身体の動きによる実演と，モーションキャプチャしたデータとして表される動きまたはそれを反映したアバターの動きとが異なる場合，これらの動きを「実演」またはその「録画」ということは難しい場合があろう。また，アバター等の動きが実演と異なる場合，実演家人格権としての同一性保持権（著作権法90条の3第1項）を侵害しないかが問題となりうるが，技術的な制約によるものであり，「やむを得ないと認められる改変」（同条2項）等として侵害を否定する方向性を検討すべきであろう（第3章③(4)参照）。

20　知財高判平26・8・28・前掲第2章注74）〔ファッションショー〕。

21　小倉＝金井コンメⅠ・前掲第3章注101）68頁〜69頁〔桑野雄一郎〕参照。

　この点に関し，「表現媒体が自身の身体かデジタルキャラクターかといった違いはあるものの，裏側では実際の人間が踊り，その踊りが視聴者に伝達されていることから，デジタル処理の程度によっては，VTuberの『踊り手』による踊りも，『実演』として実演家の著作隣接権を肯定できるようにも思われる」という考え方がある[22]。デジタル処理後のアバターを介した動きから操作者の創作的要素が読み取れる限りは，それを「実演」の「録画」，「送信可能化」等と捉えることができるかもしれない。

　このように，アバターの動きに関する著作隣接権の処理は，モーションキャプチャにより操作者のモーションデータを抽出する段階（キャプチャ段階）と，そのデータをアバターの動きに反映した映像作品として配信する段階（アバター映像段階）の二段階でそれぞれ問題となりうる。そして，操作者の生身による動きについて「実演」該当性が問題となり，モーションデータおよびアバター映像の作成，配信等は，当該実演の利用の側面として，それぞれ当該実演の「録画」，「送信可能化」等に該当するか（そのモーションデータまたはアバター映像から，当該実演，すなわち当該操作者の生身による動きに表された創作的要素を読み取ることができるか否か）が問題となると整理できる。このようにキャプチャ段階とアバター映像段階とに分けて検討することは，たとえば，モーションキャプチャによるモーションデータの録画について操作者が許諾している場合に，そのモーションデータの送信可能化のみならず，それを反映したアバター映像を作成して送信可能化することについても，改めて操作者の許諾を得る必要がないことになるのかなどに関する議論を整理するのに役立つ。操作者としては，この点をどう解釈するかにより，どのアバターにそのモーションデータを反映させてアバター映像を作成，送信可能化するのかにつき，許諾を通じて自らの意思を反映させる機会があるかどうかに関わる重要なポイントになるであろう。

　以下，操作者の生身による動きそのものが「実演」に該当し，かつ，それに表された操作者の創作的要素を読み取ることができる形で「録画」または「送信可能化」がされるケースがあると仮定して，それぞれの段階で必要となる権

22　骨董通り法律事務所編『エンタテインメント法実務』（弘文堂，2021年）290頁。

利処理について検討する。

　まず，操作者の動きをモーションデータまたはアバター映像として録画（影像を連続して物に固定すること。著作権法2条1項14号）する場合，その録画をすることについて操作者の許諾を得ることを検討すべきである（同法91条1項）。そして，その録画をすることについて操作者の許諾を得れば，その許諾に基づいて録画したモーションデータまたはアバター映像を送信可能化することについて改めて操作者から許諾を得る必要はない（同法92条の2第2項1号）。操作者としては，その録画についての許諾を与える際に，録画のみならず，配信その他の実演の利用についての対価等も考慮に入れて契約交渉をすべきこととなる。

　録画の対象がモーションデータもしくはアバター映像のうち一方のみなのか，またはその両方なのかによっても，権利処理の考え方は異なりうる。モーションデータおよびアバター映像のいずれについても，録画，送信可能化等を行うのであれば原則として許諾が必要であるが，操作者の許諾を得て録画されている実演は，改めて操作者の許諾を得ることなく送信可能化することができる（同法92条の2第2項1号）。ここで，送信可能化について改めて操作者の許諾を得ることを要しないのは，「許諾を得て録画されている」実演を送信可能化する場合であるところ，モーションデータとアバター映像はそれぞれ別個に録画されうるものである。したがって，モーションデータについてのみ録画し，アバター映像は生配信だけを行う場合，モーションデータの録画について許諾を得ていたとしても，同法92条の2第2項1号を根拠に，アバター映像の送信可能化についてまで操作者の許諾を得る必要がないことにはならないと解される。モーションデータの録画に加え，アバター映像の送信可能化についても許諾を得ることを検討すべきである。同様に，アバター映像のみを録画し，モーションデータはその抽出後アバターに反映した上でただちに消去されるような場合は，アバター映像の録画について許諾を得ていることを理由に，モーションデータまで操作者の許諾を得ることなく送信可能化できることにはならないと解される。モーションデータおよびアバター映像の両方を録画する場合には，それぞれの録画について操作者の許諾を得れば，送信可能化について改めて許諾を得ることなく，その許諾に基づいて録画されたものをそれぞれ送信可能化

することができる。

　ところで，録画されたモーションデータおよびアバター映像は，ともに「映画の著作物」に該当しうる。もっとも，仮に「映画の著作物」に該当するとしても，それらは別個の著作物であるから，著作権法91条2項，92条の2第2項その他の規定の適用上，両者を区別して考える必要があろう。この点，モーションデータは操作者の身体の動きという客観的事実そのものにすぎず，当該動きの振り付け等から独立して，機器等を操作してモーションキャプチャを行った者等の個性が発揮されたものとはいえないから，そもそも「著作物」に該当しない場合がありうる。そうすると，モーションデータに収録された操作者の動きは，同法91条2項の「映画の著作物において……録画された実演」に該当しないため，同項および92条の2第2項2号の適用を受けないと解される余地がある。この場合でも，モーションデータとして実演を録画することについて操作者の許諾を得れば，その録画をすることはできるし，その録画されたモーションデータを送信可能化することもできる（同法92条の2第2項1号）。ただし，その録画されたモーションデータを他の媒体に増製（これも「録画」に当たる）するには改めて操作者の許諾が必要となりうる。前述のとおり同法91条2項が適用されず，同条1項の録画権が及ぶからである。また，増製した媒体に録画されているモーションデータを送信可能化するには，その増製または送信可能化をすることにつき，改めて操作者の許諾が必要となりうる。操作者の許諾を得ずに増製した媒体に録画されたモーションデータを送信可能化することについては，同法92条の2第2項各号のいずれも適用されないからである。これに対し，アバター映像は，アバターその他の創作的な要素が収録されるから，これを録画により媒体に固定する場合には，「映画の著作物」に該当することが多いであろう。したがって，アバター映像に表れる操作者の動きは，（そのアバター映像から当該操作者の動きに表された創作的要素を読み取ることができる限り）同法91条2項の「映画の著作物において……録画された実演」に該当すると解しうる。したがって，操作者の許諾を得て録画したアバター映像を他の媒体に増製するに際し，改めて操作者から許諾を得る必要はない（同法91条2項）。また，増製した媒体に録画されているアバター映像を送信可能化することにつき，改めて操作者から許諾を得る必要はない（同法92条の2

第2項2号）。

　次に，モーションデータおよびアバター映像をいずれも録画せずに生配信する場合は，配信に際して操作者から送信可能化の許諾を得ることを検討すべきである（著作権法92条の2第1項）。なお，この場合は，録画に関して操作者の許諾を得る機会がないから，同条2項を理由に，操作者から送信可能化の許諾を得る必要がないことにはならない。

　アバターにまつわる実演家の権利に関して残る検討課題としては，いかなる場合に，その生身の動き（実演）に表された操作者の創作的要素を読み取ることができる形で「録画」または「送信可能化」等がされたと評価しうるかであろう。これについては裁判例，学説等の蓄積を見守る必要がある。実務上は，「実演」該当性のある声や歌唱等の「録音」等を伴う場合が多いであろうから，モーションキャプチャ等の段階でまとめて操作者から許諾を得ることを検討するのもよいであろう。

3 標識法による保護

　アバターの名称や外観は，商標登録をすることにより，または周知・著名な商品等表示となることにより，商標法または不正競争防止法2条1項1号・2号による保護を受けることができる可能性がある（第2章 ①(5)および(6)参照）。とりわけ事業活動の一環としてアバターを活用している場合には，これら標識法の活用を検討するとよい。

　しかし，一般ユーザとしてゲーム，コミュニケーションその他のサービスを楽しむためにVR空間内でアバターを利用する者は，商標登録を受けることができず，商標としてアバターの保護を図ることができない可能性がある。商標は，「業として」商品・役務を生産等する者がその商品・役務について使用するものをいうからである。商品等表示も「商品又は営業を表示するもの」であるため（不正競争防止法2条1項1号），同様である。

4　VTuber その他のアバターに対する誹謗中傷等

(1)　名誉毀損・侮辱

①　一般論

　人の名誉を毀損した場合，損害賠償請求（民法710条），名誉回復措置請求（同法723条），差止請求等の民事法上の責任を負う。ここにいう「名誉」とは，「人の品性，徳行，名声，信用等の人格的価値について社会から受ける客観的評価」をいい[23]，これを低下させることが名誉毀損という不法行為である。かかる客観的評価を低下させるものであれば，事実の摘示によるか，または意見・論評の表明によるかを問わず，名誉毀損となる[24]。もっとも，事実の摘示によるか，ある事実を基礎とした意見・論評の表明によるかに応じ，違法性または故意・過失がないとして不法行為の成立が否定される要件が異なる[25]。

事実の摘示	(i)		その行為が公共の利害に関する事実に係るものであること
	(ii)		その目的がもっぱら公益を図ることにあったこと
	(iii)	(a)	摘示された事実がその重要な部分について真実であることの証明があったこと
		(b)	その事実を真実と信ずるについて相当の理由があること
意見・論評の表明	(i)		その行為が公共の利害に関する事実に係るものであること
	(ii)		その目的がもっぱら公益を図ることにあったこと
	(iii)	(a)	その意見ないし論評の前提としている事実が重要な部分について真実であることの証明があったこと
		(b)	その事実を真実と信ずるについて相当の理由があること
	(iv)		人身攻撃に及ぶなど意見ないし論評としての域を逸脱したものでないこと

図表4　名誉毀損が成立しない場合

23　最判昭45・12・18民集24巻13号2151頁。名誉を毀損するかどうかは，一般の読者等の普通の注意と読み方等を基準として判断する（最判昭31・7・20民集10巻8号1059頁等参照）。

　また，人が社会から受ける客観的な評価を低下させるものではないために名誉毀損が成立しない場合であっても，社会通念上許される限度を超える侮辱行為により人の名誉感情を害することは，人格権を侵害する不法行為として損害賠償請求等の対象となる[26][27]。ここにいう「名誉感情」とは，「人が自己自身の人格価値について有する主観的な評価」であり，前述のとおり客観的な社会的評価であるところの「名誉」とは区別される[28]。

②　バーチャルな存在に対する名誉毀損等の成否

　前述のとおり，名誉毀損が成立するためには，事実の摘示等によって人の客観的な社会的評価が低下することが必要である。この点，VTuberに見られるように，アバターを操作する実在の人物（「中の人」等と呼ばれる）の情報はあえて公表せず，キャラクターの名前，外観，性格その他の設定を基礎としてインターネット上の活動が行われることがある。

　このように，他の人からはその「中の人」が誰だかわからない状況において，そのキャラクターの活動に関して誹謗中傷等が行われたとき，名誉毀損や侮辱は成立するであろうか。人格権の主体であるその人物は，キャラクターとの結び付きを他人に認識されていない以上，キャラクターに向けられた誹謗中傷等によってその客観的な社会的評価が低下することにはならないから，その人物に対する名誉毀損は成立しないのではないか。こうした点が議論の対象となっている[29]。

　この点，VTuberの普段の言動や，記事，投稿等に基づいて公に知られてい

24　最判平9・9・9判時1618号52頁。これに対し，名誉毀損罪は，公然と「事実を摘示」し，人の名誉を毀損することにより成立する（刑法230条）。

25　最判平9・9・9・前掲注24）等参照。なお，刑法230条の2参照。

26　VTuberに対する侮辱につき人格権侵害の成立を認めた事例として，東京地判令3・12・17判例集未搭載（令3(ワ)17116），東京地判令3・4・26判例集未搭載（令2(ワ)33497）。逆にその成立を否定した事例として，東京地判令3・9・8判例集未搭載（令3(ワ)9442），東京地判令3・6・8判例集未搭載（令3(ワ)3937）がある。

27　刑法231条（侮辱罪）も参照。侮辱罪の法定刑は拘留（30日未満）または科料（1万円未満）であったが，悪質な誹謗中傷が深刻な社会問題となっていることを受け，侮辱罪の法定刑を1年以下の懲役もしくは禁固もしくは30万円以下の罰金または拘留もしくは科料に引き上げる法改正が行われた（令和4年7月7日施行）。

28　最判昭45・12・18・前掲注23）。

る情報から、その「中の人」が誰であるかが具体的に知られており、キャラクターに対して向けられた言説がその人物を対象とするものであると一般に理解することができるときは、その「中の人」という特定の個人に対する名誉毀損等が成立するといえる[30]。

　また、裁判例上、名誉毀損または名誉感情侵害が成立するためには、被害者の実名等が判明していることは必須ではない。以下のとおり、芸名等であっても、その活動に被害者の人格が反映されている場合等には、その芸名等から特定される人物に対する名誉毀損等は成立しうる。

　まず名誉毀損の成否について検討する。裁判例として、投稿の内容および経緯に基づき、その投稿が、Twitter 等において一定のユーザ名、アカウント名およびハンドルネームを使用している者を対象としたものであると認めた上で、原告が、そのユーザ名等を用いて約20年にわたりサークルの運営やイベントの告知を行うなどしていたことから、その投稿は、そのユーザ名等を用いている者、すなわち原告を対象としたものであると同定できると判断し、名誉権侵害の成立を認めた事例がある[31]。このように誹謗中傷等の対象が実名ではなくインターネット上の仮称であったとしても、その仮称を用いた活動を通じて社会的評価の対象となっている以上、その仮称によって特定される人物の名誉は保護されうる[32]。課題が残るとすれば、インターネット上の仮称等を通じた名誉を保護される地位は、同事例の原告のように、一定の仮称等を用いた活動を継続して行うことによってはじめて獲得されるものであるかどうかであろう[33]。

29　佃克彦『名誉毀損の法律実務〔第3版〕』（弘文堂、2017年）198頁～200頁、松尾剛行＝山田悠一郎『最新判例にみるインターネット上の名誉毀損の理論と実務 第2版』（勁草書房、2019年）176頁以下参照。なお、この問題はVTuberに限らず、アバターでVR空間での体験を楽しむ個人ユーザその他バーチャル空間等において匿名で活動する者全般に当てはまるが、裁判例も複数あるVTuberを中心に検討する。

30　関述之＝小川直人編著『インターネット関係仮処分の実務』（金融財政事情研究会、2018年）59頁参照。

31　東京地判令2・12・9判例集未搭載（令2(ワ)24410）。

32　名誉毀損ではなく侮辱に関する事案であるが、実名ではなくハンドルネームでの同定可能性を認めた事例がある（東京地判令3・1・29判例集未搭載（令2(ワ)18625））。同判決は、タイトル、内容および経緯から特定のハンドルネームを対象とするものと認められる記事につき、そのハンドルネームで動画を投稿している原告との同定は可能であるとし、人格権侵害を認めた。

人の名誉を毀損するかどうかは一般読者等の普通の注意と読み方等を基準として判断されるから，この点もやはり一般人から見て，その仮称等を通じた活動そのものが社会的評価の対象となるものと認識されているかが問題となるだろうか。純粋に個人的な活動がそこに至るには，ある程度継続的に行われることが必要かもしれない。これに対し，一部のVTuberのように，企業に所属して行う事業活動なのであれば，ただちに社会的評価の対象となる場合があるかもしれない。なお，2022年3月28日，東京地方裁判所がVTuberに対する名誉権侵害の成立を認める判決をしたとの報道があり，引き続き注視する必要がある。

　次に，「名誉感情」の侵害について検討する。仮名等に対する名誉毀損（客観的な社会的評価の低下）を認めることについて慎重な見解も，自己の人格価値に対する主観的な評価であるところの「名誉感情」の侵害は成立する余地があるとしており[34]，いずれの問題として捉えるかによって考え方が異なりうる。

　裁判例として，VTuberとして活動する人物が原告となった事案において，第三者によるインターネット上の電子掲示板への投稿が原告の名誉感情を侵害すると認めた事例がある[35]。裁判所は，(ⅰ)その所属プロダクションの中でそのタレント名（仮に「Ｔ」とする）で活動しているのは原告のみであったこと，(ⅱ)そのプロダクションでは，タレントと協議の上，タレントの個性を活かすキャラクターを製作していること，(ⅲ)「Ｔ」の動画配信における音声は原告の肉声であること，(ⅳ)CGキャラクターの動きについてもモーションキャプチャによる原告の動きを反映したものであること，(ⅴ)「Ｔ」としての動画配信等は，キャラクターとしての設定を踏まえた架空の内容ではなく，キャラクターを演じている人間の現実の生活における出来事等を内容とするものであることを考慮し，VTuber「Ｔ」の活動は，「単なるCGキャラクターではなく，原告の人格を反映したものであるというべきである」と述べた。その上で，裁判所は，その投稿の内容が，原告が「Ｔ」として配信したエピソードについて批判的な

33　この点につき，松尾＝山田・前掲注29）178頁参照。ちなみに，名誉等との保護とは文脈が異なるが，人格権の保護を趣旨とすると解されている商標法4条1項8号は，他人の氏名等を含む商標について原則として商標登録を受けることができないとしているが，雅号・芸名・筆名等については，それが著名な場合に限って同号の適用対象としている。

34　佃・前掲注29）200頁参照。

35　東京地判令3・4・26・前掲注26）。

意見を述べるものであったことから，その投稿が「Ｔ」としての配信に反映された原告自身の行動を批判するものであると認めるのが相当とし，同定可能性を肯定した。

　このように，VTuberとしての活動に対する誹謗中傷等により，名誉感情侵害等の不法行為が成立することはある。問題があるとすれば，VTuberとしての活動がその「中の人」の人格を反映したものであるといえるのはどのような場合かである。たとえば，前述(v)で挙げられているように，「中の人」の現実の生活における出来事等を内容とする活動を行うVTuberでなければ，名誉感情侵害等は認められないのだろうか。この点は，誹謗中傷等がVTuberの活動のうちどの要素に向けられているのか，そしてその要素に関して「中の人」の人格が反映されているのかという視点から，個別の事案ごとに検討すべき事項であると考えられる。たとえば，前述したVTuberの事例では，飲食店で提供された食事を食べきれずに残したというエピソードについての批判的な投稿が問題となったのであるが，その投稿は，原告の生育環境という「Ｔ」のキャラクター設定として存在しない無関係の事柄と結び付けてまで原告を批判するものであったことから，「単なるマナー違反等を批判する内容とは異なり，社会通念上許される限度を超えて原告を侮辱するものとして，その名誉感情を侵害することが明らか」と判断された。つまりこの判決は，その投稿が，原告の現実環境における行動等という要素に向けられたものであったことから，VTuber「Ｔ」としての活動における当該要素に原告の人格が表れていることを，名誉感情侵害を肯定する根拠として挙げたものと思われる[36]。そう考えると，同判決が挙げた前述(v)の要素は，VTuberに対する侮辱等が成立するために必須であるとはいえないであろう。たとえば，VTuberの声のみを揶揄する内容の投稿があった場合，それだけで，肉声を通じて反映される「中の人」の人格が害されたといえるケースはあると思われる（社会的に許される限度を超

---

[36]　東京地判令3・6・8・前掲注26）は，VTuberに関する書き込みが，動画配信上のキャラそのものに対する批評であるのか，その「中の人」である原告個人に対する批評であるのかを検討するまでもなく，受忍限度を超える程度に至っていないことを理由に不法行為の成立を否定した。この判決は，どちらに対する批評であるかによって結論が変わると明示的に述べるものではないが，その区別の視点が問題となりうることは示唆している。

える侮辱かは別途問題となる）。それが仮にキャラクターとしての設定を踏まえて声色や喋り方を普段とは変えている場合であっても，それが肉声である限り，「中の人」の人格が反映されていることに変わりはないと考えることもできる（そうした活動をすることを含めてその人なのであり，肉声という要素を介してそれが反映される）。これに対し，ボイスチェンジャーによって肉声とは異なる声になっているケースでは，少なくとも，その声だけを揶揄する投稿によって「中の人」の人格が害されたといえるケースは限定される可能性がある（もちろん，投稿の内容等による）。

　同様に，純粋にキャラクターの外観のみを揶揄する投稿が「中の人」の名誉感情等を侵害すると認められるかは疑問の余地がある。ただこの場合は，キャラクターを描いたクリエイター（「絵師」等と呼ばれる）の名誉，名誉感情または著作権法上の名誉声望保持権（第4章③(2)も参照）を侵害する可能性はある。

(2) プライバシー侵害

　プライバシー侵害に関するリーディング・ケースである「宴のあと」事件判決をもとに，「プライバシー」の定義および侵害要件を成立すると次のようになる。

定　　義	私生活をみだりに公開されないという法的保障ないし権利		
侵害要件	公開内容	(i)	私生活上の事実または私生活上の事実らしく受け取られるおそれのある事柄であること
		(ii)	一般人の感受性を基準にして当該私人の立場に立った場合公開を欲しないであろうと認められる事柄であること
		(iii)	一般の人々にいまだ知られていない事柄であること
	結　　果	(iv)	このような公開によって当該私人が実際に不快，不安の念を覚えたこと

図表5　プライバシーの概要

　アバターに関してプライバシー侵害が問題となりやすいのは，その操作者が誰であるかなどの情報を暴露するケースである。ここでもVTuberに関する裁

判例を紹介する。

　まず，インターネット上の電子掲示板でVTuberの「中の人」の本名および年齢を明らかにする内容の投稿をしたことにつき，「本名や年齢は個人を特定するための基本的な情報であるところ，インターネット上で本名や年齢をあえて公開せずにハンドルネーム等を用いて活動する者にとって，これらの情報は一般に公開を望まない私生活上の事柄であると解することができる」と述べてプライバシー侵害を認めた事例がある[37]。

　また，所属事務所のファンスレッドにおいて，それが特定のVTuberを演じる者であると理解される形で原告の顔写真を公開したことにつき，プライバシー侵害を認めた事例がある[38]。裁判所は，「そもそも着ぐるみや仮面・覆面を用いて実際の顔を晒すことなく芸能活動をする者もいるところ，これと似通った活動を行うVチューバーにおいても，そのVチューバーとしてのキャラクターのイメージを守るために実際の顔や個人情報を晒さないという芸能戦略はあり得るところであるから，原告にとって，本件画像が一般人に対し公開を欲しないであろう事柄であったことは十分に首肯できる」上，原告がそのVTuberであることを積極的に公開しておらず，所属事務所との間でも一個人として生身で活動を行うことが禁じられていたことから，「原告は本件画像の公開を欲していなかったことが認められる」とした。また，この画像は過去に原告自身がSNSで公開したものであり，また，すでに別人によってそのVTuberを指すものとしてインターネット上で公開されていたのであるが，それでもその画像とVTuberとの同一性を示すものとして新たに公開・拡散されることを原告が望んでいないことは明らかであると述べ，プライバシー侵害を認めた。

(3)　アイデンティティ権（なりすまされない権利）

　これまでも，インターネット上の掲示板，SNSその他のサービスにおいて，第三者が他のユーザのアカウント名，プロフィール画像等を無断で使用し，他のユーザになりすまして活動を行うことがあった（なりすまし行為）。VR空

---

[37]　東京地判令2・12・22判例集未搭載（令1(ワ)18748）。
[38]　東京地判令3・6・8・前掲注26)。

間においても，アバターを無断で使用するなどして他のユーザになりすまし，迷惑行為等を行ってそのユーザの評判等に悪影響を与えたり，アカウントの停止等の措置に結び付いたりする可能性もある。なりすまし行為に対し，なりすまされたユーザは法的にいかなる措置を講じることができるか。

　この点，氏名・肖像権，名誉，プライバシーとは別の権利として，「アイデンティティ権」の侵害が議論されることがある。「アイデンティティ権」とは，「他者との関係において人格的同一性を保持する利益」をいい[39]，不法行為法上保護される人格的利益となりうると述べた裁判例がある[40]。以下，なりすまし行為についてアイデンティティ権侵害の成否が問題となった裁判例を紹介する。

　まず，裁判所がいかなる基準をもってアイデンティティ権侵害の成否を判断しているかを確認する。大阪地判平29・8・30によれば，次の基準による。

> 「他者から見た人格の同一性が偽られたからといって直ちに不法行為が成立すると解すべきではなく，なりすましの意図・動機，なりすましの方法・態様，なりすまされた者がなりすましによって受ける不利益の有無・程度等を総合考慮して，その人格の同一性に関する利益の侵害が社会生活上受忍の限度を超えるものかどうかを判断して，当該行為が違法性を有するか否かを決すべきである」[41]

　同判決は，被告が原告のアカウント名を冒用し，プロフィール画像に原告の顔写真を登録した上で，インターネット上の掲示板で原告の社会的評価を低下させるような内容を含む投稿を行ったという事案に関するものである。裁判所は，なりすましが正当な意図・動機によるものとは認められないとしつつ，(i)利用者はアカウント名・プロフィール画像を自由に変更することができるため，利用者とこれらの結び付き，象徴度合いは必ずしも強いといえないこと（なりすましの方法・態様），(ii)特定のサイトにおけるなりすまし投稿の直後か

---

[39]　大阪地判平28・2・8判時2313号73頁。
[40]　大阪地判平29・8・30判時2364号58頁。
[41]　前掲注40と同じ。

ら，他の利用者からなりすましの可能性が指摘されていた上，なりすましのプロフィール画像等が1カ月あまりで変更されたこと（不利益の有無・程度）を総合考慮し，違法性を否定した。

　また，大阪地判平28・2・8も，なりすまし行為の直後から本人による投稿ではない可能性が指摘され，1カ月あまりのうちに抹消されたことから，損害賠償の対象となりうるような個人の人格的同一性を侵害するなりすまし行為が行われたと認めることはできないと判断した[42]。さらに，原告の氏名に類似する字形を用いたり，原告の経歴等に類似したプロフィールを記載するなどして，原告を知る関係者等に原告を想起させるようなユーザ名により投稿を行った事案において，そのユーザ名自体が原告の氏名とは異なるなどの事実関係から，その投稿が原告自身によるものであると誤解される可能性は極めて低いとし，アイデンティティ権侵害を否定した事例もある[43]。

　VR空間でアバターを無断使用して他のユーザになりすます行為についても，これらの裁判例が参考になるだろう。声，表情，身体の動きその他をリアルタイムかつ三次元的に反映するアバター等の場合には，利用者との結び付き・象徴度合いが比較的高まり，アイデンティティ権侵害が成立しやすいと評価できるかもしれない。他方で，声，動きの特徴といったさまざまな要素から本人かどうかを判断できるため，ユーザ名，プロフィール写真等よりも本人であるとの誤解は生じにくい面もあろう。さらに，たとえば有名なアバターの場合，その有名さゆえにアバターの外観から本人と誤解する可能性が高まり，なりすまし行為の態様等によっては本人に生じる不利益も大きなものとなる可能性がある。この場合にアイデンティティ権侵害が認められるとすれば，アバターを操作する本人が有する，アバターの肖像権ないしパブリシティ権のようなものとして機能する余地もある。CGとしてのアバターは，それ自体に人格はないため，肖像権等の客体となるかは消極的に評価される傾向にあると思われる[44]。

42　前掲注39と同じ。

43　東京地判平31・3・20判例集未搭載（平30(ワ)32777）。同判決は，そもそもなりすまして投稿したとはいえないと評価している。

44　本人と識別できるように再現したアバターの場合は，本人の肖像権またはパブリシティ権で対応しうるから，アバターの肖像権等を考える必要性は低いと思われる。

また，商品・営業の表示としてアバターを利用するわけではない個人ユーザには，標識法によってアバターの冒用等を阻止しにくいと思われる（本章 ③）。これら保護の間隙を埋めるものとして，アイデンティティ権がXR領域において果たす役割が期待されるようになるかもしれない。

(4)　プラットフォームの役割と責任

VR空間内において，他のユーザに対するハラスメント，盗難，誹謗中傷，著作権・商標権その他の知的財産権侵害等が行われている場合，被害にあったユーザはどのような措置を講じることができるか。まず，加害行為を行ったユーザに対する差止め，損害賠償請求等を検討するであろう。しかし，そのユーザに対する法的措置を行うために必要な氏名・住所等の情報を特定することができない場合がある[45]。また，仮にそうした情報を特定できたとしても，加害ユーザの資力等の事情により，十分な被害回復が実現できない可能性もある。このため被害ユーザとしては，加害ユーザによる違法行為を阻止しなかったプラットフォーム事業者に対し，損害賠償その他の被害回復を求めたいと考えることがある。

ユーザの不法行為や債務不履行等については，その行為を自ら直接に行ったユーザ自身が責任を負い，プラットフォーム事業者は責任を負わないのが原則である[46]。しかし，プラットフォーム事業者も，ユーザの行為について一定の場合に損害賠償義務等を負うことがある。XR・メタバースのプラットフォー

---

[45]　プロバイダ責任制限法の適用対象となるのは，「情報の流通」がそれ自体で権利を侵害するものである場合である（東京地判平22・12・7判例集未搭載（平22(ワ)5406））。

[46]　経済産業省「電子商取引及び情報財取引等に関する準則」102頁以下（令和4年4月）によれば，「ユーザー間取引プラットフォーム」に関してではあるが，プラットフォーム事業者が単に個人間の取引仲介システムを提供するだけであり，個々の取引に実質的に関与しない場合には，取引は各ユーザの自己責任で行われ，プラットフォーム事業者は責任を負わないと解されるものの，プラットフォーム事業者がユーザ間取引に実質的に関与する場合には，その役割に応じて，プラットフォーム事業者の責任を検討する必要があるとする。具体的には，(i)プラットフォーム事業者がユーザの出品行為を積極的に手伝い，これに伴う出品手数料または落札報酬を出品者から受領する場合，(ii)特定の売主を何らかの形で推奨する場合，(iii)プラットフォーム事業者自体が売主等の取引当事者となる場合が挙げられている。

ム事業者についてこうした責任の有無が問われた裁判例はないが，これらの事業者が参考とすることができる裁判例として次のようなものがある。

　まず，インターネットオークションサイトを利用して商品を落札し，その代金を支払ったにもかかわらず，商品の提供を受けられないという詐欺被害にあったユーザが，当該サイト運営者に対して損害賠償を求めた事例がある[47]。裁判所は，一般論として，当該サイト運営者とユーザとの間のサービスの利用に関する契約（本件利用契約）は「本件サービスのシステム利用を当然の前提としていることから，本件利用契約における信義則上，被告は原告らを含む利用者に対して，欠陥のないシステムを構築して本件サービスを提供すべき義務を負って」おり，その義務の「具体的内容は，そのサービス提供当時におけるインターネットオークションを巡る社会情勢，関連法規，システムの技術水準，システムの構築及び維持管理に要する費用，システム導入による効果，システム利用者の利便性等を総合考慮して判断されるべきである」と述べた。そして，裁判所は，「本件サービスを用いた詐欺等犯罪的行為が発生していた状況の下では，利用者が詐欺等の被害に遭わないように，犯罪的行為の内容・手口や件数等を踏まえ，利用者に対して，時宜に即して，相応の注意喚起の措置をとるべき義務があった」とした上で，当該サイト運営者は，「利用者間のトラブル事例等を紹介するページを設けるなど，詐欺被害防止に向けた注意喚起を実施・拡充してきており，時宜に即して，相応の注意喚起措置をとっていたものと認めるのが相当である」とし，結論としてユーザの損害賠償請求を棄却した。

　裁判所が当該サイト運営者に注意喚起義務があることを肯定した背景には，「警察庁によると，平成14年ころからインターネットオークションに関する犯罪被害に関する相談受理件数が増加し（略），遅くとも平成17年ころには，ネットオークションにおいて落札者が代金を支払ったにもかかわらず商品が届かないなどのトラブルが生じている旨の報道がされるようになっていた」などの事実があった。これによれば，プラットフォーム事業者としては，ユーザによる不正行為の発生状況やそれに対する社会の評価その他の社会情勢を踏まえ，

---

[47]　名古屋地判平20・3・28判時2029号89頁・名古屋高判平20・11・11裁判所ホームページ（平20㈹424）。

ユーザに生じることが予見される結果を回避するためにいかなる措置を講じるのが合理的かを検討する必要がある。

なお，原告となったユーザらは，注意喚起義務のほかにさまざまな義務が当該サイト運営者にあると主張していた。しかし，下記**図表6**のとおり，裁判所は，注意喚起義務以外の義務はないと判断している。プラットフォーム事業者の義務の内容は，その当時の技術水準やシステムの構築・維持管理に要する費用その他前述の各要素を考慮して判断されるから，他のXR／メタバースのプラットフォームにおいて採用されているシステムその他の措置を見ながら，自社の状況にあった合理的な措置を行っていくべきことになる[48]。

原告らが主張した義務内容	結論	裁判所の判断理由
被害防止の注意喚起	義務はあるが違反なし	詐欺等が発生していた実情。ただ注意喚起は十分にしていた。
信頼性評価システム導入	義務なし	信頼性評価の第三者機関が日本にはなかったので導入は困難。
出品者情報の開示	義務なし	虚偽情報等のため実効性が低い。個人情報保護法の問題。
エスクローサービス利用	義務なし	ユーザが利用してくれなくなるおそれがあり，営利事業としての本件サービスの運営に困難を強いる。
詐欺被害補償制度	義務なし	事後に補償しても詐欺被害の防止にはならない。

図表6 **プラットフォーム事業者の義務内容に関する裁判例**

また，オンラインショッピングモールの運営者が，「単に出店者によるウェブページの開設のための環境等を整備するにとどまらず，運営システムの提供・出店者からの出店申込みの許否・出店者へのサービスの一時停止や出店停

---

48 たとえば，Meta社（旧フェイスブック）が，ソーシャルVRサービスにおいてユーザ同士の距離を保ち，ハラスメント行為等を防ぐことを目的とした境界線（接近禁止機能）を実装したことが報じられた（MoguLiveの2022年2月8日付け記事（https://www.moguravr.com/meta-horizon-boundary/）等参照）。

止等の管理・支配を行い，出店者からの基本出店料やシステム利用料の受領等の利益を受けている者であって，その者が出店者による商標権侵害があることを知ったとき又は知ることができたと認めるに足りる相当の理由があるに至ったときは，その後の合理的期間内に侵害内容のウェブページからの削除がなされない限り，上記期間経過後から商標権者はウェブページの運営者に対し，商標権侵害を理由に，出店者に対するのと同様の差止請求と損害賠償請求をすることができる」と述べた裁判例がある[49]。同判決は，当該運営者が商標権侵害の事実を知ったときから8日以内という合理的期間内に是正したことから，結論として差止めおよび損害賠償の請求をいずれも棄却した。プラットフォーム事業者としては，ユーザからの通報等により，プラットフォーム内で第三者の権利が侵害されている事実を把握したときは，適切に調査の上，合理的期間内に削除等の対応をとることができる体制を整備することが重要である。

5 アバターファッションと知的財産

(1) アバターファッションとは

　XRにおいて重要な役割を果たすアバターに関する問題の1つとして，アバターファッションを例にXRと知的財産について検討したい。

　ファッションの分野では，リアルとバーチャルの境界がなくなり始めている。たとえば，現実のファッションブランドが，ゲーム内でアバターが着るデジタルの衣服を提供することが増えている。また，高性能となった3Dモデリングソフトウェアを使えば，3DCGでデザイン，パターン修正，サンプリング等の工程をデジタルで精密に行うことができ，コスト削減や環境対策にもなることが期待されている。そして重要なことに，3DCGデータとして創作された単一のデザインから，現実環境で人間が着用する衣服とVR空間内でアバターが着るデジタルな衣服とを両方作ることができるようになっている。

49　知財高判平24・2・14・前掲第4章注58）〔チュッパチャプス〕。第一審である東京地判平22・8・31判時2127号87頁も参照。

(2)　アバターファッションの法的位置づけ：実用目的か鑑賞目的か

　従来の整理によれば，人間が着用する衣服は実用品であり，著作権法というよりは意匠法の保護領域であるとされる傾向にあった。その理由はさまざまあるが，基本的な考え方は，実用品のデザイン（応用美術）は，実用目的または産業上の利用の目的という制約を受けながら創作されるため，制作・流通の実情を考慮して意匠法的に保護するべきことにあるとされる[50]。他方，意匠法上，映画やゲーム等のコンテンツについては，画像意匠としても保護されない（そもそも「意匠」に該当しない）[51]。そのため，人間が着用する衣服のデザインは意匠法で，ゲームその他のコンテンツ内で登場するアバター（の衣服）のデザインは著作権法で，それぞれ保護するのが基本となる[52]。また，もともとティーシャツのデザインとしてではなく，鑑賞するためのイラストとして作成されたものは，たとえその後ティーシャツに用いられたとしても，応用美術に該当すらせず著作物となりうるとした裁判例がある[53]。同じくティーシャツのイラストの著作物性が争われた別の裁判例において，「原告の販売するテイーシャツに模様として印刷することを目的として製作されたものであること」を理由に応用美術に該当するとされたことと比較すると[54]，同じ3DCGのデザインデータだとしても，それがもともと，人間用の衣服のデザインとして作成されたのか，それともアバター用の衣服としてデザインされたのかによって，著作

50　中山・前掲第2章注23）215頁参照。また，応用美術の保護を競争という観点から検討するものとして，中山信弘「応用美術と競争」法学志林116巻2・3号合併号33頁（2019年）も参照。

51　意匠審査基準（令和3年3月31日改訂版）第Ⅳ部第1章3.1参照。ただし，意匠法の文言上は，映画，ゲーム等のコンテンツ画像が「機器の操作の用に供される」画像または「機器がその機能を発揮した結果として表示される」画像（意匠法2条1項）に該当するとの解釈を可能とする余地がある点につき，五味飛鳥「画像デザインの保護範囲－保護範囲をどのような基準で画するか」日本工業所有権法学会年報43号61頁，76頁以下（2019年）を参照。

52　例外もある。衣服の分野では，たとえば，ティーシャツのデザインについて著作権による保護が認められた事例がある（東京地判昭56・4・20・前掲第3章注23）〔ティーシャツ図柄〕）。また，知財高判平27・4・14・前掲第3章注22）〔TRIPP TRAPP〕も参照。

53　大阪地判平31・4・18裁判所ホームページ参照（平28(ワ)8552）。

54　東京地判昭56・4・20・前掲第3章注23）〔ティーシャツ図柄〕。

権法による保護を受けるかどうかが変わってくることにもなる。

　では，単一の3DCGとして作成され，そこから人間用とアバター用の両方の衣服を制作できる場合，そのデザインはどのように保護されるのか。技術の発達により，どちらの用途として先に作成されたかという区別がなくなるため，それによって応用美術であるか否か，ひいては著作物として保護するか否かを区別するという議論は意味を失うことになる。1つの考え方としては，コンテンツ的にも利用できるものとして作成されたことを重視して，応用美術の議論によらず著作物性を肯定することもありうる。他方，前述した基本的な考え方に立ち戻り，創作において実用目的または産業上の利用の目的という制約を受けたかどうかで区別して判断すべきという考え方もあろう。後者の場合，人間の姿形を忠実に再現したアバターに着用させるデジタル衣服については，本人やそのアバターの身体に合わせるといった観点から制約を受けやすいので，著作物性が否定されやすくなると考えられる。他方，デフォルメされていたり，架空のキャラクターとして描かれたアバターの衣服の場合は，実用面等からの制約を受けにくく，比較的著作物性が肯定されやすいと考えられる。しかしながら，そもそもデジタル衣服は単に鑑賞目的で創作されているのではなく，アバターに着用させるという目的自体が実用目的であるという考え方もありうる[55]。そうだとすれば，たとえ人間を忠実に再現したのではないアバターであっても，その寸法・体型等に合わせて作るアバターは美的表現において制約を受けており，著作物ではないと判断されるかもしれない。今後議論されるべき課題であると考える。

　注意すべきなのは，アバター用の衣服としてのデザインは，「意匠」に該当せず意匠法による保護を受けることができないので，人間用の衣服としても利用できる形でデザインしたことに伴って著作物性も否定された場合，その保護の手段が限られる可能性があることである。人間用とアバター用が別個のデザインとして創作される場合であれば，アバター用のデザインは応用美術に該当

55　応用美術の著作物性を判断する場面における「実用的機能」の範囲を整理する必要性について，関真也「Star Athletica事件合衆国最高裁判決：実用品のデザインに用いられる美術的特徴が保護適格性を有するか否か（分離可能性）を判断する基準」AIPPI, Vol.62, No.9, 858頁～859頁（2017年）参照。

しないものとして著作物性が肯定される余地もあったと考えられるが，両用途を果たす単一のデザインとして創作する場合には，現行法上，その可能性も小さくなるおそれがある。「コンテンツだから著作権で保護されるであろう」という認識を改める必要がある。今後は，こうしたアバターのデザインの要保護性に関する要望，実態等を踏まえて検討を進めていくべきかもしれない。

　衣服等のファッション製品に限らず，VR空間でも利用されることのある家具，電化製品，文房具その他の実用品でも，同様の問題は生じうるだろう。

第 6 章

XRオブジェクトをめぐる権利関係

1　ユーザはXRオブジェクトについてどのような権利を持つか

> **【事例1：盗難】**
> 　ユーザAは，あるVR空間プラットフォーム内のサービスでVRオブジェクトを購入し，アバターを介して利用していた。ところが，同VR空間の他のユーザであるBが，同VR空間内においてアバターを介して同VRオブジェクトを持ち去ってしまった。Aは，何を根拠に，誰に対して，どのような請求をすることができるか。
> 　また，同VR空間のユーザではない第三者Cが不正アクセスし，Aが購入したVRオブジェクトのデータを抜き取ってしまった場合はどうか。
>
> **【事例2：サービス提供者の破産】**
> 　ユーザAは，事例1と同じようにVRオブジェクトを利用していたところ，VR空間プラットフォームのサービス提供者が破産してサービスを終了してしまったため，VRオブジェクトを利用できなくなってしまった。Aは，何を根拠に，誰に対して，どのような請求をすることができるか。

(1)　問題の所在（XRオブジェクトの法的な位置づけ）

　XRを活用したサービスを楽しむユーザの中には，多くの時間や金銭，場合によっては創作活動等の労力を費やしてXRオブジェクト（を利用する権利）を入手する者もいる。そして，そのXRオブジェクトは，アバターを介するなどしてユーザが触れたり，自由に動かしたりして，現実環境の「物」と同じようにインタラクトすることができるように作られていることもある。こうしたことから，ユーザは，自ら購入，作成等したXRオブジェクトに対して強い愛着や利害意識を持つことも少なくない。他のユーザその他の第三者による盗難，またはサービス提供者によるサービスの停止，ユーザの規約違反等に伴うアカウント停止措置，サービス提供者の破産等の事情によって，XRオブジェクトを利用することができなくなったとき，ユーザと他のユーザ等の第三者または

サービス提供者との間にトラブルが生じることになる。たとえば，「セカンド
ライフ」の土地が不正に購入されたとして，運営者がそのユーザから土地を没
収するとともにアカウントを凍結したのに対し，ユーザがその土地の所有権を
主張して争った米国の裁判例がある[1]。

　しかし，XRオブジェクトはネットワーク上で稼働するデータであり，ユー
ザに見えているのはそれがコンピュータの描画処理により画面に表示される画
像または影像である。つまり，XRオブジェクトは，現実空間の一部を占める
形で存在するわけではないという意味で無体物であり，この点で「物」とは決
定的に異なる。したがって，XRオブジェクトは，「有体物」であるところの
「物」（民法85条）に対する支配権である所有権その他の物権の対象にはならな
いと一般に解されている。この理解は，ゲーム等のデジタルコンテンツ一般に
対する従来の考え方と同じである。

　他方で，保有ユーザ（サービス内でXRオブジェクトを購入し，またはサー
ビス内にアップロードすることなどにより，XRオブジェクトを利用する権利
を認められたユーザをいう。以下同じ）のXRオブジェクトに対する利益は，
たとえば次の法律構成によって保護される場合がある。

⑴　著作権侵害に基づく差止め

⑵　契約に基づく債権の行使（サービス提供者との間の利用規約，ユーザ間の
　　個別の合意等）

⑶　不当利得返還請求

⑷　不法行為に基づく損害賠償請求

1　Bragg v. Linden Research, Inc., 487 F.Supp.2d 593（E.D. Pa, 2007）. この事件の背景には，
運営者やその関係者が，プレスリリース等を通じて，ユーザが「セカンドライフ」内の土
地について所有権を有することを匂わせるような発言をしていたという事情もある。「デ
ジタル所有権」などの言葉が使われるようになったが，サービス運営者としてはユーザに
誤解を生じさせないよう言葉遣いにも留意すべきである。なお，この判決は，セカンド
ライフのサービス規約における仲裁条項が執行不能であるなどと判断したものであり，セ
カンドライフにおける土地の所有権について判断を示していない。この事件は，この点につ
いて判断されることなく和解により終結した。

　もっとも，近時のXRオブジェクトに関する技術や活用方法の多様化に応じ，その法的な位置づけを見直すべき側面も生じているように思われる。たしかに，XRオブジェクトはサービス提供者のサーバに保存されたデジタルデータであり，複数のユーザがその劣化しないコピーを作成したりサーバから受信したりして同時に利用することができる。このデジタルデータとしての特性に着目すれば，XRオブジェクトも，情報・データ一般に関する従来の考え方と同様に，特定人の排他的な支配に適さず物権的保護の対象にはならないこととなろう。しかし，自由に触れたり動かしたりすることができ，さらにはアバターもしくは他のオブジェクトとの接触または時間の経過等によって変形，破壊等の変化が生じるインタラクティブ性の高い影像としてのXRオブジェクトは，その変化に応じてそれぞれに固有の属性が与えられ，デジタルデータそのものから離れて特定することができ，一定の独立した価値を有すると見ることもできる。そして，このXRオブジェクトを使用・収益・処分することができるのは，アバターを介して実際にそのXRオブジェクトを取り扱っているユーザのみであるといえる場合も生じうる。そうだとすれば，この影像としてのXRオブジェクトに対しては，現実世界で「物」を占有するのと同じように，各ユーザ自身による支配が及んでいると見ることができるかもしれない。

　また，従来のデジタルコンテンツは，特定のサービスの中でのみ利用できるにすぎない場合が多かったため，デジタルデータそれ自体に対するユーザのコントロールを認める必要性は比較的少なかった。仮に，サービスの提供自体が停止したときにデータを引き渡すようサービス提供者に求める権利をユーザに認めたとしても，ユーザはそのデータを他のサービス内で利用することはできない以上，その権利の有無を議論する実益は乏しかったのである。しかし，最近では，技術仕様を標準化することにより，同一のXRオブジェクトを複数のプラットフォームで利用できるようにする取組みが進められている（次頁の図表1参照)[2]。こうした取組みが浸透していくと，前述のように特定のサービスの提供が停止したとしても，ユーザはそのXRオブジェクトのデータを他のサ

2　たとえば，対応する複数のアプリケーションで同じ人型アバター（3Dモデル）のデータを扱うためのファイルフォーマットとして，「VRM」が有名である（一般社団法人VRMコンソーシアムのウェブサイト等を参照）。

ービスで利用することができるから，データ自体にサービスから離れた独自の経済的価値があり，データ自体を取得・コントロールすることに対するユーザの期待は一層増大することになる。

　従来は，契約（利用規約）に基づいてユーザにデジタルコンテンツの利用権を付与しているにすぎず，サービスを停止したときはその契約の定めに従ってデジタルコンテンツの提供をも終了して差し支えないという取扱いが一般的であった（対価に見合う十分な利用期間を確保させるなどの配慮は必要である）。しかし，今後は，扱うXRオブジェクトの特性その他具体的なサービスや利用条件等に応じ，紛争予防の観点も交えて，XRオブジェクトの取扱いを見直す必要が出てくるかもしれない。

特　徴	内　容
事実上の管理可能性	特定のユーザのみがそのオブジェクトをコントロールできる。
取引対象性	プラットフォームのルール内で売買，交換等の取引をすることができる。
独立性	他のアバター，オブジェクト等から離れて独立に存在しうる。
持続性	ワールドの移動，ログアウト等にかかわらず，その場に存在し続ける。
インタラクティブ性	同時に複数のユーザが同一のリソース上で他のユーザのアバター，オブジェクト等と相互に作用し合う。また，オブジェクト同士の相互作用もある。
プラットフォーム互換性	技術仕様の標準化によって複数のプラットフォーム上で同じアバター，オブジェクト等を利用できる。

図表1　XRオブジェクトの主な特徴

　そこで，以下では，本章の冒頭で挙げた各事例を参考に，物権以外の法律構成による保護のあり方を概観し，続いてなぜ物権による保護の是非が議論されるのかについて述べる[3]。

⑵　著作権侵害に基づく差止め

　XRオブジェクトも，著作物性の要件をすべて充足すれば，著作権法による保護の対象となる（第2章①⑷）。しかし，著作権による保護には2つ問題が

ある。

　まず1つは，XRオブジェクトの保有ユーザが著作権者であるとは限らないという点である。XRオブジェクトは，サービス提供者自身が著作権を保有してユーザに提供している場合もあれば，著作権を有する他のユーザがそのサービスにアップロードして提供している場合もある（誰に著作権が帰属しているかは，誰がそのXRオブジェクトを創作したか，職務著作であるか，利用規約等の契約によって移転しているかなどの個別事情による。第2章①(4)①参照）。これらの場合，事例1および2におけるユーザAは著作権侵害を主張できる立場にないので，その救済にはならない[4]。

　もう1つは，著作権侵害に基づいてXRオブジェクトを返還するよう求める権利は一般に認められていない点である[5]。事例1においてユーザBに対してXRオブジェクトの返還を求めるとすれば，著作権侵害を理由とするよりは，後述する不当利得返還請求と構成したほうが容易であろう[6]。

3　本章で検討する事項については，角本和理「いわゆる"仮想財産"の民法的保護に関する一考察(1)：オンラインゲームサービス内のデータ保護にまつわる米中の議論を参考に」をはじめとする一連の連続論文（北大法学論集65巻3号77頁（2014年），北大法学論集65巻4号39頁（2014年）および北大法学論集65巻5号287頁（2015年））が詳しい。また，VRにおけるデジタル資産の所有権について考え方の筋道を示すものとして，小塚荘一郎「VR内の『物』とデジタル資産の所有権」ビジネス法務21巻6号56頁（2021年）参照。

4　独占的利用権者の著作権侵害者に対する損害賠償請求権等につき，第8章②(1)参照。

5　著作権侵害を理由とする民事上の請求は，差止請求権およびこれに伴う廃棄その他の侵害の停止等に必要な措置請求権（著作権法112条1項および2項），損害賠償請求権（民法709条，著作権法114条）ならびに名誉回復措置請求権（著作権法115条）である。状況によっては，「侵害の停止等に必要な措置請求権」として，自己の領域から持ち出されたXRオブジェクトをその領域に戻すよう請求することを検討できる場合があるかもしれない。

6　なお，事例2において，サービス提供者が破産してしまったためにそのサービス上でXRオブジェクトを利用できなくなったこと自体は，著作権侵害とは認めがたいであろう。したがって，いずれにせよ，著作権侵害を理由にサービス提供者の破産管財人に対してXRオブジェクトの返還を求めることは困難であろう。

column

XRオブジェクトの持ち去りと著作権侵害

　保有ユーザ以外の者（事例1におけるユーザB）がXRオブジェクトを持ち去った場合，著作権侵害が成立するのか。

　仮に保有ユーザであるユーザAが著作権者である場合，ユーザAが他のユーザに対してどの範囲でXRオブジェクトを利用することを許諾しているかという問題になる。許諾には明示的なもの（利用規約等の合意）と黙示的なものがあり，後者の場合には個別具体的な状況に応じてその許諾範囲の解釈が問題になる。たとえば，ユーザAが一定の目的のために用意したワールド，ルーム等のVR空間に，ユーザAの設定したURL等を知っている者だけが参加できる状況である場合，そのVR空間内にあるオブジェクトは，基本的には，そこに参加するユーザがそのVR空間内で利用する限りで広範に許諾されていると理解できる場合が多いと思われる[7]。これに対し，多数のユーザがそれぞれ管理するバーチャル不動産が隣接するようなVR空間内では，各ユーザが管理する領域内で他のユーザによって行われることが通常想定される利用行為を，その領域内で行うことのみが許諾されるというように，許諾範囲が限定的に解釈されると思われる。たとえば，VR空間内の店舗において展示されている商品の3DCGモデルを消費者がどの範囲で利用できるかを考えてみよう。まず，その店舗内で，その商品を買うかどうかを判断するためにその3DCGモデルを手に取ってさまざまな角度から見たり，試用してみたりする行為は，許諾の範囲内であると判断されやすいであろう。これに対し，決済を済ませることなく商品の3DCGモデルを店舗外に持ち出す行為（バーチャル万引き）は，許諾範囲外の行為であると判断される可能性が高いであろう。この場合，XRオブジェクトの影像が不特定または多数の他のユーザの端末画面上に

7　著作権者が容認している範囲内での利用であれば，他のユーザ独自の利用行為ではなく，著作権者の管理の下での著作権者自身の利用行為であり，いずれにせよ著作権侵害とはならないとみることもできるであろう。

表示されるようデータが送信されており，かつ，その送信は著作権者の容認するものではなく当該持ち出しをしたユーザ自身の行為であると評価され，当該ユーザによる公衆送信権侵害を構成する可能性があると思われる。

　必要に応じて，XRオブジェクトを利用可能とする範囲を設定して他のユーザが確認できるよう表示するなどの対応をとることを検討するのがよいであろう。

　なお，プラットフォーム事業者その他のサービス提供者が著作権者である場合，そのサービス提供者は，ユーザBにはXRオブジェクトの利用の許諾等をしないが，購入者であるユーザAには一定範囲で許諾することがある。この場合も，ユーザBの行為が著作権侵害となるかどうかを検討する際に主に問題になるのは，ユーザAが他のユーザに対して利用を許諾ないし容認する範囲はどこまでか，ということになる。

(3)　契約に基づく債権の行使

①　事例の整理

ここでは最初に，あるXRサービスにおけるユーザ間でXRオブジェクト（を利用する権利）の売買契約[8]が成立したのに，売主であるユーザがXRオブジェクトを引き渡さない場合について検討する（後述②）。これは，ユーザ間の売買契約と，各ユーザとプラットフォーム事業者との間の契約（利用規約等に基づくもの）がそれぞれ成立しているケースである。

その上で，事例1における2つの盗難事例について検討する。同じプラットフォームにおける他のユーザによる盗難の事例は，各ユーザとプラットフォーム事業者との間でそれぞれ契約が成立しているが，ユーザ間には契約が存在しないケースである（後述③）。また，非ユーザによる不正アクセス・盗難の事例は，被害者であるユーザとプラットフォーム事業者との間では契約が成立しているが，被害者であるユーザと加害者である非ユーザ，また，非ユーザとプラットフォーム事業者との間には契約が存在しないケースである（後述④）。

②　売買契約をしたのに引き渡さないケース

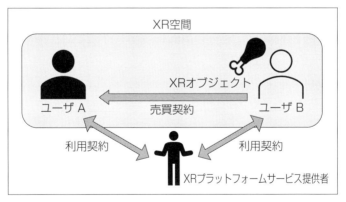

| 図表2 | 売買契約不履行の事例 |

8　XRオブジェクト（またはそれを利用する権利）の対価として，金銭を支払う場合は売買契約（民法555条）であり，金銭以外の財産権を移転する場合は交換契約（同法586条）という類型になる。

　このケースでは，買主であるユーザAは，売主であるユーザBに対し，売買契約に基づいて目的物（XRオブジェクト）の引渡しを請求することができる。

　また，ユーザAとしては，プラットフォーム（売買取引が行われる場）を提供するとともに，XRオブジェクトのデータをサーバで保有しているプラットフォーム事業者に対し，ユーザBからユーザAのもとへXRオブジェクトを移転させ，またはユーザAに同じXRオブジェクトを改めて発行することなどを求めたいと考えるかもしれない。この点，一般にプラットフォーム事業者は，(i)単にユーザ間の取引仲介システムを提供するだけであり，個々の取引に実質的に関与しない場合は，ユーザ間の取引によって生じた損害について原則として責任を負わないが，(ii)プラットフォーム事業者が，自ら提供するシステムを利用したユーザ間取引に，単なる仲介システムの提供を超えて実質的に関与する場合は，その役割に応じて責任を負う可能性があるとされる[9]。このケースでも基本的な考え方は同じであろう。

　もっとも，個別のサービスにおけるXRオブジェクトの移転の仕組み（アーキテクチャ）によって異なる点もありうる。たとえば，従来のデジタルコンテンツの取引でもそうであるように，プラットフォーム上で買主と売主の取引が成立した時点で，自動的に，XRオブジェクトへの利用に関する権利が買主に付与・移転され，取引が完了するようサービスを構築することができる。この場合，XRオブジェクトの売買取引が成立したのにその移転が実行されないという事態は事実上生じないであろう。

　他方で，たとえば，現実空間で起こることをそのまま実現しようという思想で構築されるバーチャル空間では，XRオブジェクトが自動的に買主のもとに移るのではなく，売主であるユーザのアバターが買主であるユーザのアバターにXRオブジェクトを手渡しするなど，現実世界で人間が行うのと同様のプロセスを経て，売買目的物の引渡しを行うように設計することも一応可能であろう。この場合には，買ったはずのXRオブジェクトをなかなか引き渡してくれない事態が生じうる。このとき，サービス提供者は買主であるユーザに対して

9　経済産業省「電子商取引及び情報財取引等に関する準則」（令和4年4月）（以下本章①(3)において「準則」という）102頁参照。なお，サービス提供者が負う義務の内容は，まずはユーザAとサービス提供者との間の契約の内容によることに留意を要する。

何らかの責任を負う場合があるのだろうか。

　ユーザ間取引に関するプラットフォーム事業者の責任についての現在の基本的な考え方によれば、「プラットフォーム事業者は単に個人間の売買等の取引仲介のシステムのみを提供し個々の取引に実質的に関与しない形態のサービスにおいては、一般論としては、取引は各ユーザーの自己責任で行われ、プラットフォーム事業者は責任を負わない」と解されている[10]。この観点からいえば、XRオブジェクトを自動的に移転しない設計を採用した場合には、自動的に移転する設計よりもプラットフォーム事業者の関与は少なく、ユーザ間の自己責任に委ねられた範囲が広いと捉えることも可能である。こう捉えると、プラットフォーム事業者が責任を負う可能性は低いといえよう。

　しかし、他の見方をすれば、そもそもXRオブジェクトを自動的に移転させる設計を採用することにより、買主に不利益が生じないようサービスを構築することもできたのに（しかも、従来からのデジタルコンテンツの取引ではそのように構築するほうが多かったのに）、あえてユーザ間トラブルが発生しやすい設計を採用した以上は、トラブルの発生についてプラットフォーム事業者は無関係とはいえず、プラットフォーム事業者においてそのトラブルを解決する手段を用意するべきであるという議論も成り立ちうる。

　これらを踏まえ、プラットフォーム事業者としては、このようなクレームを予防する観点も視野に入れてサービスを構築するとともに、利用規約で手当てすることを検討すべきである。具体的には、原則としてXRオブジェクトを自動的に移転させないが、買主からの申立てがあったときは強制的に移転させる設計にするとともに、利用規約において、一定の場合に売主から強制的にXRオブジェクトの利用権を剥奪して買主に移転することについてユーザの同意を得ることが考えられる。なお、このような強制的措置は、売主のXRオブジェクトに対する利用権ないし事実上それを利用できる状態にあるという利益（物でいえば占有権のようなもの）を侵害する不当な自力救済にあたり、これを実行したユーザまたはサービス提供者が不法行為責任等を負う可能性があることも否定はできない。そこで、売主がXRオブジェクトを引き渡さないことが不

10　準則104頁。

当であるかを確認するプロセスを設けるとともに，利用規約において，この強制措置を実行した場合でもサービス提供者は責任を負わない旨を規定することが考えられる。具体的な設計の内容については，提供するサービスに関連して生じる不正行為についてのプラットフォーム事業者の責任に関する裁判例に照らし，その時の社会情勢等に応じて検討する必要がある（第5章 4 (4)）。

③　同プラットフォームの他ユーザに盗難されたケース

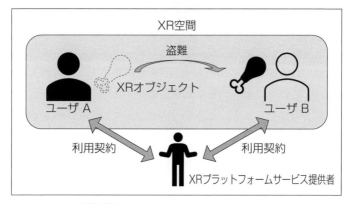

図表3　他ユーザによる盗難の事例

　次に，事例1のうち，ユーザAの保有するXRオブジェクトが，同じVR空間プラットフォームのユーザBによって持ち去られてしまったケースについて検討する。
　このケースでは，ユーザ間に契約は存在しない。したがって，前述②のケースとは異なり，ユーザAは，契約に基づいてXRオブジェクトを返還するようユーザBに請求することはできない。そこで，ユーザAとしては，プラットフォーム事業者に対し，ユーザBからユーザAのもとへXRオブジェクトを移転させ，またはユーザAに同じXRオブジェクトを改めて発行することなどを請求できるかを検討することとなる[11]。

11　この検討にあたっては，たとえば，準則のうち，「電子出版物の再配信を行う義務」に関する記述（準則321頁以下）などが参考となろう。

　まず，ユーザAとプラットフォーム事業者との間の契約（利用規約等）において，XRオブジェクトが他のユーザに盗難された場合に，そのXRオブジェクトの取戻しまたは再発行をするという合意がある場合には，ユーザAは，その合意した条件等の範囲内で，プラットフォーム事業者に対して取戻しまたは再発行を実行するよう求めることができる。逆に，取戻しまたは再発行をしないという合意がある場合には，ユーザAはこれらを求めることができない。

　そして，いずれの合意もない場合には，諸般の事情を考慮して，ユーザAとプラットフォーム事業者との間に取戻しまたは再発行に関する合意があったかどうかおよびその内容を判断することになる。たとえば，利用規約，ガイドラインその他サービス提供者によるサービスの説明等において取戻しまたは再発行を示唆する内容があった場合，そのXRオブジェクトの価格が比較的高額であった場合，同種の他のサービスでは取戻しまたは再発行を認めていることが多い場合等には，取戻しまたは再発行を行うという認識の下で両者が合意したと認められやすくなると考えられる。これに対し，プラットフォーム事業者に落ち度はなく，ユーザAの管理不行届もあってXRオブジェクトが盗難された場合には，プラットフォーム事業者に取戻しまたは再発行を行う義務があるというのは認められにくくなるであろう。

　加えて，盗難が発生した場合におけるシステムの挙動をどう設計するか（アーキテクチャ）も，取戻しまたは再発行に関する合意の有無および内容を判断する際に重要な要素となりえる。たとえば，ユーザAが自ら管理するバーチャル空間内にある自宅でパーティーを開いたところ，見知らぬユーザBがアバターでその家宅に勝手に入り込み，調度品（XRオブジェクト）を外へ持ち出した場合を想定してみよう。このとき，ユーザBのアバターが一定の領域（たとえば家宅内またはそのバーチャル空間内）から外に出た時点で，XRオブジェクトが自動的にユーザAの指定した場所に戻ってくるよう設計することもできれば，そうした挙動は起こらずユーザB（のアバター）のコントロール下に残り続ける設計とすることもできるとしよう。仮に，前者の設計が可能かつ容易なのに，あえて後者の設計を採用した場合には，利用規約やXRオブジェクト購入時の説明等において，盗難時の取戻しまたは再発行は行わないことをユーザAに明確に認識させる措置をとらない限り，サービス提供者は取戻しまたは

再発行を行う義務を負うと判断されるリスクが高まると考えられる（最終的には，実際に前者の設計を採用した同種サービスが多いかどうかなど，諸般の事情を考慮して判断されると考えられる）。同種の他社サービスの内容その他ユーザの認識に影響を与えるあらゆる事情を踏まえながら，自社サービスの設計と利用規約等による説明の仕方に留意すべきである。

④　非ユーザに不正アクセス・盗難されたケース

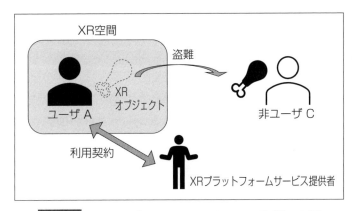

図表4　非ユーザによる不正アクセス・盗難の事例

　最後に，事例1のうち，ユーザAの保有するXRオブジェクトが，非ユーザである第三者Cによって盗難されてしまったケースについて検討する。

　基本的な考え方は前述③のケースと同様である。すなわち，ユーザAは，契約関係にないCではなく，プラットフォーム事業者に対して，XRオブジェクトの再発行を求めることができるかを検討することとなる[12]。そして，プラットフォーム事業者が再発行の義務を負うかどうかは，利用規約その他の契約の内容によって定まる[13]。明確な合意がない場合に諸般の事情を考慮して判断される点も，前述③の場合と同様である。

12　不正アクセスの場合はサービス提供者にとっても非ユーザCが誰であるかを特定することは困難な場合が多いであろうから，事実上の対処としては，Cからの取戻しではなく，サービス提供者によるXRオブジェクトの再発行を検討する必要性が高いであろう。

⑷　不法行為に基づく損害賠償請求

　故意または過失によって他人の権利または法律上保護される利益を侵害した者は，これによって生じた損害を賠償する責任を負う（民法709条）。

　XRオブジェクトについて所有権および占有権を認めないとしても，XRオブジェクトの盗難は，保有ユーザがサービス提供者からの許諾に基づいてXRコンテンツを利用することができるという契約上の権利を侵害（債権侵害）するものとして，不法行為に基づく損害賠償請求の対象となりうる[14]。したがって，事例1では，ユーザAは，ユーザBまたはユーザCに対し，損害賠償請求をすることができる可能性がある。しかし，不法行為を根拠とする限り，XRオブジェクトの返還を請求することは困難となる。

　他方，事例2のように，サービス提供者が破産したことによってXRオブジェクトの利用ができなくなり，またはそのデータを受け取ることができなかったとしても，それのみをもって不法行為であると評価されることはないと考えられる。

⑸　不当利得返還請求

　事例1の場合，ユーザBまたは非ユーザCは，ユーザAのXRオブジェクトを盗難したことにより，「法律上の原因なく他人の財産……によって利益を受け」，そのために他人であるユーザAに「損失を及ぼした」といえ，ユーザAに対して不当利得に基づく返還請求義務を負うと構成することが考えられる

13　不正アクセスとXRオブジェクトの盗難という結果についてサービス提供者が予見可能であり，かつ，その結果を回避することができた場合には，XRオブジェクトを利用させる義務の不履行等を理由とする損害賠償の対象となりうるが，利用規約上の合意の内容によっては免責を受けることができる場合がある。しかし，その結果がサービス提供者の故意または重大な過失による場合には免責を受けられない場合がある（消費者契約法8条1項）。

14　債権侵害の成立要件については議論があるが，「とくにデータの窃取の場合は，債権の帰属自体を侵害している上に，故意でない場合は基本的に考えられないので，伝統的通説でも批判的学説でも債権侵害に基づく不法行為は当然に成立するといえよう」と述べる見解がある（角本和理「いわゆる"仮想財産"の民法的保護に関する一考察（3・完）：オンラインゲームサービス内のデータ保護にまつわる米中の議論を参考に」北大法学論集65巻5号287頁，312頁（2015年））。

（民法703条）[15]。

　不当利得構成の場合，返還の方法は原則として現物返還であり，それが社会通念上不可能であるときは客観的な価格（市場価格）による返還となる[16]。したがって，不当利得構成によれば，前述(2)から(4)までの法律構成をとった場合と異なり，ユーザAは，事例1において盗難されたXRオブジェクトそのものを返還するようユーザBに求めることができる可能性がある（この現物とは，盗難された対象に応じ，XRオブジェクトのデジタルデータであったり，画面上に映し出される影像としてのXRオブジェクトであったりする）。この点で，そのXRオブジェクトに強い愛着を持つユーザにとって，不当利得返還請求の可否を検討することには大きな意義がある。

　しかし，事例2の場合には，破産してサービスを終了したサービス提供者に対し，不当利得を理由に，XRオブジェクトのデジタルデータを引き渡すよう請求することは困難であると考えられる。そのサービス提供者は盗難等をすることによって「法律上の原因なく他人の財産……によって利益を受け」てはいないからである。現状，デジタルコンテンツを取り扱うサービスの利用規約の多くは，コンテンツのデータを受け取る権利をユーザに認めていないと思われるが，仮に，ユーザとサービス提供者との間の契約によってXRオブジェクトのデジタルデータを受け取る権利がユーザにあるとしても，サービス提供者が破産手続に従ってその義務を免れることは，法律上の原因がない利得とはいえない。

(6)　物権による保護の可能性と課題

①　なぜ物権による保護を検討するのか

　ここまでさまざまな法律構成について検討したことからわかるように，XRオブジェクトについて物権的な保護がなくとも，ユーザは，盗難者やサービス提供者に対して一定の請求をすることができる場合がある。事例1でいえば，

15　角本・前掲注14）315頁以下参照。

16　窪田充見編『新注釈民法⑮債権(8)』（有斐閣，2017年）101頁〜105頁参照〔藤原正則〕。利得者がその利得に法律上の原因がないことを知っていたときは，利息を付して返還しなければならず，なお損害があればその賠償義務を負う（民法704条）。

ユーザは，盗難者に対して，不当利得に基づき，盗難されたXRオブジェクトの現物を返還するよう請求することができ，また，不法行為に基づく損害賠償請求をすることができることがある。加えて，サービス提供者との契約をめぐる状況によっては，サービス提供者に対して，盗難されたXRオブジェクトを盗難者から取り戻し，またはそのXRオブジェクトを被害ユーザに再発行するよう求めることができる可能性もある。この点は，物権による保護を検討する前に，契約の運用によって適切に対処すべきであるという考え方もあろう。プラットフォーム互換性のあるXRオブジェクトであろうとなかろうと，どの範囲で利用する権利を付与するか，また，データそのものをユーザに提供するかどうかは当事者の合意内容次第であり，その点に関して消費者に対する不意打ちとならないような表示・説明の問題として取り扱えばよいという考え方である。

　しかし，事例2では，ユーザがサービス提供者に対してXRオブジェクトのデータを提供するよう請求することは困難な場合が多いと考えられる。従来は，デジタルコンテンツは特定のサービスにおいてのみ利用することができるのが一般的であったから，サービス提供者の破産等によってそのサービス自体が終了してしまえば，そのデジタルコンテンツを利用する場がなくなる。このため，ユーザにとっても，デジタルコンテンツのデータを受け取ることにはあまりメリットがなかった[17]。ところが，最近のXRオブジェクトには，技術仕様・規格の統一により，複数のプラットフォームで使用できるものが登場しており（本章 □ ⑴参照），状況が変わりつつある。このようなXRオブジェクトを購入したユーザとしては，サービス提供者の破産等によってサービス自体が終了したとしても，そのXRオブジェクトを他のサービスに持ち込んで使用し続けることを希望するであろう。デジタルコンテンツは，特定のサービスとの結び付きから解放され，新たな形で，それ自体が独自に経済的価値を持ち始めているのである。

　このように特定のサービスに縛られないXRオブジェクトに対するユーザ固有の利益を実現する手段として，XRオブジェクトに所有権または占有権によ

---

[17]　角本・前掲注14）319頁～320頁参照。

る保護を認めるという考え方がありうる。

　事例２に関して参考になる裁判例として，破産手続開始決定を受けた会社が運営するビットコイン取引所を利用していた原告が，ビットコインの所有権を有すると主張して，破産法62条の取戻権に基づいてその引渡しを求めた事件がある[18]。裁判所は，有体物ではないビットコインは物権である所有権の客体にならないとして，原告の請求を棄却した。その理由については後述②で紹介するが，仮にXRオブジェクトのデータという無体物について所有権が認められれば，たとえXRオブジェクトを購入したサービスの運営者が破産した場合でも，そのデータの所有権を主張して取戻権を行使し，データの引渡しを受けて他のサービスにおいて使用することができる可能性が出てくる。

　さらに，仮にXRオブジェクトのデータまたは影像に物権的保護を認めた場合，サービスの利用規約において，アカウント抹消，サービス廃止，破産等によってサービスが終了したときに，ユーザがその所有権を行使しない（サービス提供者はXRオブジェクトのデータをユーザに引き渡さない）とする規定は，有効性を制限される可能性が高まるように思われる[19]。

　しかし，影像としてのXRオブジェクトやそのデータ等の無体物の物権的保護を認めた場合，さまざまな課題も生じる。そこで，これらについての所有権および占有権による保護の可能性について概観した上で，その保護を認めた場合に生じる課題に言及し，将来の方向性を探る[20]。

18　東京地判平27・8・5判例集未搭載（平26(ワ)33320）〔ビットコイン〕。

19　たとえば，消費者契約法10条は，「法令中の公の秩序に関しない規定の適用による場合に比して消費者の権利を制限し又は消費者の義務を加重する消費者契約の条項であって，民法第一条第二項に規定する基本原則に反して消費者の利益を一方的に害するものは，無効とする」と規定している。

20　海外の動きとして，2021年1月1日施行の中華人民共和国民法典は，127条（データ，インターネット上の仮想財産の保護）で，「データ，インターネット上の仮想財産の保護について，法律に定めがあるときは，その定めるところによる。」と規定した（胡光輝『中華人民共和国民法典〜2021年1月施行〜立法経緯・概要・邦訳〜』（日本加除出版，2021年）152頁）。これらの保護は認めつつ，その規制の詳細は将来の立法に委ねるものと位置づけられている（立法経緯につき，孫海萍編著『新しい中国民法』（商事法務，2021年）24頁〜25頁参照。また，立法前の状況につき，角本和理「いわゆる"仮想財産"の民法的保護に関する一考察(2)：オンラインゲームサービス内のデータ保護にまつわる米中の議論を参考に」北大法学論集65巻4号39頁（2014年）参照）。

②　所有権による保護

「所有権」とは，人が「物」を排他的に支配する権利である（後掲図表５）。所有権者は，その所有する「物」を，自由に使用，収益および処分することができる（民法206条）。所有する「物」に対する支配を妨げられた場合，所有権者は，その態様に応じて返還請求，妨害排除請求または妨害予防請求をすることができる。

また，所有権には絶対性がある。すなわち，契約関係等の有無にかかわらず，自己の所有する「物」に対する排他的支配を妨げる者なら誰に対してでも権利を主張することができる。たとえば，所有する「物」を奪われた場合，その奪った者が誰であろうと，所有権に基づいてその「物」を自分に返すよう請求することができる。これに対し，契約によって生じる債権を主張することができるのは，特定の人に対してのみである（債権の相対性）。たとえば，ある物を買った人は，売買契約に基づき，その契約の相手方である売主に対し，その目的物を引き渡すよう請求することができる。しかし，ある人とそのような約束をしたからといって，他の人にその約束を守れ（目的物を引き渡せ）と要求することはできない。自分の買った物を所持している第三者がいる場合は，契約に基づく債権を主張するのではなく，所有権に基づいて，その目的物を所持している第三者に対して引渡請求できるかを検討することになる。

このように，物権である所有権は，物に対する排他的な支配を誰に対してでも主張することができる強力な権利であるが，その対象は「物」であるとされている。では，「物」とは何か。

「物」とは，「有体物」をいう（民法85条）。裁判例によれば，「有体物」とは，液体，気体および固体といった空間の一部を占めるものを意味し，債権や著作権等の権利や自然力（電気，熱，光）のような無体物はこれに当たらない[21]。裁判例では，ビットコインにつき，「その仕組みや技術は専らインターネット上のネットワークを利用したものであること（証拠略）からすると，ビットコインには空間の一部を占めるものという有体性がない」ことなどを理由に，所

21　東京地判平27・8・5・前掲注18）〔ビットコイン〕。同判決は，所有権の対象となるには，有体物であることのほかに，排他的に支配可能であること（排他的支配可能性）および非人格性が要件になると述べている。

有権の客体とはならないと判断したものがある[22]。データ，情報等の無体物は，複数の場面で同時に利用することができ，誰かが利用していれば他の人は利用できないという関係にない。すなわち，特定人による排他的な支配の対象とはならない。それゆえ，法は有体物のみを所有権の客体とした。無体物の保護は，知的財産法等の特別法によって実現している。

　XRオブジェクトのデータも，それが送信されてデバイスの画面上に描画された影像としてのXRオブジェクトも，空間の一部を占めるという意味での有体性はない。したがって，これらは「物」に当たらず，所有権の客体とはならないと判断される可能性が高いといわざるを得ない。このため，XRオブジェクトを購入したユーザは，所有権を根拠とする返還請求，妨害排除請求，妨害予防請求等を通じて，XRオブジェクトを排他的に支配することはできないと解される[23]。ユーザは，それぞれのサービスの設計・仕組みによって事実上可能とされた利用や，契約等によって権利を与えられた利用を行うことができるという地位に立つ。また，ユーザによる利用は，著作権その他の第三者の権利や，サービス提供者等との契約等による制約を受けることがある。

「所有権」とは	自ら所有する「物」を自由に使用・収益・処分する権利	
効果の例	返還請求	例：「自分の物だから返せ」
	妨害排除請求	例：「自分の土地に勝手に物を置くな。どかせ」
	妨害予防請求	例：「隣家の塀が倒れて自分の土地に倒れてきそうだから，倒れる前に直せ」
「物」とは	(i)　有体物であること（民法85条） 　　　○液体・気体・固体といった空間の一部を占めるもの 　　　×権利や自然力（電気・熱・光）等の無体物 　　　×ビットコイン (ii)　排他的に支配可能であること (iii)　非人格性	

図表5　**所有権の概略**

22　東京地判平27・8・5・前掲注18）〔ビットコイン〕。
23　ただし，今のところ，XRオブジェクトが所有権の客体となるか否かについて判断した裁判例は見当たらない。

③　占有権による保護

「占有権」とは，自己のためにする意思をもって「物」を所持することによって取得することができる権利をいう（民法180条）。「物」を事実上支配している状態そのものを法的に保護するものであり，占有者がその「物」を占有する法的根拠となる所有権その他の権利（このような権利を，占有権に対して「本権」と呼ぶ）を有していなくとも，ひとまずその事実状態を保護している。

　占有者は，占有訴権をはじめ，所有権者が有するのとよく似たさまざまな権利を行使することができる（後掲**図表6**）[24]。

　占有権の客体も，所有権と同様に「物」である。したがって，XRオブジェクトについては，占有権による保護もできないように思える。しかし，占有権には「準占有」という概念がある。すなわち，自己のためにする意思をもって「財産権の行使」をする者は，占有者に準じた取扱いを受ける（民法205条）。この「財産権」は無体物であるが，これを事実上支配している者は，その事実状態をひとまず保護してもらうことができる地位に立つのである[25]。

　XRオブジェクトのデータおよび影像それ自体は「財産権」ではない[26]。しかし，ある者が事実上それを支配している状態がある場合，その事実状態を保護すべき要請は，有体物や財産権の場合と変わらないケースがありうるかもしれない。このとき，解釈または立法を通じてXRオブジェクトの占有ないし準占有を認め，無体物であるという特質に応じた一定の保護を及ぼすことが可能と解する余地がある[27]。

　この点を検討するには，法がなぜ占有権という仕組みを設けているのかを考える

24　図表6に記載した占有保持の訴え，占有保全の訴えおよび占有回収の訴え（民法198条～200条）は，占有訴権と呼ばれる。これらの行使は訴えの提起によってする（同法197条）。また，これらの訴えを提起するには期間制限がある（同法201条）。
25　複製権の準占有による時効取得の可能性を一般論として認めつつ，当該事案における取得時効の成立を否定したものとして，最判平9・7・17民集51巻6号2714頁〔ポパイネクタイ〕がある。
26　保有ユーザがサービス利用契約に基づいてサービス提供者に対して有する，そのXRオブジェクトを利用する権利（債権）は，「財産権」として準占有の対象となりうる。
27　麻生典「情報の占有理論による保護」NBL1071号37頁，41頁（2016年），君嶋祐子「平成23年改正特許法における冒認出願・共同出願違反と真の権利者の救済」法研84巻12号473頁，477頁（2011年）参照。

必要があろう。法が占有という事実状態そのものを保護し，占有者に占有訴権を認めているのは，(i)自力救済を抑制することにより社会の平和・秩序を維持すること[28]，(ii)証明の負担を軽くすることによって本権に基づく返還請求を補完すること，(iii)債権関係に基づいて占有する者を保護すること（債権は原則として特定の者に対してしか主張できず，広く第三者に対して対抗することはできないので，正当な債権に基づいて占有する者を一定程度保護する必要がある）などにあるとされる[29]。

　XRオブジェクトについても，そのデータや影像を事実上支配する者がいる場合に，他の者がそれに対する正当な権利を主張して実力行使によりその支配を奪うことが許されては，XR空間を含む社会の平和・秩序が乱されるおそれがある。また，サービス提供者との契約によりXRオブジェクトを利用する正当な債権を有する者による支配状態を，サービス提供者以外の者による妨害・侵奪から保護する必要もある。このように考えれば，XRオブジェクトについても占有権の客体とし，占有者を保護するべきであると解しうる[30]。他方で，XR空間内であれば，システムの設計上，どのユーザがそのXRオブジェクトを利用・管理する正当な権限を有するかを追跡し，他のユーザが容易に確認できるよう表示することもでき，かつ，その正当な権限を有するユーザのリクエストに応じ，サービス提供者が穏当な方法（たとえば，すべてのユーザが利用規約を通じて事前に同意した方法）でそのXRオブジェクトの占有をそのユーザに回復する仕組みを採用することもできるかもしれない。その場合，サービス提供者の採用する仕組みの下で社会の平和・秩序が維持され，かつ，債権の対抗できない第三者との関係においてもユーザのXRオブジェクトの利用権を一定程度保護

28　ある者が物を占有している場合，それを正当なものとしていったん尊重した上で，本権を有すると主張する他の者が現れた場合には，その者に本権を有することの証明を求め，これが証明されたときに初めて占有を本権者に移転するという仕組みにより，社会の平和・秩序が維持されている。ある者が物を占有しているという事実状態があるのに，自らに本権があると信じる者が実力行使によってその占有を奪うことが許されたのでは，社会の平和・秩序が乱されることになってしまう（自力救済の禁止）。

29　川島武宜＝川井健編『新版注釈民法(7) 物権(2)』（有斐閣，2007年）246頁以下〔広中俊雄・中村哲也〕。

30　占有権の機能として挙げた前記(i)および(iii)の観点からは，このように言える。しかし，XRオブジェクトは「物」ではないから所有権がないとすれば，前記(ii)の観点からは，XRオブジェクトの占有権による保護を肯定し難い。

することができる。そうだとすれば，前記⒤～⒤いずれの機能からみても，XR
空間において，XRオブジェクトを占有権の客体として保護する必要性は乏しい
ともいえる。こう考えると，「物」と「財産権の行使」についてのみ明文の規定
で認められている（準）占有を，XRオブジェクトその他の無体物にまで認める
ことには慎重になるべきだと解しうる。いかなる無体物が（準）占有の対象と
なるのか，いかなる状態をもってその無体物を「占有」していると評価するか
など，複雑な問題を招きかねない。現実環境とは異なり，XR空間に関しては極
めて自由度の高いシステムの設計によってさまざまな技術上・事実上の問題解
決方法を導入できるのであるから，有体物としての「物」を中心に考えている
所有権および占有権の枠組みをそのままXRオブジェクトに適用しても好ましい
結果は得られないかもしれない（その具体例として，後述④および⑤参照）。

　既存の物権制度をそのままXR空間に持ち込むのではなく，不当利得，不法
行為その他の法律構成による保護，さらにはサービスの設計による影響も踏ま
えて，XRオブジェクトの保護として不十分な部分を特定した上で手当てする
という視点を持つことも重要である。

「占有権」とは	自己のためにする意思をもって「物」を所持することによって取得することができる権利。 占有者が，その物を占有する法的根拠となる所有権その他の権利を有していなくとも，ひとまずその事実状態を保護する。	
効果の例	占有保持の訴え	占有を妨害されたときに，妨害停止＋損害賠償請求
	占有保全の訴え	占有を妨害されるおそれがあるときに，その予防＋損害賠償の担保請求
	占有回収の訴え	占有を奪われたときに，その返還＋損害賠償請求[31]
	果実収取権	善意の占有者は，占有物から生ずる果実を取得する。
	即時取得	所有者ではない人から動産を買い受けるなどして占有を始めた者は，その動産の所有権を取得する場合がある。
	取得時効	一定の条件を満たして他人の物を占有した者は，その所有権を取得する。
準占有	占有に関する規定は，自己のためにする意思をもって財産権を行使する場合について準用される。	

図表6　**占有権の概略**

④　プラットフォーム事業者の責任という視点

　ここでは，XRオブジェクトの「（準）占有」という概念が成立する場合に生ずる課題と対処方法を，プラットフォーム事業者の視点から検討する。

　XRオブジェクトの（準）占有を考えなくてよい場合，プラットフォーム事業者としては，原則として，そのXRオブジェクトに関する契約上の利用権を付与した特定の保有ユーザとの権利関係のみを把握・管理しておけば足りる。しかし，（準）占有が成立するとすれば，保有ユーザ以外でXRオブジェクトを占有するユーザの占有訴権や，場合によっては取得時効，即時取得等による権利変動をも把握・管理し，盗難等の事案にも適切に対処しなければならない（プラットフォーム事業者の責任に関する一般論につき，第5章④(4)）。

　たとえば，XRオブジェクトの（準）占有という概念がない場合，プラットフォーム事業者としては，保有ユーザ以外のユーザがXRオブジェクトを無断で利用しているときに，保有ユーザからの申出に基づいて，そのXRオブジェクトを当該ユーザから取り上げ，保有ユーザのもとに戻すというシステムを採用し，実行することができる（プラットフォームが用意する機能を利用して保有ユーザがかかる措置を実行するとみることもできよう）。当該ユーザは，そのXRオブジェクトを利用する契約上の権利もない上，占有権もないから，当該措置に対抗する法的根拠を持たない。しかし，XRオブジェクトの（準）占有という概念があるとすると，話は変わる。保有ユーザとは別のユーザがXRオブジェクトを（準）占有しているといえる場合，プラットフォーム事業者または保有ユーザがそのような措置を講じることは，当該ユーザの（準）占有を侵奪する行為（違法な自力救済）であるから，プラットフォーム事業者または保有ユーザは，占有回収の訴えにより，その返還および損害賠償の請求を受けるおそれがあることになる[32]。この場合，保有ユーザがXRオブジェクトの返

31　侵奪者からの善意の特定承継人（例：奪われた物であることを知らずに，奪った者からその物を買い取った者）に対しては，占有回収の訴えを提起することができない（民法200条2項）。

32　XRオブジェクトを念頭に置いたものではないと思われるが，情報に関する一般論として，「情報の占有を奪われるということは観念できず，また，無体物である情報についてはその返還が考えられないから，物に対する事実上の支配の回復を求める占有回収の訴えを準用することはできないように思われる」と述べる見解がある（麻生・前掲注27）44頁）。

還を受けるためには，プラットフォームの機能によるのではなく，自ら当該ユーザに対して占有回収の訴えを提起しなければならないことになる（民法197条，200条）。

　また，（準）占有の概念を認めた場合，XRオブジェクトの即時取得が可能かも問題となりうる。即時取得とは，「取引行為によって，平穏に，かつ，公然と動産の占有を始めた者は，善意であり，かつ，過失がないときは，即時にその動産について行使する権利を取得する」という仕組みである（民法192条）。たとえば，ある物を他の人に預かってもらっていたところ，その人がその物を第三者に売った場合，この即時取得規定により，その第三者がその物の所有権を取得することがある。

　ここで「動産」とは，不動産以外の物をいう（民法86条2項）。したがって，無体物であるXRオブジェクトは「動産」に当たらないと考えられる。また，財産権の準占有につき，即時取得の規定は準用されないと解されている[33]。このように，そもそも動産の権利に関する規定である即時取得がXRオブジェクトに適用ないし準用されるかという問題がある[34]。仮にこれが認められる場合，XRオブジェクトを他のユーザに貸したところ，当該ユーザが第三者に売却したことにより，当該第三者がその権利を取得するということがありうることになる[35]。プラットフォーム事業者としては，仮に即時取得が成立したXRオブジェクトにつき，取得者から取り上げて元の保有ユーザのもとに戻す措置を講じた場合，それが取得者に対する権利侵害となるおそれがある。しかし，プラットフォーム事業者は，即時取得の原因となった取引行為が，平穏・公然・善意・無過失に行われたのかを把握するのは困難であろう。また，その物が盗品

33　川島＝川井編・前掲注29）299頁〔水辺芳郎〕。

34　XRオブジェクトに対する事実上の支配状態を保護する要請や，動産と同等の取引安全保護の要請があれば，これに対する即時取得を認めることを検討すべきかもしれない。もっとも，誰が保有ユーザなのかを他のユーザに対してわかりやすく表示するなど，サービスの設計によって取引安全の確保ができるのであれば，無理に即時取得規定を拡大する必要はないともいえる。

35　ただし，即時取得によって取得される権利は，一般に，所有権および質権に限られると解されている（川島＝川井編・前掲注29）193頁〔好美清光〕）。XRオブジェクトが所有権の客体にならないとすれば，即時取得規定によって取得できる権利が存在するのかという問題がある。

または遺失物であるときは，被害者または遺失者は，盗難または遺失の時から2年間，占有者に対してその物の回復を請求することができる（同法193条。194条も参照）。このように，（準）占有の概念が成立する場合の権利関係は複雑であり，プラットフォーム事業者において正確に把握することは困難である。そこで，プラットフォーム事業者としては，XRオブジェクトに係る権利が誰にあるか（取引行為の相手方がXRオブジェクトの正当な権利者ではないこと）をユーザが容易に認識できるよう表示する機能を用意し，取得者が少なくとも無過失であったとはいい難い状況を用意することにより，即時取得は成立しないという前提で統一的な対応ができるようにすることが考えられる[36]。

　同様のことは，XRオブジェクトに関する権利が時効取得されるケースでも生じうる。20年間，所有の意思をもって，平穏に，かつ，公然と他人の物を占有した者は，その所有権を取得する（民法162条1項）。占有者が占有の開始の時に善意・無過失であった場合には，取得時効の期間は10年間となる（同条2項）。そして，所有権以外の財産権も，これらと同様の条件の下に行使することにより，時効取得の対象となる（同法163条）。XRオブジェクトについても，（準）占有を通じて時効取得の対象となりうる。これによって取得される権利が何であるかは問題である。XRオブジェクトが所有権の客体とならないとすればそれを時効取得することはできないであろうが，少なくとも，サービス提供者との契約に基づきXRオブジェクトを利用する権利（債権）は，準占有により時効取得の対象となりうる。この債権が時効取得された場合，プラットフォーム事業者がその取得者からXRオブジェクトを取り上げて他のユーザのもとに移すことは，プラットフォーム事業者がXRオブジェクトを利用させる債務についての不履行となり，損害賠償請求等の対象となるおそれがある。

⑤　その他の課題

　以上見てきたように，占有という事実状態を保護する仕組みをXR空間に持ち込むということは，プラットフォーム事業者が迅速かつ穏当な方法で保有ユ

36　クレーム処理プロセスの設計や利用規約等において適切にリスクマネジメントすることも重要となる。なお，占有者は，所有の意思をもって，善意で，平穏に，かつ，公然と占有をする者と推定される（民法186条1項）。

ーザの保護を実現するシステム設計を採用する妨げとなり，占有状態を回復するために保有ユーザ自ら訴えを提起することを要求することになるなどの点で，かえって各利害関係者に負担を強いることになるおそれがあることに注意すべきである。

　また，民法上の「物」概念は，他の法律でも援用される基本的な概念である。それゆえ，XRオブジェクトに対するユーザの権利を拡充するために「物」概念を広げると，従来の「物」概念をもとに作られた他の法律の体系が崩れるおそれがある。たとえば，製造物責任法における「製造物」とは，製造または加工された動産をいうと定義されており（同法2条1項），ソフトウェア等の無体物は同法の適用対象にならない[37]。

　さらに，XRオブジェクトが「物」であるとすれば，その物権等についてどの国の法律が適用されるかという問題も生じうる。法の適用に関する通則法13条1項は，「動産又は不動産に係る物権及びその他の登記をすべき権利は，その目的物の所在地法による」と定め，また，同条2項は，これらの権利の「得喪は，その原因となる事実が完成した当時におけるその目的物の所在地法による」と定めている。サーバに記録され，ネットワークを通じてさまざまな国・地域に送信され表示されるXRオブジェクトが「物」であるとした場合，その「所在地」とはどこになるのだろうか。サーバ所在地，運営者の所在地，XRオブジェクトが表示される端末の所在地等が考えられるが，明確とはいい難く，日本法の議論だけでとどまらない場合も生じうる。

　有体物を中心にした「物」概念では対処できない重大な不利益が生じるケースに限定して，それぞれの場面にあった法制度の手当てをすることが検討されるべきであろう。

37　消費者庁消費者安全課編『逐条解説 製造物責任法〔第2版〕』2頁（商事法務，2018年）。

2　XRオブジェクトの流通

(1)　デジタル消尽

①　消尽とは

　知的財産権の「消尽」とは，権利者等による第一譲渡が行われた後は，当該有体物についてはもはや権利行使を認めないという原則である[38]。

　XRオブジェクトは，特定のユーザ（のアカウント）から独立した存在としてXR空間内で持続的に機能し，存在しうる。さらには，技術仕様の標準化等によって特定のサービスからも離れ，複数のプラットフォームをまたいだ利用の対象ともなりうる（前掲図表1「XRオブジェクトの主な特徴」）。XRオブジェクトは，特定のユーザからも，サービスからも独立し，ユーザからユーザ，さらに他のユーザへと転々流通する取引の対象となりつつあるのである[39]。このとき，たとえば譲渡のたびに著作権者の許諾が必要となるとすれば，ユーザにとっては不便となり，取引が活発に行われなくなるかもしれない。こうして，XRオブジェクトが転々流通するXR・メタバース環境が成立した場合，著作権者等の利益を保護するという要請があると同時に，自由で円滑な取引が阻害されることがない市場環境を整えるという要請も生じることになる。

　この点，著作物が化体した原作品または複製物という有体物の流通においては，両者の要請を調整する仕組みがある。著作権の「消尽」と呼ばれる理論である。著作権法は，譲渡権，貸与権および頒布権という3つの支分権により，著作物の原作品および複製物という有体物の流通をコントロールする権利を著

---

[38]　谷川和幸「デジタルコンテンツの中古販売と消尽の原則」同志社大学知的財産法研究会編『知的財産法の挑戦』（弘文堂，2013年）420頁。このほか，主にデジタルコンテンツに関する著作権の消尽（デジタル消尽）に関する詳しい近時の文献として，栗田昌裕「デジタルコンテンツの流通と消尽原則－EU法及びドイツ法を中心とした考察」情報通信政策研究5巻1号69頁（2021年），小島立「デジタルでの第一拡布と消尽論」著作権研究45号41頁（2018年）等参照。

[39]　XRオブジェクト自体の仕様・規格等にもよるし，プラットフォームをまたいだ利用・取引が可能となるような相互接続・相互運用性が確保されているかどうかなどによる。

作者に与えているが，これらの流通において一定の条件を満たした場合には，ある時点以後，その流通の対象となった原作品または複製物については，これらの権利の行使が認められないことになっているのである[40]。

　まず，「譲渡権」とは，映画以外の著作物をその原作品または複製物の譲渡により公衆に提供する権利をいう（著作権法26条の２第１項）。この権利は，譲渡権を有する者またはその許諾を得た者がいったん譲渡（一次譲渡）した後は，その後の譲渡（再譲渡）をする行為には及ばない（同条２項１号）。たとえば，書店で適法に販売されている書籍を購入した者がその書籍を中古品として再譲渡する行為は，譲渡権侵害とはならない。これが譲渡権の消尽である。

　また，「頒布権」とは，映画の著作物をその複製物により頒布する権利をいう（著作権法26条）。ここにいう「頒布」には，(i)映画の著作物の複製物（DVD, Blu-ray Disc等）を公衆に譲渡または貸与する行為と，(ii)映画の著作物を公衆に提示することを目的としてその複製物を譲渡または貸与すること（映画フィルムを劇場に配給すること）が含まれる（同法２条１項19号）。譲渡権と異なり明文の規定はないが，頒布権も，一定の場合に消尽すると解されている。すなわち，映画の著作物の複製物のうち，公衆に提示することを目的とせずに譲渡されるものが譲渡された場合には，頒布権のうち譲渡する権利が消尽する[41]。

　このような消尽が正当化される根拠は，前述のとおり著作物の自由かつ円滑な流通を確保するという要請があることに加え，著作権者としては，適法な一次譲渡をするにあたって対価を得る機会が確保されていることにあるとされる。判例は次のとおり述べる[42]。

40　これらの支分権のうち，貸与権については消尽しないと解されている（栗田・前掲注38）70頁）。

41　栗田・前掲注38）71頁。最判平14・４・25民集56巻４号808頁〔中古ゲームソフト〕。最判平14・４・25判時1785号９頁も参照。

42　最判平14・４・25・前掲注41）〔中古ゲームソフト〕。

> 「㋐著作権法による著作権者の権利の保護は，社会公共の利益との調和の下において実現されなければならないところ，㋑一般に，商品を譲渡する場合には，譲渡人は目的物について有する権利を譲受人に移転し，譲受人は譲渡人が有していた権利を取得するものであり，著作物又はその複製物が譲渡の目的物として市場での流通に置かれる場合にも，譲受人が当該目的物につき自由に再譲渡をすることができる権利を取得することを前提として，取引行為が行われるものであって，仮に，著作物又はその複製物について譲渡を行う都度著作権者の許諾を要するということになれば，市場における商品の自由な流通が阻害され，著作物又はその複製物の円滑な流通が妨げられて，かえって著作権者自身の利益を害することになるおそれがあり，ひいては『著作者等の権利の保護を図り，もつて文化の発展に寄与する』（著作権法1条）という著作権法の目的にも反することになり，㋒他方，著作権者は，著作物又はその複製物を自ら譲渡するに当たって譲渡代金を取得し，又はその利用を許諾するに当たって使用料を取得することができるのであるから，その代償を確保する機会は保障されているものということができ，著作権者又は許諾を受けた者から譲渡された著作物又はその複製物について，著作権者等が二重に利得を得ることを認める必要性は存在しないからである。」

このような正当化根拠を持つ消尽原則は，著作権に限らず，特許権その他の各種知的財産権について認められる原則であると考えられている[43]。著作権法に関していえば，上記判例は，家庭用テレビゲーム機用ソフトウェア（ゲーム内の映画の著作物の複製物）の頒布権のうち譲渡する権利が消尽すると結論づけるにあたり，「同法26条は，映画の著作物についての頒布権が消尽するか否かについて，何らの定めもしていない以上，消尽の有無は，専ら解釈にゆだねられていると解される」と述べ，譲渡権の消尽を定める同法26条の2第2項は消尽の原則を確認的に規定したものにすぎないとしている[44]。

②　XRオブジェクトの著作権は消尽するか

著作権法の文言上，消尽するのは，著作物の原作品または複製物という有体

43　谷川・前掲注38）420頁。
44　最判平14・4・25・前掲注41）〔中古ゲームソフト〕。

物を譲渡等する権利である。しかし，著作物の自由かつ円滑な流通を確保する要請があり，かつ，一次譲渡の際に著作権者に対価を得る機会が保障されているのであれば，XRオブジェクトその他のデジタルコンテンツという無体物であっても，その公衆送信権，複製権等を含めて消尽すると解する余地はある[45]。

　ここで検討すべき問題は 2 点挙げられる。1 つは，そもそも現在のXRコンテンツ市場において，XRオブジェクトの自由な流通を確保する要請があるかどうかである。判例は，消尽原則の正当化根拠としてこのような要請があると述べるにあたり，一般論として，「譲受人が当該目的物につき自由に再譲渡をすることができる権利を取得することを前提として」取引が行われることを指摘しているが，XRオブジェクトを含むデジタルコンテンツについてはその前提があるとは限らない。デジタルコンテンツを提供する従来のサービスでは，むしろ再譲渡を前提としないものが多かったと思われる。また，将来的にも，再譲渡ができるかどうかは，個々のサービスの設計および利用規約においてそれが可能とされているかによる。

　また 2 点目に，一次譲渡の際，著作権者に対価を得る機会が十分に保障されていたかどうかをどのように評価するかである。これには，時間経過や使用損耗等による劣化が少ないというデジタルコンテンツの特性を踏まえた検討が必要であろう。有体物は劣化するから，中古品よりも新品を購入したいと考える消費者も多いであろうが，劣化のないデジタルコンテンツであればその需要は比較的少なくなりうる。そうだとすれば，二次流通市場からも利益を得る機会を確保する著作権者の要請はより強いものとなる。また，著作権者が利益を得られるであろう二次市場の範囲をどのように捉えるかも重要な問題である。そのXRオブジェクトの一次譲渡が行われたプラットフォーム内だけで再譲渡が起こるのか，それとも，他のプラットフォームでもXRオブジェクトの利用や取引が可能となるのかによって，著作権者が利益を期待できる市場の規模は大きく異なる。ブロックチェーンのスマートコントラクトによって，同じまたは他のプラットフォームで行われた再譲渡による売上の一部が著作権者に還元される仕組みが採用されているかによっても，著作権者の利得機会が保障されているかの考え方は変わってくるであ

ろう[46]。そして重要なことに，現時点では，XRオブジェクトの取引をめぐるプラットフォーム相互の接続や利益還元の仕組みの整備・普及は過渡期にある。一次譲渡の時点で，二次市場がどの範囲に及ぶかを予測し，それに見合った対価を確保することを著作権者に求めるのが妥当かどうかは，議論の余地があろう。

⑵　XRオブジェクトの流通形態と契約による権利処理

①　流通モデルの整理

　権利処理の視点からXRオブジェクトの流通モデルを整理した場合に大きなポイントとなるのが，単一のサービス内でのみ再譲渡できるのか，それとも複数のサービスをまたいで再譲渡が可能かである。前者の場合，単一のサービス提供者による一元的なコントロールが可能であり，権利者による利用許諾の管理もしやすい一方，そのサービス提供者が破産その他何らかの理由でサービスの提供を停止した場合，ユーザはXRオブジェクトを利用できなくなるおそれがある。後者の場合はそのおそれが低くなるが，二次流通以降の利用許諾条件等をどのように権利者が把握・管理するかという問題が生じる。

②　単一のサービス内のみで流通

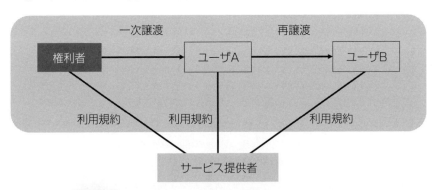

図表7　単一のサービス内で流通する場合の権利関係

46　日本では導入されていないが，海外では，「すでに人に売り払ってしまった作品が，転売される時，著作者が取引額の一部を支払ってもらえる」という「追求権」の仕組みが採用されている例がある（小川明子『文化のための追求権—日本人の知らない著作権』（集英社，2011年）84頁）。

　この場合，XRオブジェクトの権利者，一次譲渡先のユーザAおよび再譲渡先のユーザBのいずれについても，サービス提供者との間で，その設定した利用規約に基づくサービス利用契約が成立している（サービス提供者が権利者でもある場合がある）。この利用規約の中で，一次譲渡（たとえば，権利者によるユーザAに対する著作物利用許諾[47]）の方法ならびにユーザAにおいて可能なXRオブジェクトの利用方法および条件等を定めておけば，権利者とユーザAとの間でその内容の著作物利用許諾契約を成立させることができる。また同様に，利用規約の中で，再譲渡の方法等を定めておくことにより，再譲渡に関して，ユーザAとユーザBとの間で一次譲渡と同じ内容の契約を成立させることもできる。たとえば，権利者・ユーザA間の著作物利用許諾契約上のAの地位をBに譲渡し，これを権利者が承諾することなどである[48]。また，許諾対象となるXRオブジェクトの利用方法および条件を利用規約等でサービス提供者が定める場合もあれば，権利者が一次譲渡の際に設定することができる場合もある。いずれにせよ，一次譲渡および再譲渡それぞれの際に，各当事者がその利用方法および条件を認識し，契約の内容に組み入れられる仕組みを構築することが重要である[49]。この仕組みがうまくいけば，権利者が一次譲渡の際に設定した利用条件等の範囲内で二次流通が行われていくことが（少なくとも契約上は）確保されるため，権利者がメタバースにコンテンツを投入しやすい環境を作ることができる。

47　利用規約の定め方により，著作権の譲渡を一次譲渡の内容とする設計も可能である。

48　権利者の承諾は，利用規約の中で事前にとりつける方法もあれば，事前の承諾であっても有効と解しうる（潮見佳男『プラクティス民法 債権総論〔第5版補訂〕』（信山社，2020年）551頁参照）。再譲渡の申請があったときに再譲渡先のユーザを審査するプロセスを挟むなどのためにその都度承諾を要する方法もありうる。また，ユーザAがユーザBに対してXRオブジェクトの利用を再許諾するという設計も可能である。

49　経済産業省「電子商取引及び情報財取引等に関する準則」（令和4年4月）23頁以下および38頁以下を参照。

③　複数のサービスをまたいだ流通

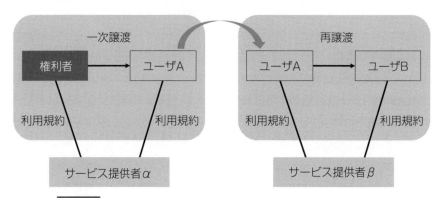

図表8　複数のサービスをまたいで流通する場合の権利関係

　XRオブジェクトの規格統一，プラットフォーム相互の技術的な接続等の対応により，XRオブジェクトの移転を含むプラットフォーム間の相互運用が可能な状態を作り出すことができるとされる。このように相互運用性のあるメタバースは，「オープン・メタバース」等と呼ばれている。

　一次譲渡を受けたユーザAが他のプラットフォームにおいてそのXRオブジェクトを再譲渡する場合，権利者を含む当事者全員が同じ利用規約の枠内で取引を行うのではなくなる。この点で，単一サービス内のみで流通するケースとは異なる。より具体的に述べると，権利者は，サービス提供者αが定めた利用規約に従って利用の方法および条件等を設定し，ユーザAに対して許諾を与えること（一次譲渡）ができる。しかし，ユーザAのユーザBに対する再譲渡は，別のサービス提供者βのサービス内で行われている。したがって，ここではαではなくβが定めた利用規約に従って再譲渡が行われることになる。その結果，再譲渡が，αの利用規約に従って権利者が設定した利用方法および条件等の範囲内で行われるとは限らないことになる。βの利用規約またはそれに従ってユーザAが設定する利用方法および条件等が，権利者による許諾の範囲を超えてしまうことがありうるのである。その場合，権利者は許諾の範囲を超えたXRオブジェクトの利用に対して著作権侵害を主張することができるであろうが，そもそもそのような心配のあるオープン・メタバースにコンテンツを投入する

ことを躊躇することもあろう。また，再譲渡を受けるユーザBとしても安心して取引を行うことができない。ユーザAの示した利用条件等が権利者の許諾の範囲内のものであるかがわからず，それを超える利用は著作権侵害として損害賠償請求等の対象にもなりかねないからである。

　この問題を解消するため，シンプルでわかりやすいアイコンによる許諾条件の表示に関する標準化等の実務的な対応が検討されている。コンテンツの二次創作に関してすでに行われているように，権利者がガイドラインを公表し，その範囲内であれば，利用規約等による契約によらずとも利用できる環境を明示することにより，利用を促進することも考えられるだろう。また，XRオブジェクトやプラットフォーム間の規格統一等の技術的な方法が模索されている。

3 ｜ 所有権によるXRオブジェクトのコントロール

(1) 問題の所在と考え方

　土地・建物等の現実環境を再現したVR空間において，現実環境にはないVRオブジェクトを配置することがある。また，ARでは，現実環境の一定の場所に表示されるようARオブジェクトを配置することがある。これらの場合，その土地・建物等の所有者は，所有権に基づき，そのオブジェクトを除去するよう請求することができるか。

　所有権とは，自由にその所有物の使用，収益および処分をする権利である（民法206条）。このように，所有権の客体は「物」であるところ，「物」とは有体物をいう（同法85条）。そして裁判例によれば，有体物とは液体，気体および固体といった空間の一部を占めるものを意味する[50]。所有権は原則としてその物自体に及ぶが，土地の所有権については，法令の制限内において，その土地の上下に及ぶ（同法207条）。このように，所有権は有体物を排他的に支配する権利であり，物の排他的な使用等を無体的な方法で妨害等する行為は，原則として，所有権を侵害するとはいえないと解される[51]。

50 　東京地判平27・8・5・前掲注18)〔ビットコイン〕。

　もっとも，無体的な方法による妨害等であっても，所有権の円満な利用が妨害されており，その程度が所有者の受忍限度を超える場合には，所有権に基づく妨害排除請求および損害賠償請求が認められることがある。

　たとえば，原告らが所有する建物の南側に新築された建物の屋根に太陽光パネルが設置されたところ，そのパネルに太陽光が反射し，「その反射光が原告建物に差し込むこと，その頻度及び程度も曇天でない限り，ほぼ毎日，一定時間継続して生じていること，そのため，原告らにおいて，原告建物内でも洋裁等の作業ができなかったり，ベランダに洗濯物を干す際にサングラスの着用が必要となるなどの状態であることからして，本件パネルによる原告建物の所有権の円満な利用が妨害されており，その程度は原告らの受忍限度を超える」と認め，太陽光パネルの一部の撤去義務等があると判断した事例がある[52]。建物それ自体に立ち入るなどの有形的な妨害がされずとも，反射光が建物に差し込むという無体的な方法で所有権の円満な利用が妨害されたことを理由に，太陽光パネルの撤去等を認めた点に特徴がある。

　また，自らの所有するアパートに隣接する道路上にごみ集積場所が設置されている原告が，大量のごみによる不潔な景観や悪臭等にアパート住民や所有者である原告が悩まされているとして，ごみ集積場所にごみを排出している被告らに対し，アパートの所有権に基づき，一般廃棄物の排出差止めを求めた事案において，「本件集積場所に隣接する本件建物を所有している原告は，ごみ集積場所が存在することで被害を被り，その所有権の十全な行使が妨げられることもありうるといえるから，受忍限度を超える被害を受けている場合には，所有権に基づき，一般廃棄物の排出の差止めを求めることもできるものと解される」，「そして，原告が本件集積場所によって被っている悪臭，ごみの飛散，不潔な景観による不快感その他による有形，無形の被害が，受忍限度を超えるかどうかの判断にあたっては，単に被害の程度，内容のみにとどまらず，被害回

51　無体的な側面の利用は，著作権法その他の知的財産法等によって規律されている（最判昭59・1・20民集38巻1号1頁〔顔真卿〕参照）。

52　横浜地判平24・4・18判例集未搭載（平22(ワ)5215）。もっとも，同事件の控訴審は，太陽光パネルの反射光による被害が，受忍限度を超えて損害賠償の対象となるほどのものであることを認めるに足りる証拠はないと判断し，原判決を取り消して原告らの請求を棄却している（東京高判平25・3・13判時2199号23頁）。

避のための代替措置の有無，その難易等の観点の他，さらには関係者間の公平
その他諸般の見地を総合した上でされるべきものであると解される」との一般
論を示し，結論として当該事案においては受忍限度を超えていないとした事例
がある[53]。同判決は，本件集積場所があることによって原告が所有する土地の
有効活用（駐車場の配置）に障害があること，ごみの量からして交差点の見通
しを妨げ，通行に支障があること，ごみが土地内に入ってこないように不必要
な壁を原告のほうで作らざるを得なかったことなどの有形的な被害を踏まえて
結論を導いているが，不快な景観や悪臭等の無形的な被害をも考慮して，所有
権の十全な行使が妨げられるかという観点から受忍限度を超えるかどうかを判
断することにしている点で特徴的である。

(2)　XRのケース

　現実環境を再現したVR空間において，再現された土地・建物等の上にVR
オブジェクトを配置することは，有形的にも無形的にも，その土地・建物等の
所有権の行使（所有物の有形的な側面の排他的な使用，収益および処分）を妨
げることは少ないと思われる。VR空間における出来事は，基本的には，現実
環境における所有権の行使に直接影響を与えるものではないからである（もち
ろん，サービスの内容，設計等による）。

　他方，ARの場合は，現実環境にバーチャル情報を付加するから，所有権の
行使に何らかの影響を及ぼす可能性は高まる。もっとも，現実環境に対して直
接有形的な影響を与えるのではなく，無形的にバーチャル情報を付加するにす
ぎないから，受忍限度を超えるほどに所有権の行使を妨げるのは例外的な場合
のみであると思われる。ARの普及状況その他の事情によると思われるが，た
とえば，建物の入り口に，出入りがしにくくなるほど不快なARオブジェクト
を配置することは，無形的な方法により所有権の行使を妨げ，かつ，受忍限度
を超えるものと判断される余地はあろうか。この点は，前述(1)で挙げた太陽光
パネルやゴミ集積所の事例が参考になる。

　また，ARの場合には，ARオブジェクトやチェックポイントの配置場所に

53　大分地判平20・12・12判タ1300号199頁。東京高判平8・2・28判時1575号54頁も参照。

ユーザを誘導することがある。場合によっては，その配置場所にユーザが滞留することにより，店舗の出入口が塞がれて営業に支障を生じさせたりするなど他人の所有物に係る所有権の行使を妨げることがありうる。これらは，現実環境におけるユーザの移動および滞留ならびにその場所におけるユーザの言動等という有形的な方法で所有権の行使を妨げるケースであり，前述した裁判例に照らせば所有権侵害となる可能性はあるといえよう。

　その場合，所有権を侵害する行為の主体は，第一次的には，その配置場所に立ち入って営業等を妨げる直接的な原因となる行為をする個々のユーザであろう。また，ARサービス提供者は，特定の場所にARオブジェクト等を配置することにより，ユーザがその場所に移動したり一定の言動をとったりするよう誘導するという形で，ユーザによる侵害行為を支配・管理しているという見方がある。かかる視点から，ARサービス提供者に対して所有権に基づく妨害予防請求をすることができ，その内容として，「AR空間において土地所有権への侵害状態を生じさせる誘因となるものを削除すること」（ARに対するコントロール）が認められうるとする見解がある[54]。

　ユーザとしては，ARサービスの内容にかかわらず，自らの判断で他人の権利を侵害しないよう注意を払うべきである。また，ARサービス提供者としては，ユーザが他人の権利を侵害する言動をとらないように（少なくとも，ARサービス提供者がその侵害行為を支配・管理していると評価されないように），アプリダウンロード時，起動時その他サービス開始時，サービス提供中等適切なタイミングで，ユーザが不適切な言動をとらないよう注意を喚起する表示をするなど，ユーザの言動等による他人の権利の侵害という結果を回避するために十分な措置をとるのがよい。所有権に限らず，場合によっては，住宅の平穏・プライバシー，さらには他人の財産権を害する言動を行ってしまうケースもあるが，ユーザおよびARサービス提供者それぞれの立場で注意すべきことは概ね同じである。

　実際には，ARオブジェクト等の配置場所となる施設等の管理者から同意を

54　板倉陽一郎「AR（拡張現実）に対するコントロールについての法的考察」情報ネットワーク・ローレビュー18巻35頁（2018年）。

得た上で，ARサービスを提供する場合も多いであろう。こうした施設等の管理者と協議する際にどのような資料・情報を用意しておけばスムーズに協議を運ぶことができるか，また，結果回避措置の内容等を検討する際に参考となる資料として，一般社団法人XRコンソーシアム社会的課題ワーキンググループ「施設等で利用するARサービス開発のためのガイドライン～点群データの作成・利用及びUI／UX設計等における注意点～」（2021年11月26日）があるので，ご参照いただきたい[55]。

---

55 一般社団法人XRコンソーシアムのウェブサイトで公表されている。なお，筆者は同ワーキンググループの座長を務め，同ガイドラインの作成に関与した。

第 **7** 章

XR と広告に関する法律

1 はじめに

　XRを活用した広告は，建物その他の構造物や物理法則等による制約を受けない。空間的にも内容的にも，自由度の高い表現が可能となる。しかし，その反面で，これまでとは違った形で他者の権利・利益と調整する必要性を生じうる。

　また，AR広告の特徴は，高いインタラクティブ性にある。場所を移動したり，デバイスをかざしたりといったユーザの動作に合わせて起動し，再生し，変化する。二次元的に「見る」ことに重点を置く従来の広告に比して，「体験」を提供しやすい。バーチャル情報をリアルタイムかつ三次元的に現実環境と調和させ，非日常的でダイナミックな表現も可能となる。このため，ユーザの共感や驚きを生みやすい。たとえば，衣服をバーチャル情報として自分の身体に重ねて表示（試着）し，身体の動きに合わせて揺れる様子等も含めて画面で確認することができれば，ユーザは購買判断をしやすい。また，エンタテインメント性が高いAR広告は，ユーザによるSNS等を通じた情報発信につながり，広告効果を得やすいともいわれる。

2 他人の広告物にバーチャル広告を重畳する行為

(1)　著作権等の問題

　現実環境に存在し，またはVR空間内に表示されている他人の広告その他の著作物に重畳する形で，自社商品の広告等をバーチャル情報として表示した場合，他人の著作物の見え方を変更することになりうる。したがって，翻案権および同一性保持権に対する侵害の問題を検討する必要がある（第3章②および③，第4章②および③）。

(2)　商標権・不正競争の問題

①　広告の差替え

現実世界を再現したVR空間では，建物の壁面その他の場所に設置された広告を他の広告と差し替えることがある。また，AR広告は，カメラが特定の広告を認識したときに，その広告に重ね合わせる形で他の広告を表示することがある。この場合，現実世界の広告スペースを所有する者またはその広告スペースに料金を支払って広告を掲載している広告主等としては，本来そこに表示されるべき自らの広告が一般の目に触れる機会を一部失ったこととなり，不満を感じることがあるかもしれない。このとき，この広告主等は，VR／ARサービス提供者に対して何らかの請求をすることができるだろうか。

XRに直接関わる事案ではないが，映画の中で背景に写り込む広告をデジタル技術によって他の広告に差し替えたことに関し，広告スペース所有者等が訴えを提起したという米国の裁判例（Sherwood 48事件）がある。

問題となったのは，被告らが製作した2002年公開の映画「スパイダーマン」の中のワンシーンである。作中，架空のイベント "World Unity Festival" が開催される中繰り広げられたアクションシーンで，ニューヨークにあるタイムズスクエアその他の建物（以下「本件建物」という）とそこに設置された広告が，ところどころ一瞬だけ，背景として写り込んだ。作中の本件建物および広告は，被告らが対価を得て第三者と契約し，撮影時実際にそこに存在した広告に当該第三者の広告を重ね合わせる形でデジタル加工を施したものであった。本件建物の所有者らおよびその広告スペースのライセンシーらは，商標権侵害（トレードドレス侵害）等を主張し，訴えを提起した。原告らは，本件建物ならびにそれに設置された広告および広告ディスプレイのユニークな形態ならびに装飾につき，セカンダリーミーニングを獲得しており，米国商標法上，トレードドレスとして保護されると主張し，本件建物に他の広告を重ね合わせる被告らの行為は，デジタル加工後の本件建物またはそれに設置された広告および広告ディスプレイの出所について混同を生じさせるおそれがあると主張したのである。

これに対し，第一審判決は，デジタル加工後の広告の表示によって需要者の

購買判断に影響があったとはいえないこと（出所の混同があったとはいえないこと），および本件建物は絶えず広告を変更していたことを理由に，原告らの請求を退けた[1]。

　また，控訴審判決は，原告らが「本件建物ならびにそれに設置された広告および広告ディスプレイのユニークな形態ならびに装飾」をトレードドレスとして特定し，その保護を求めたことにつき，各建物のトレードドレスを構成する具体的な要素を特定していないことを理由に，トレードドレス侵害を否定した原審の判断を支持した[2]。

②　他人の商標または広告をトリガーに自社広告をAR表示するケース

　AR技術を活用すれば，ユニークで効率的なキャンペーンを構築することができる。その例に，所定の画像等をARマーカとして，また広告映像等をARコンテンツとしてあらかじめ登録し，ユーザの端末がカメラを通じて当該ARマーカを認識した時に，当該広告映像等を当該端末の画面上で再生するというような手法がある。有名なのが，ハンバーガーチェーンがブラジルで実施した"BURN THAT AD"というキャンペーンである。このキャンペーンは，アプリのユーザの端末がカメラで競合他社の広告を検知すると，画面に映るその広告をバーチャルな視覚効果で燃え上がらせ，自社商品のクーポンを表示・付与するというものであった[3]。この競合他社は，キャンペーンを実施した会社の4倍ものメディア予算を投じており，消費者の目に触れやすいさまざまな場所にその広告が存在していた。ARを活用すれば，現実に看板等の広告を設置することなくコストを節約しながら，競合他社が設置した多数の広告をトリガーとして，同種商品に関心のある消費者に向けて端末上で自社商品の広告を見せることができ，ユニークで効率的な広告を展開することが可能となる。他方で，仮に競合他社の商標がこうしたAR広告のトリガーとして用いられている場合，当該商標のイメージや顧客吸引力を利用して自社商品の広告に誘導するという側面があり，競合他社としては好ましくない手法と受け取られるかもしれない。

1　Sherwood 48 Associates v. Sony Corp. of America, 213 F.Supp.2d 376 (S.D.N.Y. 2002).

2　Sherwood 48 Associates v. Sony Corp. of America, 76 Fed.Appx. 389 (2nd Cir. 2003).

3　https://sites.wpp.com/wppedcream/2019/direct/consumer-marketing/burn-that-ad/

　そこで，真正に付された他人の登録商標をトリガーとして，自社商品の広告映像をARコンテンツとして再生することが，当該登録商標に係る商標権を侵害するか否かを検討する。より具体的には，次のような事例である。

　　広告主が，他人の登録商標をARマーカとして，また，自社商品の広告映像（当該広告映像において，当該登録商標は一切表示されない）をARコンテンツとして，それぞれ登録し，ユーザの端末が，当該他人が自らの真正商品またはその広告に付した当該登録商標を検知した時に，当該広告映像を当該端末の画面上で再生させる行為につき，商標法2条3項8号の使用行為に当たるものとして，商標権侵害が成立するか。

　この場合，当該真正商品または広告に当該登録商標を付し，また，付したものを譲渡等しているのは商標権者等であって，ARマーカおよびARコンテンツを登録した広告主ではない。また，広告主は，当該広告映像においては，当該他人の登録商標を使用していない。したがって，広告主による商標権侵害の成否に関しては，当該他人の登録商標の顧客吸引力を利用し，自社商品の広告に誘導することを目的として，当該登録商標（ARマーカ）および当該広告映像（ARコンテンツ）の登録をすること（その結果として，当該登録商標に着目したユーザによる一定の操作があった時に，自社商品に係る当該広告映像が自動的に再生されるようにすること）が侵害を構成するか否かを検討すべきことになる。

　このようなAR広告の仕組みは，他人の登録商標の顧客吸引力を利用して自社商品の広告へと需要者を誘導する点，ARマーカ等の登録そのものは需要者の目に触れないところで行われる点，ユーザの一定の行動が介在する点等において，検索連動型広告やディスクリプション・メタタグないしタイトルタグの事案と共通点がある[4]（後掲**図表1**参照。なお，ここでは，たとえば検索連動型広告の事案における広告主の行為とリンク先のウェブページを運営する加盟店の行為のような，複数の関与者の行為を区別せず，一体的なものとして見て

4　See Brian D. Wassom, Augmented Reality Law, Privacy, and Ethics 118 (2014).

	ディスクリプション メタタグ	検索連動型広告	AR広告
ステップ⓪	―	―	商標権者が看板に商標を表示
ステップ①	ウェブサイト運営者がhtmlファイルにメタタグを記載	広告主がキーワード・見出・広告文・URL等を設定	広告主がトリガー（上記商標）と広告コンテンツを設定
ステップ②	ユーザが検索を実行	ユーザが検索画面でキーワードを検索ボックスに入力し，検索を実行	ユーザがトリガーに向けて端末を操作
ステップ③	検索結果表示画面で当該ウェブページの説明を表示	検索結果表示画面でキーワード広告を表示	端末の画面上でAR広告を再生
ステップ④	ユーザがリンクをクリックするとリンク先のウェブページ（広告）が表示される	ユーザがリンクをクリックすると，リンク先のウェブページ（広告）が表示される	―

ステップ③で 視認あり → 侵害成立	視認なしのケースあり → 視認なければ 侵害不成立	ステップ⓪で 視認あり → 侵害成立？

図表1　AR広告と検索連動型広告等との比較

おくことにする）。

　しかし，前記事例のAR広告と検索連動型広告等とでは，重大な相違点がある。それは，検索連動型広告等の場合には，広告文の登録といった広告主等の行為と，検索の実行というユーザの行為が存在することによって初めて，他人の登録商標を含む広告が検索結果表示画面で表示されるようになるのに対し，AR広告の場合には，他人の登録商標はもともと，商標権者である当該他人によって真正商品またはその広告に付されており，AR広告がなくとも需要者に視認できる状態となっていることである。つまり，このAR広告の場合には，商品の広告またはこれを内容とする情報に，新たに，「標章を付」する行為（商標法2

条 3 項 8 号）が存在しないのではないかと思われるのである。この点，ディスク
リプション・メタタグの事案において，メタタグを記載した結果，検索サイト
におけるページの説明として標章が表示されるようになることを理由に，メタ
タグの記載という行為が 8 号の使用に該当するものと評価されるのとは異なる[5]。

　このように，前記事例の AR 広告は，もともと視認可能な状態で存在する商
標を利用するにすぎず，それとは別個の商標が視認可能となる状態を新たに作
出するものではない。したがって，現行商標法上，このような AR 広告につい
て商標権侵害は成立しないという解釈が成り立ちうる。

　他方で，他人の登録商標の顧客吸引力等を利用して自社広告に誘導する点を
不当と評価するのであれば，この場合にも 8 号の使用があるとする解釈を検討
する必要がある。そのような解釈の方向性としては，次のようなものが考えら
れる。すなわち，その商品の出所を識別するものとしてすでに具体的な商品に
付されている標章（1 号の使用がされている標章）を，当該具体的な商品とは
別の商品または役務に関する広告と密接に結び付け，当該広告に係る商品また
は役務の出所をも識別するという別の機能を新たに付与することをもって，当
該広告に新たに「標章を付」する行為と捉え，こうして標章を付された広告を
展示あるいは電磁的方法により提供している（8 号の使用行為）と評価すると
いう考え方である。そして，特定の標章（AR マーカ）を認識した時に，それ
に対応する特定の広告映像（AR コンテンツ）が再生されるようにこれらを登
録する行為が，上記のような新たな機能を付与する行為であり，「標章を付」
する行為であると評価するのである。

　8 号の文言上，前記事例の AR 広告のように，バーチャルに存在する広告映
像をフィジカルな標章に結び付けることが，「広告……を内容とする情報に標
章を付して電磁的方法により提供する行為」といえるかは，疑問の余地がある。
電磁的方法により提供しているのは広告映像という情報のみであり，標章は物
理的にそこに存在しているにすぎないからである。しかし，一定の標章に着目

5　大阪地判平17・12・ 8 ・前掲第 4 章注55）〔クルマの110番〕，東京地判平27・ 1 ・29・
　前掲第 4 章注55）〔IKEA〕および大阪地判平29・ 1 ・19・前掲第 4 章注55）〔バイクシフ
　ター〕。検索連動型広告の事案に関する大阪高判平29・ 4 ・20・前掲第 4 章注55）〔石けん
　百貨控訴審〕も参照。

して端末のカメラを向けた時に自動的に再生される広告映像を見た需要者は，たとえそれが当該標章の付された商品とは別の商品または役務に関する広告であったとしても，当該標章が当該広告に係る商品または役務の出所を識別するものと認識する場合はありうると思われる[6]。

このようなAR広告の実施を検討する場合，実務的には，"BURN THAT AD"キャンペーンのように，競合他社の広告を燃え上がらせるといったインパクトのある演出を施すことにより，トリガーとなる商標に係る商品等の提供元とAR広告に係る商品等の提供元とが別個の事業体であることを容易に認識できるようにするなど，出所の誤認混同を生じにくい仕組みとすることで商標権侵害のリスクを低減させることなどが考えられる。

(3)　パブリシティ権の問題

①　バーチャル広告と著名人の肖像

タレント，俳優，モデル，スポーツ選手その他の著名人の氏名，肖像等（以下，本章②(3)において「肖像等」という）は，商品の販売等を促進する顧客吸引力を有する場合がある。そして，このような顧客吸引力を排他的に利用する権利を「パブリシティ権」と呼ぶ[7]。消費者を惹きつけるため，著名人の肖像等を使用することは，広告一般に広く用いられる手法である。バーチャル広告においても，さまざまな方法で著名人の肖像等を使用することが考えられる。たとえば，雑誌，ウェブページ等に掲載された著名人の肖像をスマートフォンのカメラで捉えたときに，その著名人が着用している衣服に重ね合わせる形で自社ブランドの衣服のバーチャル情報を表示したり，自社ブランドのロゴを表示したりすること等である。

著名人の肖像等を使用したバーチャル広告を作成および提供する行為を行うに際しては，このパブリシティ権侵害の成否を検討する必要がある。

6　大阪地判平17・12・8・前掲第4章注55)〔クルマの110番〕は，「インターネットの検索サイトにおけるページの説明文の内容と，そこからリンクされたページの内容が全く異なるものであるような場合はともかく，ページの説明文に存在する標章が，リンクされたページに表示されなかったとしても，それだけで，出所識別機能が害されないということはできない」とする。

7　最判平24・2・2民集66巻2号89頁〔ピンク・レディー〕。

②　米国の参考事例：Hoffman事件

　バーチャル広告の事案ではないが，著名人の肖像写真を加工して別の衣服を重ね合わせた広告を行った場合のパブリシティ権侵害の成否に関し，参考になる米国の裁判例があるので，以下に紹介する。

　1982年，俳優のダスティン・ホフマンは映画「Tootsie」に主演し，テレビドラマの役を得るために女装する男性俳優を演じた。この映画の印象的なスチール写真の１つに，ホフマンが赤い長袖のスパンコール付きイブニングドレスにハイヒールを履き，アメリカ国旗の前でポーズをとっている写真があった。このスチール写真には，「絶望的にストレートで飢えている俳優と，ダイナマイトのような赤いスパンコールのドレスを掛け合わせたら，何ができるだろう？アメリカで最もホットな新人女優だ。」（"What do you get when you cross a hopelessly straight, starving actor with a dynamite red sequined dress? You get America's hottest new actress."）というキャプションが掲載されていた[8]。

　1997年３月，雑誌「Los Angeles Magazine (LAM)」は，「Fabulous Hollywood Issue!」を発行した。この号に掲載された「Grand Illusions」という記事では，コンピュータ技術を使って有名な映画16作品の写真を加工し，俳優たちが1997年春のファッションを着用しているように見せていた。その最後のショットが，「Tootsie」のスチールであった。アメリカ国旗とホフマンの頭はオリジナルである前記スチール写真のままであったが，ホフマンの体と赤いスパンコールの長袖ドレスは，クリーム色でシルクのスパゲッティストラップ・イブニングドレスとハイヒールを身に付けた，同じポーズの男性モデルの体に差し替えられていた。オリジナルの前記キャプションは省略され，ページ上のテキストでは，この写真が映画「Tootsie」から借用したものであることを示し，「ダスティン・ホフマンは，リチャード・タイラーのバター色のシルクのガウンとラルフ・ローレンのヒールを着ても，見劣りしない。」（"Dustin Hoffman isn't a drag in a butter-colored silk gown by Richard Tyler and Ralph Lauren heels."）と書かれていた[9]。ホフマンは，パブリシティ権侵害等を理由に，LAM社およびその親会社に対して訴えを提起した。

8　Hoffman v. Capital Cities/ABC, Inc., 255 F.3d 1180, 1182-83 (9th Cir. 2001).
9　*Id.* at 1183.

　ホフマンは，当該雑誌の写真における男性モデルがラルフ・ローレンの靴を履いていることが示され，かつ，当該雑誌の他の箇所にラルフ・ローレンの広告が掲載されていたこと，また，当該雑誌の巻末に掲載されていた「ショッパーズガイド」に，靴とガウンの販売店と価格が記載されていたことを指摘した。そのような「商業的言論」（"commercial speech"）は，合衆国憲法修正第1条による表現の自由の保障を受けにくいとされていたのである。

　しかし，第9巡回区控訴裁判所は，加工後の写真を含む当該記事は単なる商業的な表現にすぎないものではないなどと判断し，パブリシティ権侵害の成立を否定した。その理由として，同裁判所は次のように述べている。

> 「LAM社は，単に特定の商品を販売する目的で印刷された伝統的な広告にホフマン氏の画像を使用したのではない。記録によれば，LAM社は，加工された映画のスチール写真を掲載した当該ファッション記事にデザイナーの服を掲載することにつき，デザイナーから何らの対価も受け取っていない。また，当該記事は，単に商業的なメッセージを伝えるにすぎないものでもなかった。『Grand Illusions』は，雑誌の表紙と目次において，特集記事として紹介されている。この記事は，ハリウッドの過去と現在という当該号の中心的な話題を補完するものであり，また，その一部でもある。この記事は，ファッション写真，ユーモア，クラシック映画や有名な俳優についての視覚的および言語的な編集コメントが組み合わされたものである。文脈を踏まえれば，当該記事は，全体として，ファッションの写真，ユーモア，そして名作映画および有名俳優に関する視覚的および言語的な論説が組み合わされたものである。」[10]

③　日本法におけるパブリシティ権侵害の判断基準

　パブリシティ権侵害は，たとえば以下の場合のように，もっぱら肖像等の有する顧客吸引力の利用を目的として肖像等を無断で使用したといえる場合に成立するとされている（ピンク・レディー事件最高裁判決）[11]。

10　*Id.* at 1185.
11　最判平24・2・2・前掲注7）〔ピンク・レディー〕。肖像等の使用がもっぱら顧客吸引力の利用を目的としているかどうかは，肖像等の使用態様，使用目的等を総合的に考慮して判断される（東京地判平31・2・8裁判所ホームページ参照（平28(ワ)26612等）〔JILL STUART〕）。

> (i)　肖像等それ自体を独立して鑑賞の対象となる商品等として使用する場合
> (ii)　商品等の差別化を図る目的で肖像等を商品に付する場合
> (iii)　肖像等を商品等の広告として使用する場合

　たとえば，ピンク・レディー事件最高裁判決は，約200頁の週刊誌において，当時流行していたピンク・レディーの曲の振り付けを利用したダイエット法を解説し，これに付随して子供の頃に当該振り付けをまねていたタレントの思い出等を紹介する記事の中で，ピンク・レディーが被写体となった写真が週刊誌全体の3頁の中で，いずれも白黒で小さく掲載されたという事案において，「読者の記憶を喚起するなど，本件記事の内容を補足する目的で使用された」と述べ，「被上告人が本件各写真を上告人らに無断で本件雑誌に掲載する行為は，専ら上告人らの肖像の有する顧客吸引力の利用を目的とするものとはいえず，不法行為法上違法であるということはできない」と判断した[12]。

　このほか，パブリシティ権侵害の成立を否定した事例として，雑誌の中吊り広告に関し，雑誌に収録された記事の見出しと当該記事に関連する多数の著名人等の肖像写真が掲載されていたこと，これに掲載された原告の肖像写真が，原告に係る記事の見出しの大きさとの関係で不相応とまではいい難い大きさで掲載されていたことなどから，原告の肖像写真は当該記事の見出しを補足する目的で使用されたのであり，もっぱら肖像等の顧客吸引力の利用を目的とするものとはいえないとした事例[13]，テレビ局のインタビューに答えている精神科医の上半身の映像につき，報道番組において，控訴人の人物像を紹介することを目的として使用されたものであり，もっぱら控訴人の肖像等の有する顧客吸引力の利用を目的とするものとは認められないとされ，パブリシティ権侵害が否定された事例[14]等がある。

　これに対し，肖像等を広告に使用した事案においてパブリシティ権侵害を肯定したものとして，商品の紹介および販売等がされていたウェブサイトにデザ

12　最判平24・2・2・前掲注7）〔ピンク・レディー〕。

13　東京地判令2・12・21裁判所ホームページ参照（平30(ワ)26219）。なお，この判決は，名誉毀損の成立を認めている。

14　大阪高判平24・6・29裁判所ホームページ参照（平23(ネ)3493）。

イナーの肖像等を使用した行為につき，同ページ自体は当該デザイナー個人の肖像等や言動，経歴等を紹介する内容を主とするものではあるものの，他のウェブページと一体となって，ブランドのイメージを向上させ，ひいては商品の宣伝広告や販売促進を企図するものであったと述べ，もっぱら当該デザイナーの肖像等の有する顧客吸引力の利用を目的として，当該デザイナーの氏名および肖像を商品の広告に使用していたと認定し，パブリシティ権侵害を肯定した事例[15]，フィットネス関係の衣料品を製造販売する株式会社である被告がトレーナーの肖像画像をホームページ等に掲載していた行為につき，肖像の広告としての使用であると認められ，パブリシティ権に係る独占的利用権を侵害する不法行為が成立するとされた事例[16]等がある。

④　バーチャル広告についての考え方

　バーチャル広告についても，ピンク・レディー事件最高裁判決が示した基準（もっぱら肖像等の有する顧客吸引力の利用を目的として肖像等を無断で使用したといえるか否か）によってパブリシティ権侵害の成否を判断することになると考えられる。すなわち，バーチャル広告の作成，提供等に関して著名人の肖像等を利用する場合には，そのサービス全体の内容および目的とその中での著名人の肖像等の位置づけ，利用される肖像等の大きさ，精度，ユーザの知覚により認識される時間の長さ，著名人の肖像等以外のコンテンツの種類，大きさ，内容およびサービス内における位置づけその他の事情を考慮して，当該肖像等の利用が「専ら肖像等の有する顧客吸引力の利用を目的」としたものと判断される可能性がないかを検討する必要がある。

　たとえば，雑誌等に掲載されている著名人の写真をスマートフォンのカメラで捉えたときに，その著名人の衣服に重ね合わせるように自社ブランドの衣服のバーチャル画像が表示されるというAR広告について考えてみよう。前述のHoffman事件では，他の有名な映画，俳優等の写真等を連ねることで「ハリウッドの過去と現在」を表現する特集記事が組まれ，表紙および目次を含めた雑誌全

15　東京地判平31・2・8・前掲注11)〔JILL STUART〕。

16　大阪地判平29・3・23判時2409号105頁，同控訴審大阪高判平29・11・16判時2409号99頁。

体の中で中心的な論説として位置づけられていた。そして，加工されたホフマンの写真は，それを補完または構成するものとなっていた。つまり，当該写真は，単なる商業的な広告ではなく，論説的な表現活動の一部と評価されたのである。

　では，AR広告の場合はどうか。特定の肖像写真を捉えたときに自社ブランドの衣服のバーチャル画像が表示される仕様の場合は，おそらく商業的な広告としての色合いが強く，パブリシティ権侵害が肯定されやすいであろう。なぜなら，そのAR広告は，その著名人の肖像と自社商品のバーチャル画像とで構成される情報が，雑誌全体のコンセプト等とは切り離され，ユーザの端末画面上で完結する形で表示されることになるからである。自社ブランドのロゴその他商業的な広告としての性格が強いARコンテンツをも表示する場合には，その傾向は強くなると予想される。これに対し，Hoffman事件のように雑誌全体を貫くコンセプトがあり，ARコンテンツとして付加する情報がそのコンセプトに沿ったものであるような場合，あるいはそうでなくとも，たとえば動画等の形式でARコンテンツが表示され，それだけで単なる商業的な広告にとどまらない言論が含まれた表現活動といえる場合には，「専ら肖像等の有する顧客吸引力の利用を目的として」肖像等を使用したとはいえず，パブリシティ権侵害が否定されやすいと考えられる。

　このように，特にAR広告の場合には，雑誌その他トリガーとなる素材とは切り離され，表現上の一体性がない形でARコンテンツが表示されてしまい，意図せずにパブリシティ権侵害となってしまうおそれがあるため，企画段階から注意が必要であろう。

　なお，パブリシティ権侵害が成立しない場合であっても，プライバシー権侵害，名誉毀損等の成立が認められるケースがあるため，これらの点にも別途注意を要する[17]。

17　たとえば，肖像写真に裸の胸部のイラストを合成した画像を用いた雑誌記事につき，「このような表現行為が，肖像を無断で利用された女性に強い羞恥心や不快感を抱かせ，その自尊心を傷つけるものであることは明らかであ」ることなどを理由に，「本件記事は，社会通念上受忍すべき限度を超えた侮辱行為により原告らの名誉感情を不当に侵害するものであり，かつ，受忍限度を超えた氏名及び肖像の使用に当たる」とし，損害賠償請求が認められた事例がある（東京地判平27・1・29裁判所ホームページ参照（平26(ワ)7213）および同控訴審知財高判平27・8・5裁判所ホームページ参照（平27(ネ)10021）。

⑷　不法行為（「広告を見てもらう利益」の侵害）

①　問題の所在

　一般に，広告は，多くの人に見てもらうことに経済的な価値が見出される。広告主は，それを期待して，視認性が高ければ高いほど高額の広告料金を支払い，広告物を掲出する。他の建物等によって遮蔽された場合，広告はその機能を果たすことができない。そうした状況が続くと，広告料金も下落するであろう。ここに，広告の表示を阻害されることによって生じる，広告主等の財産的な損害を観念しうる[18]。

　ところで，AR広告も，現実環境に設置された広告物を見えにくくすることがある。たとえば，ARグラスを通じて，空間上に近傍店舗・施設の情報を浮かべて表示した場合，その先にある広告物等は見えにくくなる。また，競合他社の広告を認識したときに，それを完全に覆い隠す形で自社広告をデジタル表示するAR広告を作ることもできる。

　このとき，現実の広告を行っていた者は，それを多くの人に見てもらえなくなったことを理由に，AR広告を行った者に対し，AR広告の配信差止め，損害賠償等を請求することができるか。AR広告に関する裁判例は見当たらないため，現実の広告物が現実の建物または他の広告物によって遮蔽された事例に関する裁判例をもとに検討する。

②　「電子的広告権」の侵害？―米国の参考事例

　前述のSherwood 48事件において，原告らは，デジタルメディアその他の媒体を問わず本件建物上の広告スペースの販売を行う権限を与えていないにもかかわらず，被告らが本件建物の外観を電子的に変更することによって本件建物における「電子的広告権」（the "electronic advertising rights"）を不正に使用し，広告収入を失ったとして，被告らは原告らの財産に対して不法侵害

18　このように，外部からの視認性に優れているため高い広告価値を有する場所に広告を表示していることによって広告主等が享受する利益を，標題において便宜的に「広告を見てもらう利益」と表現した。この論点につき，関真也「AR広告をめぐる利益調整と法規制」ビジネス法務21巻6号60頁（2021年）参照。

（trespass）をしたと主張していた。

　これについて，裁判所はどう判断したか。ニューヨーク州法上，他人の財産を損傷することなく当該財産の価値を減少させる行為が不法侵害となるか否かは，ニューヨーク州の裁判所による明確な判例のない未解決の問題であった。これを踏まえ，Sherwood 48事件控訴審判決は，「本件建物に対する物理的損害があったことが，不法侵害に基づく請求の要件であるかどうかを判断する必要がある」と述べ，この点について判断しなかった原判決を破棄し，原審に差し戻した[19]。

　同判決は明確な結論を示さなかったが，たとえ現実の広告等に何ら物理的な接触をしない場合であっても，バーチャル広告を表示することによってそれを遮蔽し，広告価値を減少させたと認められる場合，バーチャル広告を行った側が何らかの責任を負う可能性は残されていることになる。

③　日本ではどう考えるか？─裁判例の整理

　まず，隣地に建物等が置かれたことにより，既存の広告物の視認性が阻害されたことのみをもって，ただちに当該広告物またはその設置スペースの所有権が侵害されたということはできない[20]。その所有物それ自体に対する物理的支配は害されていないからである。

　たしかに，多くの人から見えやすい場所に広告物を設置することにより，広告主等が相当の経済的利益を得られる実態がある[21]。しかし，その利益が常に法的保護を受けるわけではない。その利益は，広告物の視認性を阻害する他の建物等が存在しなかったという偶然の事情によって広告主等が享受できたものにすぎないからである。相隣関係の不動産等の所有者もその所有物を自由に利

19　Sherwood 48, supra note 2), at 392. もっとも，米国では，裁判所やその管轄区域によってこの問題に関する判断が異なる可能性がある。たとえば，「財産に対する物理的な損傷がなくとも，不法侵害者はその不法侵害により財産の価値を減少させたときは責任を負う」と示唆するニューヨーク州南部地区連邦地方裁判所の判決がある（Register.com, Inc. v. Verio, Inc., 126 F.Supp.2d 238, 250 (S.D.N.Y. 2000)）。他方，受信コンピュータシステムを損傷せず，かつ，その機能も害しない電子通信について不法侵害は成立しないと判断したカリフォルニア州最高裁判所の判決もある（Intel Corp. v. Hamidi, 30 Cal.4th 1342, 1347 (2003)）。

20　東京地判昭38・12・14判時363号18頁。

21　東京地判昭57・4・28判時1059号104頁も，このことに言及している。

用する権利を有しているから，相互の利用調整のため，広告主等も周辺状況の変化による不利益をある程度受忍しなければならない[22]。

　もっとも，「特定の場所が，広告の観望という観点から一定の価値を有するものと評価され，これを広告表示者において享受することが社会通念上独立した利益として承認されるだけの実質的な意義を有するものと認められる場合」においては，例外的に法的保護の対象となる[23]。

　否定例として，公道の歩道に面した商業地域にあるビルに設置された看板が，その歩道上に建設されたエレベーター出入口施設によって隠されたという事案において，その歩道上に公共用の建築物が設置される可能性があることは想像に難くないこと，当該看板が公道に面した外壁の地上1階から2階にかけての位置にあり，低層の建築物が構築されても容易に観望が妨げられること等から，当該看板に係る広告表示に関する利益は法的保護の対象にならないとしたものがある[24]。

　これに対し，法的保護を肯定した例として，原告が，走行車両および通行者の視覚に訴えやすい場所的特性から高い広告効果を期待し，長年にわたり，相当の出捐のもとに広告看板を設置し維持してきた事実関係において，当該看板の表示に関して原告が有する権利は法的保護の対象になると判断したものがある[25]。もっとも，判決は，(i)建物の所在地等の事情からして，周辺に中高層建物等が建築されることにより，看板に対する観望が阻害される事態の発生を予測していたと推認されること，(ii)原告に対する害意が被告にあったと認めるに足りる証拠はないこと，(iii)当該看板が全く見えなくなったとまでは認められないこと等の事情を考慮し，原告の損害賠償請求等を棄却した。

④　AR広告についての考え方

　広告表示に関する利益の法的保護を認めた前掲裁判例の事案においても，AR広告によって広告物を隠されない利益まで保護されるかは明らかではない。

22　東京地判昭44・6・17判タ239号245頁，東京地判昭57・4・28・前掲注21），東京地判平17・12・21判タ1229号281頁，東京地判平26・6・6公刊物未登載（平25(ワ)8388）参照。

23　東京地判平17・12・21・前掲注22）および東京地判平26・6・6・前掲注22）。

24　東京地判平26・6・6・前掲注22）。

25　東京地判平17・12・21・前掲注22）。

AR広告に遮蔽されないことを含めた広告の観望という観点を交えて，その広告表示に関する利益が「社会通念上独立した利益として承認されるだけの実質的な意義」を有するかが改めて問われるはずである。そこでは，AR広告の普及状況に加え，AR広告の影響を受けないことを前提に広告料金が設定されているか等を勘案し，AR広告に遮蔽されることなく期待した高い広告効果が得られると合理的に期待できる状況にあるかが問題になると考えられる。

　この点，広告主等にとって，自らの広告物がAR広告によって遮蔽されることを予測するのは比較的困難であろう。商業地，住宅地等の用途や都市計画による高さ制限等の内容に応じて周辺環境の変化がある程度予測できるのとは異なり，AR広告を表示する場所，大きさ，時期等には明確な規制がないし，前述のとおり物理法則等による制約もないからである。この点は，広告表示に関する利益に対する侵害を肯定しやすい方向に働くと思われる[26]。

　他方，侵害の程度という点においては，前述した裁判例の事案よりもAR広告のほうがさらに低く，侵害を肯定しにくいと思われる。なぜなら，現実の広告物が遮蔽され見えにくくなるのは，デバイス上にAR広告を表示したユーザだけだからである。AR広告の仕組みによっては，積極的に特定のAR広告を見ようとしたユーザだけに表示するものもあれば，マーカの認識や位置情報によって自動的にAR広告を表示するものもあり，それに応じて侵害の程度は異なる。さらに，モバイルデバイス上で表示するAR広告の場合，ユーザは，画面上のAR広告と，（画面上はそのAR広告によって遮蔽されている）現実の広告物とを同時に見ることもできるが，ARグラスの場合にはそれは困難となろう。したがって，侵害の成否は個別具体的な事案ごとの判断になる[27]。

26　この意味では，AR広告について一定の法規制またはガイドライン等による自主規制を策定・公表し，現実環境における広告物の広告主等の予測可能性を向上させることが，安心してAR広告を行う環境を整えることにも役立つ側面があるといえる。

27　広告主に損害を加える目的で行われるなど，社会的に相当な範囲を逸脱してAR広告を行った場合には，不法行為に基づく損害賠償義務等が肯定される可能性が高い。東京地判昭38・12・14・前掲注20），東京地判昭44・6・17・前掲注22），東京地判昭57・4・28・前掲注21），東京地判昭61・7・25判時1215号62頁参照。また，AR広告が他者の所有物に対する不利益を無形的な方法で及ぼすものではなく，また，AR広告を行う排他的な権利は今のところ肯定されていない点に着目すると，不動産所有権同士の相隣関係というよりも，騒音，悪臭，光線等による営業妨害の事例に類似するといえる。

3 屋外広告物法・条例

(1) 概　要

　屋外広告物法（以下③では「法」という）は，「良好な景観を形成し，若しくは風致を維持し，又は公衆に対する危害を防止するため」に，屋外広告物について必要な規制の基準（最高限度）を定めている。そして，その具体的な規制内容を，地方公共団体が各々の屋外広告物条例として定めている[28]。

　法において「屋外広告物」とは，(i)常時または一定の期間継続して(ii)屋外で(iii)公衆に表示されるものであって，(iv)看板，立看板，はり紙およびはり札ならびに広告塔，広告板，建物その他の工作物等に掲出され，または表示されたものならびにこれらに類するものをいう（法2条1項）。

(2) AR広告は「屋外広告物」か？

　「屋外広告物」に当たると判断されるための前記要件(i)は，建物その他の工作物等に「定着して表示されるものに限る趣旨」であり，「街頭で散布されるビラやチラシの類は屋外広告物にはなら」ず，「電柱や塀などに貼付されたとき，初めて定着性を有し，屋外広告物に該当することになる」とされる[29]。プロジェクションマッピングは建物等に直接投影し，継続して表示される場合があるから「屋外広告物」に当たると整理できる。これに対し，AR広告は，あくまでデバイスの画面に表示されるのであり，建物等に直接投影されるなどして定着するものではない。したがって，AR広告は原則として「屋外広告物」

---

[28]　地方公共団体の参考に供するため，国土交通省が「屋外広告物条例ガイドライン」および「投影広告物条例ガイドライン」を公表している。「投影広告物」とは，建築物等に光で投影する方法により表示される広告物をいい，いわゆるプロジェクションマッピングを指している。

[29]　屋外広告行政研究会編『屋外広告の知識 法令編 第5次改訂版』（ぎょうせい，2019年）12頁。1日1時間でもそれが継続して掲出されれば，「常時又は一定の期間継続して」に該当するとされる（東京都都市整備局都市づくり政策部緑地景観課〔監修〕・東京都屋外広告物研究会〔編著〕『東京都屋外広告物条例の解説 改訂20版』（大成出版社，2020年）8頁。

に当たらないと考えられる。

　もっとも，AR広告も，屋外の現実環境に重畳して表示されることにより，景観もしくは風致を害し，または公衆に対する危害を生じさせうる[30]。AR広告の普及状況，具体的内容，デバイスの種類等によってもその影響の大きさは異なるであろう。これらを踏まえ，法の趣旨に基づき規制の要否等を検討する必要がある[31]。

---

[30]　法にいう「公衆に対する危害」には，見通しの不良または信号機，道路標識の妨害等によって生ずる危害も含まれる（屋外広告行政研究会・前掲注29) 11頁）。

[31]　場合によっては，「これらに類するもの」（法2条1項）として「屋外広告物」に当たると整理する余地がある。「『これらに類するもの』とは，広告物は，今後いかなる形式で現れてくるか予測できないので，そのようなものを含めようとするものである」と解説される（東京都屋外広告物研究会・前掲注29) 8頁）。

第 8 章

XR コンテンツ制作に関する
契約実務

1 概　要

　XRに関連して利用するコンテンツの中でも，アバターは，BtoB，BtoC，CtoCいずれの場面でも頻繁に取引が発生しやすい。また，これに関する契約上のポイントは，他の種類のXRコンテンツの取引にも応用できる。そこで，以下では，まずアバターの制作委託契約全般において検討すべきポイントについて解説し，続けて，一定の種類のアバターに特殊なポイントにも言及する[1]。

2 アバター全般の制作委託契約書における留意点

(1) 著作権譲渡か許諾か

　著作権の譲渡を受ければ，その著作物につき，他者の許諾を得ることなくあらゆる法定利用行為を行うことができる[2]。アバター利用者としては，自由度の高い著作権の全部譲渡を希望する場合が多いであろう。ただし，著作権譲渡契約をしたときであっても，翻案権（著作権法27条）および二次的著作物の利用に関する原著作者の権利（同法28条）については，これらを譲渡の目的として特掲していないときは，譲渡されずに譲渡人に留保されたものと推定される（同法61条2項）。したがって，これらの権利も譲り受けたいときは，同法27条および28条に規定する権利を含めて著作権譲渡の対象とすることを契約書に明記すべきである。

　他方で，クリエイターからすれば，自ら生み出した作品に係る権利を他者に委ねることに抵抗を感じることも少なくない。また，アバターその他の3DCGモデルに係る著作権を譲渡してしまえば，以後，自らその3DCGモデルに類似する他の作品を創作することも複製権または翻案権侵害となり，創作活動の幅

1　VRに関する契約実務に関し，野崎雅人ほか「社内研修，バーチャルイベント，PR活用等 VRの利用場面に応じた契約上の留意点」ビジネス法務21巻6号64頁（2021年）参照。
2　著作権の譲渡を受けたとしても，著作者人格権を侵害する行為まで当然に許されることにはならないため，別途著作者人格権の処理はしたほうがよい（本章②(2)）。なお，著作権のうち一部の支分権についてのみ譲渡を受けることも可能である。

を制約されるおそれもある。このため，クリエイターとしては，著作権譲渡ではなく3DCGモデルの利用許諾（ライセンス）を希望することも多い。

　これらはアバター利用者がその3DCGモデルによって達成しようとする目的や対価の額その他の事情に応じ，適切な協議によって定めるべきこととなる。たとえば，独特の外観やイメージを売りにするVTuber，企業のイメージキャラクターとなるアバターなど，商業性の強いアバターの制作を委託する場合には，同じクリエイターの手によるものであってもイメージ等が共通する他のアバターが登場することによって目的の達成に支障を生じうる。この場合には，高額な対価を支払っても著作権譲渡の形をとることを検討する必要性が高いといえる。これに対し，一般ユーザがバーチャル空間を楽しむためのアバターであれば，権利処理の費用は抑えて，必要な利用方法および条件の範囲内に限って非独占的な許諾を受ければ足りるという考え方もとることができる場合も比較的多いであろう。

　注意しなければならないのは，第三者が無断で著作権を侵害する行為を行った場合，その第三者に対して差止めや損害賠償等を請求できるのは，原則として著作権者のみであるという点である。つまり，著作権の譲渡ではなく利用許諾という形をとった場合，そのアバターを盗用するなどの著作権侵害行為を行う第三者がいたとしても，利用許諾を受けた者（利用権者）自らがその第三者に対して侵害行為の停止等を請求することはできず，著作権者であるクリエイター等の協力を得なければならないことになる[3]。著作権譲渡を受けていない場合，自らこうした対応をとることも難しくなるおそれがあることを念頭に，権利処理の方法を検討したほうがよい。たとえば，アバター利用者が著作権譲渡を受けた上で，クリエイターの創作活動を必要以上に制限しないよう，幅広い利用許諾をアバター利用者からクリエイターに与えることを検討してもよいかもしれない。また，利用許諾とする場合であっても，第三者による著作権侵害が発生したときには著作権者であるクリエイターが適切な法的措置を講ずることおよびその際の費用負担その他の条件について取り決めることが望ましい。

3　第5章[4](1)で述べたとおり，バーチャルな存在であるアバター自体に対する名誉毀損が成立するかについては議論がある。そこで，アバターを無断でスクリーンショットした画像とともに誹謗中傷の文章をSNSに投稿されたような場合，発信者情報開示請求等を通じた被害回復のため，名誉毀損ではなくアバターの著作権侵害を主軸として構成することがある。

column

独占的利用権者が侵害者に対して権利主張できる場合（法改正の動きも）

　著作物の利用許諾を受けた者は，利用許諾契約に基づき，契約の相手方当事者である著作権者に対してのみ，その著作物を利用することができる地位（著作物の利用を妨げないよう求める債権的請求権）を主張することができる。換言すれば，約束をした相手ではない第三者である侵害者に対して，「著作物の利用を邪魔しないという約束を守れ」とはいえないのである。

　しかし，裁判例では，著作権者との契約に基づき，著作物を独占的に利用できることを内容とする債権を有する者（独占的利用権者）が，その著作物に係る著作権を侵害する第三者に対して損害賠償請求をすることができるとしたものがある[4]。したがって，アバターについて著作権譲渡ではなく利用許諾を受ける際には，アバター利用者自らが侵害行為に対してある程度対処できるようにするために，独占的な利用許諾であることを契約書に明記することを検討すべき場合がある。

　なお，現行著作権法上，独占的利用権者であっても侵害者に対して差止請求をすることはできないと解されている[5]。したがって，アバター利用者とクリエイターとの間の契約においては，侵害者が任意に侵害行為を停止してくれず，差止請求権を行使せざるを得なくなることを念頭に，前述

---

[4]　東京地判平3・5・22判時1421号113頁〔教科書朗読テープ〕，東京地判平27・4・15裁判所ホームページ（平26(ワ)24391），東京地判令2・12・17裁判所ホームページ（令2(ワ)3594）等参照。なお，契約上の地位に基づいて商品化権を専有しているという事実状態が存在しているということはできないと認定し，独占的利用権侵害に基づく損害賠償請求を棄却した事例として，東京地判令2・6・25裁判所ホームページ参照（平30(ワ)18151）〔チェブラーシカ〕がある。

[5]　独占的利用権者につき，著作権者等が有する差止請求権等の代位行使が認められるべきであるとする見解がある（中山・前掲第2章注23）729頁〜730頁等参照）。この点，裁判例には，代位行使が認められるためには，著作権者が，独占的利用権者に対し，「第三者が侵害行為を行った場合に，当該著作権者において差止請求権や廃棄請求権を行使すべき義務」等を負担していることを求めるものがある（東京地判平28・9・28裁判所ホームページ参照（平27(ワ)482））。現行法の下で差止請求権等の代位行使を視野に入れた場合には，利用許諾契約書において上記義務を明記することも検討すべきことになる。

した観点も含めて権利処理のあり方を検討する必要がある。

　この点については法改正の検討が進んでいる。文化審議会著作権分科会法制度小委員会の報告書[6]では，「独占的ライセンシーに対し差止請求権を付与する制度を導入することが適当」であるとの結論が示されており，今後の具体的な制度設計が注目される。

6　「独占的ライセンスの対抗制度及び独占的ライセンシーに対し差止請求権を付与する制度の導入に関する報告書」（文化審議会著作権分科会法制度小委員会，令和4年2月4日）。

⑵　著作者人格権の不行使

　著作者人格権には，公表権，氏名表示権および同一性保持権がある（第2章 ①⑷参照）。アバター利用者は，利用に際し，アバターをはじめて公衆に提供等することがある。その利用時に常に著作者名の表示をすることが困難な場合もある。また，衣装・アクセサリー等を変更することによってアバターを改変する場合もあろう。アバター利用者としては，これらが著作者であるクリエイターによって過度に制限されないよう，契約書において著作者人格権を行使しないという約束をクリエイターからとりつけることがある。

　他方，クリエイターの立場からは，あまりに創作意図と異なる改変が加えられることは許せないと考える場合もある。この場合，アバター利用者がそのアバターによって達成しようとする目的や対価の額その他の事情を踏まえて十分に協議の上で，著作者人格権不行使の範囲を定め，契約書に明記することが考えられる。たとえば，創作において前提としたアバターの性格，イメージその他の設定等を記載し，これらに反するような改変は避けるべきこと等である。

⑶　第三者の権利を侵害しない旨の保証

①　問題の所在
　アバター利用者の委託を受けてクリエイターが作成した3DCGモデルが第三者の著作物を無断で複製または翻案したものであった場合，クリエイターがその3DCGモデルを作成する行為のみならず，アバター利用者がその3DCGモデルをVR空間内に持ち込み，アバターとして利用する行為もまた，その第三者の著作権に対する侵害となりうる。この場合，アバター利用者とクリエイターとの間で，(ⅰ)どちらが著作権者に対して損害賠償義務等を負うのか，(ⅱ)アバター利用者が著作権者に対して損害賠償をするなどの負担をした場合，それについてクリエイターに対して補償を求めることができるのかなどをめぐって，トラブルを生じることがある。

②　アバター利用者の著作権者に対する義務
　クリエイターから納入された3DCGモデルが第三者の著作物を無断で複製ま

たは翻案したものであった場合，これをVRプラットフォームにアップロードしてVR空間内でアバターとして利用するアバター利用者の行為もまた，当該著作物に係る公衆送信権を侵害する行為となりうる。この場合，アバターの作成を委託したにすぎないアバター利用者としては，著作権侵害について自分には故意または過失（民法709条）がないとして，損害賠償義務を負わないと主張することが考えられる[7]。アバター利用者のかかる主張は認められるだろうか[8]。

　結論としてはケース・バイ・ケースであると言わざるを得ないが，裁判例を見ると次のような傾向がわかる。

　まず，委託者がその種の成果物の制作について知識・経験を有するような場合には，委託者にもその成果物が第三者の権利を侵害しないものであることを確認すべき注意義務があると判断されやすい。たとえば，書籍の編集・出版等を業としている株式会社は「当該著作物が自ら著作した物であるか，あるいは既に著作権の保護期間の満了したことが明らかな歴史的著作物であるような場合を除き，第三者の著作権ないし著作者人格権を侵害する物に該当しないことを確認する義務を負う」とした上で，書籍のカバーデザインコンペを実施してイラストを採用するか否かを決定する立場にあった同社は，「イラストの製作について参考にした資料の提出を求める等必要な調査を行い得る立場にあった」のに，コンペ出品の条件を告げたにとどまり，第三者の著作権等を侵害しないよう注意を払ったことをうかがわせる事実が認められないとして，同社に対する損害賠償請求を一部認容した事例がある[9]。また，加工食品の製造および販売等を業とする株式会社であり，原告のイラストと同一性の程度が非常に高いイラストをパッケージに表示した商品を業として販売していた被告につい

7　損害賠償請求と異なり，差止請求は故意または過失のあることが要件となっていない（著作権法112条）。

8　3DCGモデルが第三者の著作物を複製または翻案したものであったとすれば，クリエイターは，その著作物に依拠して，その表現上の本質的な特徴を直接感得することのできる3DCGモデルを作成したことになるので，故意または過失があると判断される場合が多いと考えられる。そこで，ここでは委託者であるアバター利用者の著作権者に対する損害賠償義務についてのみ検討する。

9　東京地判平16・6・25裁判所ホームページ参照（平15(ワ)4779）〔LECイラスト〕。

て，「その製造を第三者に委託していたとしても，……被告イラストの作成経過を確認するなどして他人のイラストに依拠していないかを確認すべき注意義務を負っていたと認めるのが相当である」とし，イラストの同一性の高さゆえに「上記のような確認をしていれば，著作権及び著作者人格権の侵害を回避するることは十分に可能であった」とし，損害賠償請求を一部認容した事例がある[10]。これに対し，自ら広告を制作することを業としない会社につき，「このような会社が，少なくとも，顧客として，パンフレット製作会社にパンフレットの製作を依頼して，完成したパンフレットの納入を受けてこれを頒布するにあたっては，そのパンフレットに使用された写真について，別に著作権者が存在し，使用についてその許諾が得られていないことを知っているか，又は知り得べき特別の事情がある場合はともかく，その写真の使用に当たって別途著作権者の許諾が必要であれば，パンフレット製作会社からその旨指摘されるであろうことを信頼することが許され，逐一，その写真の使用のために別途第三者の許諾が必要か否かをパンフレット製作会社に対して確認し，あるいは，自らこれを調査するまでの注意義務を負うものではないと解すべきである」とした裁判例もある[11]。

　次に，委託者・受託者間の契約その他の実態において委託者が受託者を指導・監督する立場にあった場合には，委託者にも注意義務があると判断されやすい。たとえば，受託者が委託者と協議・調整しながら委託業務の遂行に関する計画書を立案すること，委託者が受託者に対して委託業務の状況について報告等を求めたり改善方法を指示したりできること，出版物の販売については計画書を委託者に提出して承諾を得なければならないこと等が契約書等に規定されていたことから，「本件書籍の発行に当たり，事前にそれが著作権法等の法律に違反しないものであるか否かを検討し，違法であるおそれがある場合には，その変更を指示するとか，その販売（実質的には，その発行）の承諾を与えない措置を採るべきであったというべきであり，したがって，本件書籍の発行，販売を漫然承諾した点において，被告都には過失があったものということがで

10　東京地判平31・3・13裁判所ホームページ参照（平30(ワ)27253）〔パンダイラスト〕。
11　大阪地判平17・12・8裁判所ホームページ参照（平17(ワ)1311）。大阪地判平17・1・17判時1913号154頁も参照。

きる」として損害賠償義務を認めた事例がある[12]。また，被告書籍が，被告の営む通信教育講座の教材として被告が発行するものとして被告によって企画されたものであること，実際の執筆等の作業は下請させていたが，著作権が被告に帰属し，被告の名義で発行することが前提になっていたこと，被告書籍作成に用いられた資料は被告が集めたものであったこと，被告が下請先のスタッフと打ち合わせを重ねて被告書籍を作成したこと等の事実関係をもとに，その下請先のスタッフが「他人の著作権を侵害するような方法で原稿や図版を作成することのないよう契約上これを要求し，納入された原稿，図版が他人の著作権を侵害するものでないか点検すべき義務があるのにこれを怠った過失がある」と判断した事例がある[13]。

　以上をアバター制作委託の文脈に沿って次のようにまとめてみる。

　まず，委託者がアバターその他のコンテンツについて知識・経験を有する事業者である場合には，そのアバターが他者に委託して作成してもらったものであるとしても，故意・過失が否定されにくいと考えられる。多くの場合，受託者がアバター制作において参考にした資料を提出させるなどの調査を行うことにより，納入されるアバターが第三者の権利を侵害するものでないかを確認すべき注意義務があると判断される可能性があることを念頭に対応をとるべきである。これを踏まえ，クリエイターとの契約においては，受託者に対して上記資料を提出するよう求め，問題がある場合には修正させることができることを規定するなど，必要な調査等を行うことができるように条項を検討するのが望ましい。

　これに対し，委託者がVR空間を楽しむためにアバターを利用する一般ユーザである場合には，業としてアバターの制作受託・販売等を行うクリエイターに委託して作成してもらったアバターが第三者の著作権等を侵害するものであったとしても，故意・過失を欠き損害賠償義務を負わないと判断される場合が多いと考えられる。もっとも，この場合であっても，その第三者の著作物が有名であるなど，権利侵害があると疑うべき特段の事情がある場合において，その疑いを打ち消すに足りるだけの調査・確認をしないままそのアバターを利用

12　東京地判平10・7・24参照（平6(ワ)23092）。
13　東京地判平6・4・25判時1509号130頁。

したときは，過失があると評価され損害賠償義務が認められる可能性があることに注意が必要である。

③　クリエイターのアバター利用者に対する担保責任

第三者の権利を侵害するアバターを納入されたアバター利用者は，クリエイターに対して何を請求することができるか。契約書に規定があれば原則としてそれに従うが，以下では，それがない場合に法律上どのように考えられるかを整理した上で，それぞれの立場からどのように契約書上対応するのがよいかを検討する[14]。考え方の手順は次のとおりである。

| 原　則 | 要　件 | 請負人が種類，品質または数量に関して**契約の内容に適合しない**仕事の目的物を注文者に引き渡したこと |
| | 効　果 | ⅰ．履行の追完（修補，代替物の引渡しまたは不足分の引渡し）　※民559・562
ⅱ．報酬の減額　　※民559・563
ⅲ．損害賠償請求　※民559・564・415
ⅳ．契約の解除　　※民559・564・541/542 |

| 例　外 | **注文者の供した材料の性質または注文者の与えた指図**によって不適合が生じた場合には，当該不適合を理由として上記ⅰ～ⅳいずれの請求もできない。※民636本文 |

| さらなる例　外 | 請負人がその材料または指図が**不適当であることを知りながら告げなかったとき**は，上記例外に当たる場合でも，上記ⅰ～ⅳの請求をすることができる。※民636ただし書 |

図表1　クリエイターの担保責任の考え方（請負契約を念頭に）

まず，アバター利用者は，納入されたアバターが種類，品質または数量に関して契約の内容に適合しないものであるときは，(ⅰ)履行の追完（修補，代替物

14　個別の取引が民法上どの契約類型に当たるかによって考え方は異なるが，ここでは，クリエイターがアバターを制作するという仕事を完成し，アバター利用者がそれに対して報酬を支払うことを中核とする請負契約（民法632条）を念頭に検討する。

の引渡しまたは不足分の引渡し），(ii)報酬の減額，もしくは(iii)損害賠償を請求
し，または(iv)契約の解除をすることができる。

　アバターの利用目的はさまざまであるが，最低限，不特定または多数のユー
ザがアクセスできるVR空間にアップロードし，自分の分身として操作できる
ことは条件として求められている場合が多いであろう。そうだとすれば，第三
者の著作権等を侵害するものであることは，そのアバターが，品質に関して契
約の内容に適合しないと判断される可能性はあるといえる。そのアバターを
VR空間にアップロードして操作することは著作権侵害として許されない行為
であり，アバター利用者はその契約の目的自体を達成できなくなるおそれがあ
るからである。この点，たとえば次の事項を契約書に明記すれば，第三者の著
作権等を侵害するものであることによって「契約の内容に適合しないもの」と
なることが明確になるから，クリエイターとのトラブルを解決しやすくなるで
あろう。特に2点目は，コンテンツの制作委託に関する多くの契約書で採用さ
れる規定である。

> - アバターの制作をクリエイターに委託する目的が，不特定多数のユーザがア
>   クセスするVR空間にそのアバターをアップロードし，そのVR空間におい
>   て操作することにあること
> - アバターが備えるべき品質として，第三者の著作権その他の権利を侵害しな
>   いものであることが要求されること[15]

　次に，前掲図表1における「例外」と「さらなる例外」につき，まとめて解
説する。

　納入されたアバターが種類または品質に関して契約の内容に適合しないもの
であったとしても，それがアバター利用者の供した材料の性質またはアバター
利用者が与えた指図によって生じた不適合である場合には，アバター利用者は，
履行の追完その他の請求および契約の解除をすることができない（民法636条

15　第三者の権利を侵害しないことに限らず，アバターとして求めるデザイン，規格その他
　の仕様を可能な限り具体的に明記して合意することは，アバター利用者とクリエイターと
　の間のトラブルを予防するために有益である。

本文)。ただし，クリエイターがその材料または指図が不適当であることを知りながら告げなかったときは，アバター利用者はなおこれらの請求および契約の解除をすることができる（同条ただし書）。

　アバターその他のXRコンテンツの制作においては，たとえば「有名なあのアバターのイメージで」などのように，他人の著作物を指し示すことにより，アバター利用者が自らの希望する成果物の概略を伝えることがよく行われる。当然ながら，それによって作成された成果物が，当該他人の著作物の表現上の本質的特徴を直接感得することができるものである場合には，複製権または翻案権侵害となるおそれがある。それでは，そうして作成されたアバターにつき，アバター利用者はクリエイターに対して履行の追完その他の請求等をすることができるか。これは，他人の著作権を侵害するという契約不適合が，「注文者の与えた指図によって」生じたと認められるかどうかという問題である。

　この点，クリエイターとして注意が必要なのは，アバター利用者から何らかの指示，希望等を受け，そのとおりに作成したことに関連して生じた契約不適合であっても，それが「注文者の与えた指図によって」生じたとは認められるとは限らないということである。

　建築関連の裁判例ではあるが，「ここで発注者の指示とは，拘束力をもつものでなければならず，単に発注者が希望を述べ，請負人がこれに従ったというだけでは，指示によったということはできない。実際問題として，発注者の希望の表明と指示との限界は微妙な問題があり，単に発注者の言動だけでなく，当該工事の内容，当事者の当該問題についての知識，従来の関係，それに至る経過などを総合的に判断して，請負人を拘束するものであったかどうかを判断するほかない」と述べたものがある[16]。この判決は続けて，発注者が請負人に対して相当強い希望を表明したことは十分うかがわれるとしながらも，請負人は，「建築工事の専門家として……当時判明していた諸事情から，より慎重に本件車庫の設置の可否及びその構造等を決すべき注意義務があったのであり」，これを怠り漫然と車庫の設置を安請け合いしたと言われても仕方がないとし，請負人の瑕疵担保責任等を認めた。また，別の裁判例は，「建築工事請負人は，

16　東京地判平3・6・14判時1413号78頁。

有償契約の一方当事者であり，かつ専門的知識・経験を有するものとして専門的技能を十分に駆使して仕事を遂行することが期待されている。従って，工事請負人が，工事に関する注文者の指図に従って工事をすれば，その指図の当不当を吟味しなくとも，常に担保責任を免れると容易に理解することはできない。そうであるとすれば，工事請負人の担保責任を免除するような注文者の『指図』とは，注文者の十分な知識や調査結果に基づいて行なわれた指示，あるいはその当時の工事の状況から判断して事実上の強い拘束力を有する指示などであると制限的に理解しなければならない」と述べた上で，(ⅰ)協議によって施工が決定されたこと，(ⅱ)請負人は配管工事だけを個別に受注したのではなく，建物全体の新築を請け負った大手の建設業者であって，具体的な工事の施工に関してはある程度の発言権があったこと，(ⅲ)注文者側も建築全般に関して専門的知識を有するとはいえ，給排水設備の施工に関しては被告の専門的知識・経験が勝っていること等の事情から，たとえば注文者が賛同・承諾していたとしても，その施工が注文者の「指図」に基づくものとはいえないと判示した[17]。

　このように，業務の内容，両当事者間の知識の格差，従来の関係その他諸事情を踏まえた個別事案ごとの判断にはなるが，他人の著作物を参考にしてアバターを作成してほしいというアバター利用者の（強い）希望であるというだけで「指図」に当たるとは限らない。諸事情から拘束力を持つと認められる指示でないと，「指図」には当たらないと評価される可能性がある。そのように評価された場合，著作権侵害があるという契約不適合につき，たとえそれがアバター利用者の希望に従ったことに起因するのだとしても，クリエイターがアバター利用者に対して責任を負うものと判断される可能性がある。これをもとに，各当事者の立場から契約書その他の対応を行うべきである。

　アバター利用者の立場からは，自分のイメージに合う他人の著作物を参考として指し示す場合であっても，それが拘束力を持つ「指図」ではなく，クリエイターの専門的な判断による変更・再提案等を期待したものであることが明確になるようにコミュニケーションを行うのが望ましい。その旨を契約書や指示書，素材納入書等に記載すること等である。

17　京都地判平4・12・4判時1476号142頁。

　他方，クリエイターの立場からは，アバター利用者の希望・指示等を鵜呑みにしないことが重要である。権利侵害等の疑義があれば必要な調査・確認をしてアバター利用者に指摘し，問題のない仕様等について改めて協議するなどの対応をとるのがよい。

(4)　許諾期間

　著作権譲渡ではなく利用許諾の形をとる場合，アバター利用者がそのアバターをいつからいつまで利用できるのかという許諾期間をどう契約書に規定するかに注意すべきである。とりわけVTuberや企業のイメージキャラクターとして活動するアバター等の場合には，許諾期間が限定されることは，その満了によって「引退」を余儀なくされるリスクを負うことになるため，慎重な確認を要する。望ましくは，許諾期間は永久とし，かつ，（報酬の不払いなど重大な債務不履行が長期間是正されないなど契約書に明記された客観的な事由に該当しない限り）利用許諾契約の解除はできないとしたいところであろう。

　この点についても，アバター利用者がそのアバターによって達成しようとする目的や対価の額その他の事情に応じ，適切な協議によって定めるべきである。

3　XRコンテンツごとの特殊な契約上のポイント

(1)　手戻りその他の負担を軽減するための契約上の対処

①　問題の所在

　XRは近年急激に広く浸透し始めた技術であり，ビジネスの場面で具体的にどのように活用できるのかに関し，XRコンテンツの制作委託者と受託者とで認識に大きな差が生じる場合が多い。そもそも制作委託契約締結の時点では，委託者が望む仕様が曖昧なこともある。また，作っていくうちに委託者のアイデアや夢が広がり，工程の追加や手戻り作業が生じて受託者の負担が増大することもある。「ワールド」，「ルーム」等と呼ばれるXR環境を新たに制作する場合や，企業の要望等に応じてさまざまな機能を実装したXRシステムを制作する場合など，大規模なプロジェクトでこの傾向が顕著である。アバターは比

較的シンプルな場合も多いが，それでもアバター利用者が細部まで外観デザインにこだわることがあるし，フェイストラッキングやモーションキャプチャと連動したアバターの表情・動きの変化，瞬き，口パク，髪や衣装の揺れその他こだわりのポイントは多数ありうる。

②　契約上の対応例

このため，特に大規模なXRシステム開発プロジェクト等の場合，受託側の企業では，「細かく制作工程を区切り，顧客の反応を見ながら開発を進め，手戻りを減らす開発手法（アジャイル開発）を採っている」などの工夫を凝らしている[18]。これに合わせて，①委託料を固定額とするか，時間単価等の変動制とするか，②全工程完了後の一括払いとするか，区切られた制作工程ごとに支払うことにするかなどを，取引規模も踏まえてそれぞれの立場から検討する必要がある。

また，委託者が早い段階で具体的なイメージをつかんで仕様書等に落とし込みやすいよう，受託者が委託者に体験させることができるXRコンテンツの実例を数多く用意できるようにしておくことも有益であろう。このためには，過去に制作を担当したXRコンテンツに関する制作委託契約等において，著作権等の帰属に関する条項に合わせて，受託者の実績を示すなどプロモーションの場面で，他の顧客に対して体験させるためにそのXRコンテンツを利用できる旨およびその範囲，条件等について規定しておくことが考えられる。

③　下請法対応

委託者がXRシステムの開発状況を確認し，適宜方向性等について指示を出しながら開発を進める場合，下請法[19]に抵触しないよう注意することも必要となる。

下請法の適用対象となるかどうかは，取引の種類，事業者の資本金の規模等

18　近畿経済産業局「『VR・AR等の先進的コンテンツを活用した取組実態及び知的財産権活用に関する調査』報告書」27頁（令和2年2月）。

19　正式名称は「下請代金支払遅延等防止法」。これに関する実務については，公正取引委員会・中小企業庁が毎年公表する「下請取引適正化推進講習会テキスト」を参照するとよい（以下，令和3年11月版の同テキストを指して「講習会テキスト」という）。

によって判別される。適用対象となる取引の種類を整理すると，下記**図表2**のようになる。

下請取引の種類	概　要
製造委託	事業者が他の事業者に対し，規格，品質，形状，デザイン，ブランド等を指定して，物品（最終製品，半製品，部品，原材料，金型など）の製造や加工等を委託することなど
修理委託	物品の修理を請け負っている事業者が，その修理を他の事業者に委託することなど
情報成果物作成委託	事業者が他の事業者に対し，仕様，テーマ，コンセプト等を指定して，ソフトウェア，映像コンテンツ，各種デザインなどの作成を委託することなど
役務提供委託	各種サービスの提供を行う事業者が，その請け負った役務を他の事業者に委託することなど

図表2　　**下請取引の種類**

　ある事業者が他の事業者に対し，仕様等を指定し，XR関連のコンテンツやシステム等の作成を委託する取引は，「情報成果物作成委託」に当たり，下請法の適用対象となる可能性がある（下請法2条3項および6項）。他方で，たとえば開発済みのXRコンテンツ等を汎用商品として販売するなど，委託者がその仕様等を一切指定しない場合は，そのXRコンテンツ等の販売に関する取引は下請取引とはならない[20]。

　次に，情報成果物作成委託を念頭に，事業者の資本金の規模の観点から下請法の適用対象を整理すると，次頁の**図表3**のようになる（同法2条7項および8項ならびに同法施行令1条1項）。

20　講習会テキスト10頁によれば，「ソフトウェアメーカーが既に販売しているパッケージソフトを購入する場合は，原則として『委託』に該当しないが，その一部でも自社向けに仕様変更等をさせる場合は該当する」と解説されている。

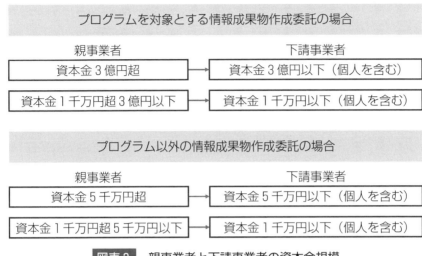

図表3 親事業者と下請事業者の資本金規模

　下請取引における親事業者には，後掲**図表4**のとおり義務や禁止事項が生ずる。

　公正取引委員会および中小企業庁長官は，親事業者および下請事業者の双方に対し，下請取引に関する報告をさせ，または職員に立入検査をさせることができる（下請法9条）。

　また，親事業者が下請法に違反した場合，公正取引委員会は，その親事業者に対し，違反行為の是正その他必要な措置をとるべきことを勧告する（下請法7条）。勧告をした場合，原則として事業者名，違反事実の概要，勧告の概要等が公表される[21]。さらに罰則の規定もある（同法10条～12条）。

　下請法によれば，親事業者は，受領日から60日以内（受領日を算入する）で，かつ，できる限り短い期間内に支払期日を定めなければならず（下請法2条の2），下請代金をその支払期日の経過後なお支払わないことが禁止されている（同法4条1項2号）。この「受領」とは，(i)給付の目的物として作成された情

21　講習会テキスト89頁。公正取引委員会ウェブサイトのうち，「下請法勧告一覧」ページも参照（https://www.jftc.go.jp/shitauke/shitaukekankoku/index.html）。

義務	書面の交付義務（3条）
	書類の作成・保存義務（5条）
	下請代金の支払期日を定める義務（2条の2）
	遅延利息の支払義務（4条の2）
禁止事項	受領拒否の禁止（4条1項1号）
	下請代金の支払遅延の禁止（4条1項2号）
	下請代金の減額の禁止（4条1項3号）
	返品の禁止（4条1項4号）
	買いたたきの禁止（4条1項5号）
	購入・利用強制の禁止（4条1項6号）
	報復措置の禁止（4条1項7号）
	有償支給原材料等の対価の早期決済の禁止（4条2項1号）
	割引困難な手形の交付の禁止（4条2項2号）
	不当な経済上の利益の提供要請の禁止（4条2項3号）
	不当な給付内容の変更・やり直しの禁止（4条2項4号）

図表4　親事業者の義務・禁止事項

報成果物を記録した電子媒体を受け取り，自己の支配下に置くこと，あるいは
(ii)電子媒体がない場合には，当該情報成果物を自己の支配下に置くことをいい，
電子メール等により受信して親事業者が使用するハードディスクに記録するこ
と，下請事業者が親事業者の事務所に常駐して情報成果物を作成し親事業者の
ハードディスクに記録すること等がこれに当たる[22]。

　もっとも，情報成果物の場合，外形的には全く内容がわからないことから，
受領日（支払期日の起算日）について例外的な取扱いが認められている。すな
わち，情報成果物の作成の過程で，内容の確認や今後の作業指示等を行うため
に情報成果物を一時的に親事業者の支配下に置いた場合でも，親事業者と下請
事業者が「当該情報成果物が一定の水準を満たしていることを確認した時点で
受領したこととすることを合意している場合」には，親事業者が当該情報成果
物を自己の支配下に置いたとしてもただちに受領したものとはしないとされて

22　講習会テキスト44頁。

いる[23]。

　親事業者である委託者が，受託者において作成途中のXRコンテンツ等の提出を随時受けて進捗を確認しつつ開発を進めるスタイルをとる場合には，契約書の中で上記「合意」を明記し，下請法のルールに沿った運用であることを立証しやすいようにしておくことも検討すべきである。このような運用は，XRコンテンツ等の作成が最終段階まで進んだ状態ではじめて納入され，委託者のイメージと異なることが明らかになり，手戻りやそれに伴う追加費用の負担等のトラブルを防ぐことに役立つから，下請法の適用対象とはならないケースでも参考にできる。

(2)　「中の人」の秘匿・変更

　VR空間においては，匿名性が確保された中で，現実空間での自分自身や人間関係とは切り離された自由な活動・体験を楽しみたいという要請が強い場合がある。また，VTuberのように芸能戦略等として「中の人」の情報をあえて秘匿することもある。このことから，秘密保持条項の中で，アバター利用者が誰であるかを秘密情報の1つとして明記することが考えられる。

　また，何らかの情報から第三者が「中の人」を推知するなどし，契約当事者の責に帰すべき事由によらずにアバター利用者の情報が非公知とはいえなくなった場合であっても，なお秘密情報として取り扱われるように秘密保持条項を記載することも検討すべき場合がある。VTuberであれば公式サイドとして「中の人」本人であると認めるか否かで重要な違いがあるし，個人の場合でも，アバター利用者とそのアバターとの結び付きがプライバシーとして引き続き保護される可能性を高めることにもなる（第5章④(2)参照）。

(3)　法制度がない分野における契約対応

　触感・味・香り等の感覚や，動き等に象徴される職業的技能は，現行の知的財産法においては，それを創作したり実行したりした者自身の権利として保護されるものであるかが必ずしも明らかでない場合がある（第2章②および

23　講習会テキスト45頁。

③）。しかし，たとえその時に有効な知的財産法によって保護されるものでなくとも，契約によって定められた範囲，方法等で保護することができる。

　この点，レコード製作者の著作隣接権としての送信可能化権が導入される前に締結された契約において譲渡対象となる権利の範囲につき，当該権利譲渡条項の「文言自体及び本件各契約書中の他の条項のほか，契約当時の社会的な背景事情の下で，当事者の達しようとした経済的又は社会的目的及び業界における慣習等を総合的に考慮して，当事者の意思を探求し解釈すべき」とした上で，原盤に関する「一切の権利」を「何ら制限なく独占的に」譲渡するという規定があったこと等から，送信可能化権についても譲渡の対象になると判断した裁判例がある[24]。

　これまで特定人が鍛錬等を通じて獲得し，事実上支配していた技能が，誰でもどこでも何度でも正確に再現できるようになった場合，その技能によって実現できる成果は，その人自身の動作を通じて得る必要がなくなるかもしれない。感覚や技能等のデジタルコンテンツ化が進み，取引の対象となりうる状況が確立されつつある今，自らの職能的地位その他の利益を守るための手段として，契約があることを考えておくとよい。

---

[24]　東京地判平19・1・19判時2003号111頁。

第 9 章

その他XRに関連する
主な法律

前各章で詳しく述べたもののほか，XRに関し，取り扱う商品・サービスの内容等に応じて検討を要する主な法律として，たとえば以下のものがある。

法律の名称	主な注意点
個人情報保護法[1]	• 個人情報[2]の取得，利用，管理，第三者提供等をする場合に遵守すべき事項[3]。 • プライバシーポリシーの策定・公表[4]。 • 現実環境をデジタルデータとして再現する際に，人の肖像等が写り込む場合[5]。
電気通信事業法	• ユーザ間のメッセージを媒介する機能を提供するなどの場合における届出等[6]。 • 通信の秘密およびプライバシーの保護[7]。
プロバイダ責任制限法[8]	• サービス上で権利侵害情報が流通している場合において，プラットフォーム事業者がそれを削除し，または削除しないことにつき，損害賠償義務を負わないための対応方法。

1　正式名称は「個人情報の保護に関する法律」。

2　同法における「個人情報」の定義につき2条1項。これには，個人情報取扱事業者がその取扱いについて義務を負うものとして「個人データ」（16条3項）または「保有個人データ」（16条4項）に該当するものがあり，いずれに該当するかによって個人情報取扱事業者の負う義務の内容が異なる。

3　XRとの関係では，フェイストラッキング等による顔認識，顔認証等を行う場合のデータの取扱いについて，個人情報・プライバシー保護の意識が高まっている。個人情報保護法上，たとえば「顔の骨格及び皮膚の色並びに目，鼻，口その他の顔の部位の位置及び形状によって定める容貌」を電子計算機の用に供するために変換した文字，番号，記号その他の符号であって，特定の個人を識別するに足りるものは，個人識別符号としての個人情報に該当しうる（同法2条2項1号，同法施行令1条1号ロ，同法施行規則2条）。

4　プライバシーポリシーにおいて公表等をすることを検討すべき事項につき，同法32条1項，40条2項，43条3項，4項および6項，44条ならびに46条，57条3項（さらに，令和2年改正で導入された仮名加工情報について41条3項，4項および9項）等参照。また，第三者提供時につき同法27条2項，3項，5項3号および6項，41条6項ならびに42条2項も参照。

5　一般社団法人XRコンソーシアム社会的課題ワーキンググループ「施設等で利用するARサービス開発のためのガイドライン～点群データの作成・利用及びUI／UX設計等における注意点～」（2021年11月26日）（一般社団法人XRコンソーシアムのウェブサイト参照）。

6　総務省「電気通信事業参入マニュアル［追補版］」（令和4年6月28日最終改定）参照。

	• プラットフォーム事業者が権利侵害情報の発信者の特定に資する情報を開示することができる（言い換えれば，被害者がその開示を請求することができる）場合およびその手続。
資金決済法[9]	• サービス内通貨を発行する場合における登録・届出，供託その他の規制。
	• 暗号資産を取り扱う場合における登録その他の規制。
	• 収納代行その他ユーザ間の決済を行うための対応方法。
製造物責任法	• ヘッドマウントディスプレイ，ARグラス，トラッカーその他の「製造物」の「欠陥」に関する製造業者等の責任。「製造物」とは，製造または加工された動産であり，無体物（XRオブジェクト，データ等）はこれに当たらない[10]。
	• 「欠陥」とは，当該製造物が通常有すべき安全性を欠いていることをいい，設計上の欠陥，製造上の欠陥，指示・警告上の欠陥に分類される。VR酔い，年少者の斜視のリスク等については，包装・取扱説明書等により十分な指示・警告を行うこと。
消費者契約法	• 利用規約その他消費者と事業者との間で締結される契約（消費者契約）の条項が無効とされるリスク等。たとえば以下の事項。
	• 事業者の損害賠償の責任を免除する条項等の無効（8条）。
	• 消費者の利益を一方的に害する条項の無効（10条）。
	• 消費者が意思決定をするにつき重要な意義を持つ事項について適切な告知・説明をすべきこと[11]。
特定商取引法[12]	• 通信販売についての広告（いわゆる「特定商取引法に基づく表記」）（11条）。

7 　総務省「電気通信事業における個人情報保護に関するガイドライン」（平成29年9月14日版）および同解説（平成29年9月14日，令和3年2月更新）等を参照。

8 　正式名称は「特定電気通信役務提供者の損害賠償責任の制限及び発信者情報の開示に関する法律」。

9 　正式名称は「資金決済に関する法律」。

10 　第6章①(6)⑤参照。

11 　大津地判平15・10・3裁判所ホームページ（平14(ワ)540）参照。

取引DPF法[13]	• BtoCのオンラインモールおよびオークションサイトが対象（売上規模を問わない）[14]。
	• 一定の重要事項につき著しく事実に相違する表示等をした販売業者等による当該表示の是正が期待できない場合（特定不可，所在不明等）に，内閣総理大臣が取引DPF事業者に対し，当該販売業者等による取引DPFの利用停止等を要請（4条）。
	• 消費者は，消費者トラブルから生じた自己の金銭債権を行使するために，販売業者等の氏名・名称，住所等の開示を請求することができる（販売業者等情報開示請求。5条）[15]。
	• その他努力義務（苦情窓口設置等。3条）。
DPF透明化法[16]	• 規制対象は「特定デジタルプラットフォーム提供者」[17]。
	• 提供条件等の開示（5条）。
	• 商品等提供利用者との間の取引関係における相互理解の促進を図るために必要な措置[18]。
出会い系サイト規制法[19]	• 規制対象は「インターネット異性紹介事業」[20]。届出制。

---

12 正式名称は「特定商取引に関する法律」。

13 正式名称は「取引デジタルプラットフォームを利用する消費者の利益の保護に関する法律」。

14 個人であっても，営利目的であるか否か，反復継続的に同種の行為を行っているかどうかについて，その者の意思にかかわらず，客観的に判断して「販売業者等」に該当する場合がある（第204回国会衆議院消費者問題に関する特別委員会第5号（令和3年4月13日）坂田進政府参考人（発言No.23））。

15 債権額および開示対象となる情報については内閣府令で定められる予定である。

16 正式名称は「特定デジタルプラットフォームの透明性及び公正性の向上に関する法律」。

17 「デジタルプラットフォーム」（2条1項）のうち，一定の売上規模があるオンラインモールおよびアプリストア（「特定デジタルプラットフォーム」）であって経済産業大臣が指定するもの（2条6項）。2021年4月1日，アマゾンジャパン合同会社（Amazon.co.jp），楽天グループ株式会社（楽天市場），ヤフー株式会社（Yahoo!ショッピング），Apple Inc. およびiTunes株式会社（App Store），ならびにGoogle LLC（Google Playストア）が，規制対象となる「特定デジタルプラットフォーム提供者」として指定された。

18 かかる措置についての指針が経済産業省のホームページで公表されている（https://www.meti.go.jp/policy/mono_info_service/digitalplatform/pdf/guideline.pdf）。

	● 利用規約において面識のない異性との交際を目的とする利用を禁じるとともに，異性交際を求める書き込み等がされた場合にはその削除や利用停止措置を行う（そのつもりがないのに「インターネット異性紹介事業」を行っていると評価されないようにするため）。

19　正式名称は「インターネット異性紹介事業を利用して児童を誘引する行為の規制等に関する法律」。

20　「『インターネット異性紹介事業』の定義に関するガイドライン」その他のガイドライン参照（https://www.npa.go.jp/policy_area/no_cp/deai/guide.html）。

索　引

著者紹介

関　真也（せき　まさや）

関真也法律事務所　弁護士・ニューヨーク州弁護士

バーチャルリアリティ学会認定上級VR技術者

漫画，アニメ，映画，ゲーム，音楽等のコンテンツやファッションに加え，XR（VR/AR/MR），メタバース，VTuber/アバター，NFT，eSports等の分野を中心に，知的財産問題，契約書作成，紛争対応，事業の適法性審査等を多く取り扱う。XR分野では，一般社団法人XRコンソーシアムにて社会的課題ワーキンググループ座長，同メタバースワーキンググループ共同座長を務めるとともに，経済産業省「Web3.0時代におけるクリエイターエコノミー研究会」委員に就任するなど，XRと法に関する調査・研究，政策提言等を行っている。

〔略歴〕

2007年 3 月	東京都立大学法学部法律学科卒業
2008年 9 月	弁護士登録（第一東京弁護士会）（現在に至る）
2008年 9 月	TMI総合法律事務所で弁護士として勤務（～2019年 8 月）
2015年 5 月	南カリフォルニア大学ロースクール卒業（LL.M., Entertainment Law Certificate, the Honor Society of Phi Kappa Phi）
2015年 8 月	Kirkland & Ellis LLP (Chicago office) で客員弁護士として勤務（～2016年 6 月）
2016年 6 月	ニューヨーク州弁護士資格取得
2016年 7 月	株式会社KADOKAWA 経営企画局知財法務部 担当部長（～2017年12月）
2019年 9 月	関真也法律事務所　開設
2020年 8 月	東大データサイエンススクール 事業実務者コース　修了

〔近時の主な役職歴〕

東海大学総合社会科学研究所　客員講師（2019年～）

東京工業大学　非常勤講師（2020年～）

日本女子大学　非常勤講師（2021年～2022年）

一般社団法人日本知財学会　事務局（2018年〜），同コンテンツ・マネジメント分科会　幹事（2019年〜），同ブランド経営分科会　幹事（2019年〜）

ファッションビジネス学会ファッションロー研究部会　部会長（2019年〜）

一般社団法人XRコンソーシアム　社会的課題ワーキンググループ座長（2021年〜），同メタバースワーキンググループ共同座長（2022年〜）

経済産業省「Web3.0時代におけるクリエイターエコノミー研究会」委員（2022年〜）

〔主な著書・論文（XR関係）〕

著書	『ファッションロー』（勁草書房，2017年，共著）
論文	「バーチャルファッションと法⑵―バーチャルインフルエンサーに関わる知的財産権・肖像権・広告規制―」発明118巻12号38頁（2021年12月）
	「バーチャルファッションと法―バーチャル試着とアバター接客に関わる知的財産権・肖像権・広告規制―」発明118巻10号46頁（2021年10月）
	「XR（VR/AR/MR）ビジネス参入と知的財産法への対応」研究開発リーダー18巻6号69頁（2021年9月）
	「点群データの作成及び利用と著作権―デジタルツイン/ARクラウドを活用した社会の発展に向けて―」パテント74巻8号（2021年8月）
	「『触覚・味覚・嗅覚コンテンツ』の著作権保護を巡る考察」ビジネス法務21巻6号48頁（2021年6月）
	「AR広告を巡る利益調整と法規制」ビジネス法務21巻6号60頁（2021年6月）
	「バーチャルリアリティその他人間の能力等を拡張する技術と著作権」知財管理71巻2号167頁（2021年2月）
	「著作権法による建築デザインの保護とバーチャルリアリティ空間その他コンテンツ内利用―米国法の議論を参考に―」日本知財学会誌17巻2号29頁（2020年11月）
	「拡張現実(AR)を巡る著作権法上の問題に関する基礎的考察」日本知財学会誌15巻3号（2019年3月）
	「AR領域における商標の使用－拡張現実技術を用いた新たな使用態様を巡る現行法上の課題－」日本知財学会誌14巻3号（2018年3月）
	「いかなる場合にパブリシティ権は表現の自由に優越するか：米国における近時のビデオゲーム関連判決を参考に」パテント68巻7号（2015年7月）

XR・メタバースの知財法務

2022年9月15日　第1版第1刷発行
2023年3月1日　第1版第3刷発行

著　者　関　　　真　也
発行者　山　本　　　継
発行所　㈱中央経済社
発売元　㈱中央経済グループ
　　　　パブリッシング

〒101-0051　東京都千代田区神田神保町1-31-2
電　話　03(3293)3371 (編集代表)
　　　　03(3293)3381 (営業代表)
https://www.chuokeizai.co.jp
印刷／㈱堀内印刷所
製本／誠製本㈱

© 2022
Printed in Japan

＊頁の「欠落」や「順序違い」などがありましたらお取り替えいた
しますので発売元までご送付ください。(送料小社負担)

ISBN978 - 4 - 502 - 43571 - 3　C3032